Graded Italian Reader SECOND EDITION

Seconda Tappa

Angelina Grimaldi Cioffari

Vincenzo Cioffari

D. C. HEATH AND COMPANY
Lexington, Massachusetts   Toronto

Preface

Graded Italian Reader, Seconda Tappa, follows the principles of
vocabulary building used in *Graded Italian Reader, Prima
Tappa.* It systematically introduces new words beginning with
those of highest frequency, while preserving the language of the
original authors. The gradation of vocabulary is controlled not
by synthetic or strained language, but by careful choice of literary
works that use words of high frequency as their normal expression. The only changes in language have been minor simplifica-
tions where the expressions were too difficult for second-year
students.

Although we have worked in close cooperation, the task of pre-
paring this second *Graded Italian Reader* has been the responsi-
bility of Mrs. Cioffari. She has carefully reviewed, revised,
changed, and expanded the reading material and provided new
exercises based on years of classroom experience.

O bere o affogare is a delightful comedy noted for its humor
and changing situations, its sparkling dialogue, and its vivid por-
trayal of characters. It was written by Leo di Castelnovo under
the pseudonym of Leopoldo Pullè and introduced to the English-
speaking public by Professor Emilio Goggio, of the University of
Toronto, to whose judgment we are indebted.

Corrierino delle famiglie, by Giovanni Guareschi, is a sam-
pling of the collection of stories published under that title by

iii

Guareschi in 1954. Here Guareschi is concerned with ordinary people and their trivial problems, complexes, and reactions. His main characters are drawn from his own family. The present edition introduces the ingenious story "Gli eredi", along with "L'esame", "Il dono migliore", "La faccia di Milano", and "La legna". Guareschi's tongue-in-cheek humor provides mostly conversational dialogue that is timeless in its appeal.

Il segreto di Luca, by Ignazio Silone, contains four central chapters from a delicately powerful novel that carries the effect of a tone poem. These chapters do not reveal the theme, which is concealed throughout the extent of the short novel. The net result is that the reader comes face to face with a most unusual and touching love story, arising from sociological conditions in a small town in Italy.

The work of Italo Calvino is represented by his popular *Fiabe*, or fairytales, which have received international acclaim. The *Fiabe* chosen for this edition are "Le tre Vecchie", "La scommessa a chi prima s'arrabbia", "La contadina furba", and "Gràttula-Beddàttula". These particular tales are charming, fanciful, and humorous. They provide entertaining reading within a limited vocabulary range.

One new addition in *Graded Italian Reader, Seconda Tappa*, is the introduction of Italian operatic arias. We feel that any serious or even beginning student of Italian should come to think of opera as part of daily life, as they do in Italy. Ten of the best known and most appealing arias from six of the greatest Italian operatic composers serve to whet the appetite of future opera enthusiasts. The *Argument* for each opera and the *Setting* for the aria itself provide the necessary background for understanding the words and the spirit of the music. By connecting the meaning of words with the flow of melody even youngsters who snicker at the mention of opera will develop a taste for the major contribution of Italy to the world of music.

And so, with literary selections that are well within the reach of the average student, and with exercises and aids that utilize the best of modern techniques, we hope that we are providing a solid foundation for present enjoyment and future study.

A.G.C. and V.C.

Contents

1 O bere o affogare

LEO DI CASTELNOVO (LEOPOLDO PULLÈ)

O BERE O AFFOGARE[1]

Personaggi

BEATRICE GUIDOBALDI, nipote e pupilla[2] di
ARIBERTO GUIDOBALDI, padre di
MARCELLO
UN SERVO
La scena in Italia ai giorni nostri[3]

ATTO UNICO

SCENA I: Ricchissimo salotto in casa Guidobaldi

I

Beatrice, occupata[4] *ad accomodare un vaso*[5] *di fiori freschi;
Ariberto, che passeggia agitato*

BEATRICE. Zio!
ARIBERTO. Che c'è?[6]
BEATRICE. Che ore sono?
ARIBERTO. Le due.
5   BEATRICE. Quando arriva Marcello?
ARIBERTO. *(imbarazzato*[7]*)* Non lo so.
BEATRICE. *(sorridendo)* Non sai a che ora arriva tuo
figlio? Eh, via!
ARIBERTO. *(c.s.*[8]*)* Se lo sapessi, te lo direi. E perché non
10   dovrei dirtelo? *(avvicinandosi)* Oh che stai facendo, con
tanta cura?
BEATRICE. Ingrato zio! Di te mi occupo! Non vedi? Ti
empio il salotto di fiori! Oggi tu dai ospitalità alla tua
nipote, ed ella vuol lasciare in casa tua la traccia[9] del suo

---

*The asterisk indicates words that are nearly or entirely alike in English and
Italian.
[1]**O bere o affogare** sink or swim. [2]**pupilla** ward. [3]**ai giorni nostri** at the
present day. [4]**occupato** busy. [5]**vaso** vase. [6]**Che c'è?** What's the matter?
[7]**imbarazzato** embarrassed. [8]**c.s.** = **Come sopra** as above. [9]**traccia** trace.

3

passaggio;* alcuni fiori, un po' di profumo*.... *(con grazia*[10]*)* Domani saranno tutti avvizziti![11] Io sarò tornata in campagna, e tu puoi gettarli dalla finestra! *(mostrandogliene uno)* Guarda, com'è bella questa rosa.

5   ARIBERTO. *(sempre preoccupato)* Proprio bellissima.

BEATRICE. Oh, che bella maniera di rispondere! Bada[12] che quando sarò in casa io, ti metterò fiori dappertutto! *(vedendolo inquieto*[13]*)* Ma che cos'hai, che non mi dai retta?[14] Non mi vuoi dire quando arriva questo mio

10   benedetto fidanzato?[15]

ARIBERTO. *(fra sé)* Se sapesse ch'è già arrivato! *(forte)* Ti dico che non lo so. *(passeggiando, si tormenta i baffi*[16]*)*

BEATRICE. *(lo guarda e ride)* Ebbene: l'indovino io. Arriva fra poco.

15   ARIBERTO. Chi te l'ha detto?

BEATRICE. I tuoi nervi.* Non vedi come seguiti a tormentare i tuoi poveri baffi? È la prova più eloquente della tua agitazione.*

ARIBERTO. Ebbene, sì; è vero; l'aspetto da un momento

20   all'altro.[17] E siccome tarda,[18] sono inquieto.

BEATRICE. E non vai ad incontrare un figliuolo che ritorna a casa dopo cinque anni di lontananza?[19] Non fai cerimonie[20] con me, spero!

ARIBERTO. Certo che no! Non voglio che tanti occhi

25   indifferenti* siano testimoni della mia emozione.* Sai,[21] ciascuno ha le sue idee!

BEATRICE. Perciò, da un momento all'altro, quell'uscio può aprirsi, e tuo figlio — il mio fidanzato — comparire tutt'a un tratto.[22]

30   ARIBERTO. *(Dà un'occhiata all'uscio indicato da Beatrice)* Già! *(fra sé)* Sono sulle spine.[23]

BEATRICE. *(s'alza e dice:)* Guarda un po', zio, se ti piacciono questi fiori. *(seccata*[24] *perché egli seguita a*

---

[10]**con grazia** gracefully. [11]**avvizzito** withered. [12]**bada** mind you. [13]**inquieto** restless. [14]**dar retta** to pay attention. [15]**fidanzato** fiancé. [16]**si tormenta i baffi** he twists his mustache (nervously). [17]**da un momento all'altro** at any moment. [18]**tardare** to be late. [19]**lontananza** absence. [20]**far cerimonie** to stand on ceremony. [21]**sai** you see. [22]**tutt'a un tratto** suddenly. [23]**essere sulle spine** to be on pins and needles. [24]**seccato** annoyed.

tormentarsi i baffi e non le dà retta) Ma lascia un po' stare
quei poveri baffi!... e sii buono!
ARIBERTO. *(la prende per le mani)* E tu, vieni qua. Lascia
che ti osservi.[25]
5 BEATRICE. *(con grazia)* Eccomi. Che cosa vuoi leggermi
in fronte?[26]
ARIBERTO. Se l'arrivo di tuo cugino non ti turba affatto....
Sai che sei bella Beatrice! *(forte)* Sai che mio figlio non
è degno di te!
10 BEATRICE. Parla piano! Perché gridi? Dunque, che
volevi dire?
ARIBERTO. *(toccandole il polso[27])* Se la sua venuta non ti
dà nammeno una battuta[28] di più! Nulla! La tua
freddezza[29] mi mette in pensiero![30]
15 BEATRICE. *(ridendo)* Povero zio!
ARIBERTO. Non c'è da ridere![31] La mia è una situazione
difficilissima. *(pestando[32] i piedi)* Oh! se quel
benedetto nostro zio, prima di morire, ci avesse pensato su!
È un testamento[33] questo? — «Lascio eredi[34] d'ogni mio
20 avere, in parti uguali, mio nipote Ariberto» — io, — «la
mia pronipote[35] Beatrice» — tu, — «orfana* dell'altro
mio nipote Goffredo» — mio fratello, — «purché[36] la
medesima, nata Guidobaldi, maritandosi, rimanga
Guidobaldi. Però, se quest'ultima[37]....»
25 BEATRICE. *(interrompendolo ridendo)* «Però, se
quest'ultima, per qualsiasi ragione, non obbedisse[38] a
queste mie volontà e maritandosi mutasse nome, prenderà
possesso,[39] anche della sua parte, il mio dilettissimo nipote
Ariberto.» L'ho sentito ripetere così spesso che lo so a
30 memoria![40]
ARIBERTO. Ed io non voglio questa tua parte, intendi?
Dunque: o sposi mio figlio, o rimarrai zitella tutta la vita!
(serio) E se Marcello, che hai conosciuto da bambino, ora

---

[25]**lascia che ti osservi** let me look at you. [26]**in fronte** on my forehead.
[27]**toccare il polso** to feel one's pulse. [28]**battuta** beat. [29]**freddezza** coolness.
[30]**mettere in pensiero** to worry. [31]**non c'è da ridere** it's no laughing matter.
[32]**pestare** to stamp. [33]**testamento** will. [34]**erede** heir. [35]**pronipote** grandniece. [36]**purché** provided that. [37]**quest'ultima** the latter. [38]**obbedire** to
obey. [39]**possesso** possession. [40]**sapere a memoria** to know by heart.

che si è fatto uomo, non ti piacesse?! Se ti fosse
antipatico?![41]

BEATRICE. È tuo figlio! non può essere che un
gentiluomo.[42]

5   ARIBERTO. Però! tu non l'ami.

BEATRICE. L'amerò. Mi avete tutti detto tante volte che
egli deve essere mio marito, che ora me ne sono convinta[43]
anch'io! Sarò felice!

ARIBERTO. *(forte)* Dio lo voglia! *(qualcuno tossisce[44]*
10   *dietro l'uscio)*

BEATRICE. *(subito)* Eh? lì c'è qualcheduno che ascolta.
(si muove per vedere; Ariberto la ferma.)

ARIBERTO. Forse è lui che arriva.

BEATRICE. Allora io scappo.

15   ARIBERTO. Scappi? Perché?

BEATRICE. *(con garbo[45])* Donna sono! Prima
d'incontrarmi, dopo dieci anni, col mio fidanzato, voglio
dare un'occhiata allo specchio! — Tu insisti che
dobbiamo sposarci in ogni modo? — facciamo che[46] egli
20   mi trovi il men brutta possibile! *(fa per uscire, ma torna
indietro)* Oh, senti! Bada che io non ti voglio chiamare
babbo! Zio! tutore![47] non c'è male![48] ma babbo?...
Mai!

ARIBERTO. *(per farla uscire)* Non c'è più dubbio! Questa
25   volta è proprio lui!

BEATRICE. Allora.... scappo, scappo! *(esce a sinistra)*

SCENA II: Ariberto e Marcello

II

30   MARCELLO. *(non è ancora uscita Beatrice che fa capolino[49]
dall'uscio di destra)* Se n'è andata?

ARIBERTO. *(corre all'uscio, per dar tempo a Beatrice
d'allontanarsi)* Aspetta un momento, disgraziato![50] Hai
giurato di farmi comparire bugiardo?[51] Non le dissi che

---

[41]**antipatico** distasteful.   [42]**gentiluomo** gentleman.   [43]**convinto** convinced.
[44]**tossire** to cough.   [45]**con garbo** gracefully.   [46]**facciamo che** let us see to it
that.   [47]**tutore** guardian.   [48]**non c'è male** it is not so bad.   [49]**far capolino** to
peep.   [50]**disgraziato** wretch.   [51]**bugiardo** liar.

giungesti ieri sera e che da allora non mi hai più dato un
minuto di pace. Tu arrivi ora, intendi?

MARCELLO. *(accennando l'uscio)* Intesi.

ARIBERTO. Dunque? l'hai vista? ci hai riflettuto?

5 MARCELLO. Sicuro!

ARIBERTO. E che hai concluso?

MARCELLO. Che non valeva la pena di farmi traversare[52]
tanto mare, per venir qua a ripeterti quello che ti dissi
mille volte per lettera e per telegramma: no, no, no! *(nel*
10 *parlare alza la voce)*

ARIBERTO. *(tappandogli[53] la bocca)* Non urlare![54]
Dovresti vergognarti! Dove vuoi trovarne un'altra, più
bella e più brava di tua cugina?

MARCELLO. *(sempre agendo da scapato[55])* Oh senti,
15 babbo mio! Tu, da ragazzo, mi mandasti in collegio
— contro la mia volontà. Io ci andai — perché mi forzasti,
ma ci andai! Ebbene, fu mia colpa, se il maestro aveva un
temperamento difficile e, un bel giorno, tirato pei
capelli,[56] io.... *(fa il gesto[57] di chi dà pugni[58])*

20 ARIBERTO. *(fermandogli il braccio)* Non far gesti! Parla
piano, ti dico!

MARCELLO. *(abbassando[59] la voce, ma alzandola di nuovo*
a poco a poco) Più tardi, dopo quel triste avvenimento,[60] ti
mettesti in capo ch'io fossi un cattivo soggetto. «Sul mare
25 metterà giudizio!»[61] — e mi mandasti in marina.[62] Io ci
andai — perché mi forzasti, è vero, ma ci andai. Navigai[63]
per cinque anni! Feci tre volte il giro del mondo![64]
Quanto soffrì il mio povero stomaco, Iddio lo sa! Me ne
sono mai lagnato? Ora, senza avvertirmi, tu mi obblighi
30 ad abbandonare il mio azzurro Bosforo.[65] Io lascio là,
insieme alla Legazione,* a cui t'è piaciuto attaccarmi,[66]
due occhi meravigliosi. Io abbandono occhi, Legazione....

---

[52]**traversare** to cross. [53]**tappare** to stop up, put his hand over. [54]**urlare** to
shout. [55]**agire da scapato** to act like an irresponsible fellow. [56]**tirato pei**
capelli having been pulled by the hair. [57]**gesto** gesture. [58]**dar pugni** to
give (fist) blows. [59]**abbassare** to lower. [60]**avvenimento** event. [61]**mettere**
giudizio to get some sense. [62]**marina** navy. [63]**navigare** to sail. [64]**fare il**
giro del mondo to go around the world. [65]**Bosforo** Bosphorus. [66]**attaccare**
to attach.

ogni cosa! Non importa, obbedisco — e vengo. Sono o non sono ragionevole?[67] Ma che tu ora voglia anche darmi moglie, mentre io ti confesso che amo ed ho giurato fede[68] a un'altra! Oh babbo mio, scusami.... ma questo non te lo
5 posso concedere!

ARIBERTO. *(che avrà, con cenni,[69] fatto abbassare la voce al figlio, comincia a perdere la pazienza)* Marcello! Marcello! Non mi far perdere la testa! Credi all'esperienza* dei miei quarant'anni! Quando conoscerai
10 un po' meglio il mondo....

MARCELLO. *(interrompendo)* Me l'ha fatto girar[70] tre volte, ed ha il coraggio di dire che non lo conosco!

ARIBERTO. Dai retta ai miei capelli bianchi!

MARCELLO. *(guardandolo fissamente[71])* Dove sono? Li
15 nascondi molto bene! non li vedo!

ARIBERTO. E vedi queste rughe?[72] Me l'hai regalate tu! Non ne aggiungere[73] delle altre, e scorderò tutti i sopraccapi[74] che m'hai dati! E poi! alle corte![75] Tu conosci il testamento di tuo zio? Dunque, non c'è
20 rimedio: — O bere o affogare!

MARCELLO. Se non sono affogato in mare, puoi essere sicuro che non affogherò più. Quanto al testamento dello zio? — Senti: io ho un gran rispetto pei suoi milioni e per lo splendore del suo e nostro nome; ma.... ma ti dico
25 chiaramente[76] che, quanto al nome, io crederei di fargli maggior danno[77] mancando a una promessa data, che facendone un'altra, che non potrei mantenere![78] In fin dei conti,[79] questo matrimonio che cos'è? un gioco[80] d'interesse, nulla più!

30 ARIBERTO. Non è vero. Questo matrimonio è: la felicità per te, il bene per tua cugina — ed è una buona azione!

MARCELLO. Matrimonio buon'azione? Oh! fin ora ne conobbi varie specie: conobbi il matrimonio d'amore, quello di convenienza,* quello di capriccio;[81] conobbi il

---

[67]**ragionevole** reasonable.   [68]**ho giurato fede** I promised to marry.   [69]**cenno** sign.   [70]**girare** to go around.   [71]**fissamente** fixedly.   [72]**ruga** wrinkle. [73]**aggiungere** to add.   [74]**sopraccapo** worry.   [75]**alle corte** let's get to the point. [76]**chiaramente** clearly.   [77]**danno** harm.   [78]**mantenere** to keep.   [79]**in fin dei conti** after all.   [80]**gioco** play, game.   [81]**capriccio** whim.

matrimonio d'interesse, quello di sorpresa! Ma non
credevo che esistesse* anche il matrimonio buon'azione!
(ride)
ARIBERTO. Una buon'azione, sì.... non fingere di non
5   saperlo! Beatrice è bella, buona e intelligente. Sarà il
modello delle mogli! Tu!... *(con affetto)* tu, se somigli[82]
alla tua povera madre nel cuore, come le somigli nel volto,
non puoi essere cattivo, nemmeno per progetto.
Maritandovi, dono a te un angelo* che ti farà beata la vita:
10   a lei, con lo sposo, rendo tutti quegli agi,[83] di cui la
priverebbe,[84] in mio favore, un testamento male ispirato![85]
MARCELLO. E quell'altra! che ne morirebbe di dolore?
ARIBERTO. Pazzie! capricci di gioventù![86] Mentre
parliamo t'ha già dimenticato! Invece, Beatrice! Quando
15   la conoscerai a fondo, l'adorerai!
MARCELLO. *(deciso)* Non posso, babbo, non posso!
ARIBERTO. *(deciso anch'esso)* Non puoi? allora, ascolta il
mio ultimatum!* — O tu metti giudizio — e va bene: o tu
insisti nelle tue pazzie — ed io ti dichiaro[87] solennemente
20   che: siccome del mio avere[88] finché[89] ho gli occhi aperti,
sono padrone io solo, così potrò, prima di chiuderli,
buttare[90] ogni cosa fuori dalla finestra, come meglio mi
piacerà.[91] *(Marcello vorrebbe parlare)* Marcello! tu mi
conosci! Guardami in viso! Ti pare ch'io scherzi?
25   Risolviti![92]
MARCELLO. *(come uno che prende il suo partito)* Va bene.
— Parlerò con Beatrice. *(Ariberto suona il campanello;
entra un servo)*
ARIBERTO. *(al servo)* Pregate Beatrice di venire qui, in
30   salotto. *(il servo esce a sinistra)*
MARCELLO. Ma?... se non riesco a piacerle?
ARIBERTO. Devi riuscire!
MARCELLO. Davvero? Ebbene, mi proverò!

---

[82]**somigliare** (a) to resemble. [83]**agio** comfort. [84]**privare** to deprive. [85]**i-
spirato** inspired. [86]**gioventù** youth. [87]**dichiarare** to declare. [88]**avere**
possessions. [89]**finché** as long as. [90]**buttare** to throw. [91]**come meglio mi
piacerà** as I see fit. [92]**Risolviti!** Make up your mind.·

ARIBERTO. *(con un sospiro)* Meno male.[93] *(facendolo avvicinare)* Vieni qua. Accomoda un po' questa cravatta! *(gliela accomoda lui stesso)* Ravviati[94] un po' questi capelli! *(c. s.)* Abbottonati[95] la giacca! *(c. s.)* prendi
5   un'espressione più dolce! un po' di garbo nei modi! *(perde la pazienza vedendo la goffaggine[96] di Marcello)* E questo è mio figlio! Se non divento matto è un miracolo,* in parola d'onore![97]
MARCELLO. *(fra sé)* Sarà quel che sarà![98]

III

SCENA III: Beatrice e detti

10   ARIBERTO. *(le offre il braccio)* Beatrice!   nipote! figliuola mia!   appoggiati[99] al mio braccio!   È una presentazione in tutte le forme.[1] *(fa cenno[2] a Marcello d'avvicinarsi; questi prende un'aria goffa[3])*: Tuo cugino Marcello. *(l'impressione di Beatrice non è la più
15   favorevole;[4] Ariberto se ne accorge)* Perdonerai il poco ordine[5] del suo vestire[6] — ma è giunto[7] ora da....
MARCELLO. *(interrompendo)* Dal Bosforo, cugina mia! Più d'una volta, ho maledetto il momento che mi sono messo in viaggio![8] *(Ariberto gli tira la giacca; egli si
20   corregge[9])* Era così lungo! non arrivavo mai!
ARIBERTO. *(piano a Beatrice)* È impacciato![10]   si spiega male.
25   BEATRICE. *(sorridendo)* Cugino, ti ringrazio per la buona intenzione.* Sono dieci anni che non ci siamo visti. Mentre io ero sempre in collegio, tu bramasti di andar sul mare! *(occhiata di Marcello ad Ariberto)* Sono felice di stringerti la mano.[11]
MARCELLO. *(ridendo)* Stringiamo, perbacco!
BEATRICE. Ahi! *(ad Ariberto)* Stringe forte!

---

[93]**meno male** thank goodness.   [94]**ravviare** to tidy.   [95]**abbottonare** to button (up).   [96]**goffaggine** awkwardness.   [97]**in parola d'onore** on my word of honor.   [98]**sarà quel che sarà** what will be will be.   [99]**appoggiarsi (a)** to lean (on).   [1]**presentazione in tutte le forme** very formal introduction.   [2]**fa cenno** he nods.   [3]**goffo** awkward.   [4]**favorevole** favorable.   [5]**ordine** tidiness.   [6]**vestire** attire.   [7]**giunto** arrived.   [8]**mettersi in viaggio** to start out.   [9]**correggere** to correct.   [10]**impacciato** embarrassed.   [11]**stringere la mano** to shake hands.

ARIBERTO. *(piano)* L'emozione! l'affetto![12]
MARCELLO. T'ho fatto male?[13]   Scusami!   Io stringo
sempre così.   Dunque?   vogliamo darci[16] un bacio, sì o
no?   *(le si avvicina per darlo)*
5 BEATRICE. *(si tira indietro*[15]*)* Ma! signor Marcello?
MARCELLO. Ah, ah, ah, signor Marcello!   Perché tante
cerimonie fra noi?   Siamo o non siamo cugini!   Dobbiamo
o non dobbiamo essere marito e moglie?   *(insistendo)*
Dunque....
10 BEATRICE. *(volgendosi allo zio)*   Ma, zio?...
ARIBERTO. *(piano)* Te l'ho detto: emozione!   affetto!
MARCELLO. *(piano ad Ariberto)* Va bene così?
ARIBERTO. *(piano)* Modera[16] lo slancio![17]   *(a Beatrice)*
Poverino![18]   via, contentalo!
15 BEATRICE. *(ad Ariberto)* Se lo desideri — ti obbedisco!
*(offre con garbo e modestia la fronte a Marcello: questi le
dà due grossi baci in viso; ella si tira indietro turbata)*
Oh, questo è troppo!
ARIBERTO. *(a Marcello)* Modera lo slancio!   Diavolo!
20 Non ti mancherà tempo![19]
MARCELLO. *(piano)* Sei tu che mi confondi.[20]   Lasciaci
soli!   Sarai contento di me.
ARIBERTO. *(a Beatrice, forte)* Marcello ti domanda un
colloquio.[21]   Vi siete lasciati quando avevate in comune*
25 i balocchi.   Vi rivedete quando state per avere in comune
la vita!   Un colloquio è nel vostro diritto![22]   *(piano a
Beatrice)* Fagli coraggio,[23] sarà meno imbarazzato.
BEATRICE. *(fra sé)* Oh!   mi pare che non ce ne sia
bisogno!
30 ARIBERTO. *(a Marcello)* Mi raccomando a te![24]
Moderazione!*   *(a tutti e due)* Cercate di mettervi
d'accordo.   Tornando, non vi domanderò che una cosa
sola: il giorno delle nozze!   *(fa un cenno a Marcello, un
altro a Beatrice, ed esce)*

---

[12]**affetto** affection.   [13]**far male** to hurt.   [14]**darsi un bacio** to kiss each other.
[15]**tirarsi indietro** to draw back.   [16]**moderare** to moderate.   [17]**slancio** approach,
impulse.   [18]**poverino** poor fellow.   [19]**non ti mancherà tempo** you'll have
plenty of time.   [20]**confondere** to confuse.   [21]**colloquio** talk, conference.
[22]**diritto** right.   [23]**far coraggio** to encourage.   [24]**Mi raccomando a te** I leave it
to you.

SCENA IV: Beatrice e Marcello

MARCELLO. Dunque, cugina? È proprio vero[25] che dobbiamo essere marito e moglie?

BEATRICE. *(lo guarda un po'sorpresa)* Così pare!

MARCELLO. *(con un sospiro)* Va bene. *(tira fuori il*
5   *portasigarette,[26] piglia una sigaretta,* l'accende e fuma[27])*

BEATRICE. *(è seccata, ma finge di non badare)* Hai risposto in un certo modo!

MARCELLO. Che modo?

BEATRICE. Non saprei!... originale![28]

10   MARCELLO. È il mio modo! *(fumando, butta la cenere[29]*
per terra) Non ti piacciono gli originali, cugina?

BEATRICE. Secondo.[30] Ce ne sono dei simpatici — ma ce ne sono anche degli antipatici.

MARCELLO. Quale sarebbe, secondo te, un originale
15   antipatico? *(finita una sigaretta, ne accende un'altra;*
seguita a buttare cenere per terra; e non bada che il fumo
vada negli occhi di Beatrice)

BEATRICE. *(seccata)* Oh Dio! colui ch'è poco gentile[31]
colle signore. *(offrendo il portacenere[32] a Marcello)*
20   Vuoi il portacenere?

MARCELLO. *(rifiutandolo)* Grazie, grazie! non me ne servo[33] mai.

BEATRICE. Ah! *(proseguendo[34])* Colui che ha delle abitudini[35]non troppo buone. Vedi, per esempio, sempre
25   la sigaretta in bocca!

MARCELLO. *(che finge di non capire)* Vedo. E costoro[36] ti piacciono?

BEATRICE. *(cacciando[37] una nuvoletta[38] di fumo)*
Come.... il fumo negli occhi! *(tossisce)*

30   MARCELLO. *(fingendo sorpresa)* Oh! ti dà noia[39] la sigaretta?

BEATRICE. Mi fa male.

---

[25]**È proprio vero?** Is it really true? [26]**portasigarette** cigarette case.
[27]**fumare** to smoke. [28]**originale** *adj.* strange, queer; *noun* character,
sketch. [29]**cenere** ashes. [30]**secondo** it depends. [31]**gentile** polite; **poco __**
not polite. [32]**portacenere** ash tray. [33]**servirsene** to use any. [34]**proseguire**
to continue. [35]**abitudine** habit. [36]**costoro** those people. [37]**cacciare** to
blow away. [38]**nuvoletta** little cloud. [39]**dar noia** to bother.

MARCELLO. Diavolo! *(la getta via)* Mi rincresce proprio!
Perché per me il fumare è una necessità. La mattina,
appena apro gli occhi, se non ho la sigaretta fra le labbra,
non posso alzarmi dal letto. Così la sera, prima di
5   chiuderli, se non ho fumato parecchie sigarette, non posso
dormire!
BEATRICE. *(meravigliata)* Pure lo zio mi assicurò che non
hai cattive abitudini.
MARCELLO. *(ridendo)*   Quelle   d'un   babbo   sono
10   informazioni sospette. Tocca al fidanzato, se è giovane
onesto, a fare il suo dovere! *(serio)* Io, siccome credo di
essere tale, voglio farti una confessione!
BEATRICE. *(c.s.)* Una confessione?
MARCELLO. Difficile e originale! — Ma prima, però,
15   dimmi francamente:[40] per caso.... mi ameresti tu?[41]
BEATRICE. Ah, ah! mi fai ridere! Ti voglio bene — come
a un cugino. In quanto all'amarti poi.... Scusa, come
potrei amare così sul momento[42] uno che non ho visto da
dieci anni?
20   MARCELLO. Però mi sposi?
BEATRICE. Sicuro! — Questo è il desiderio dello zio.
MARCELLO. Dello zio.... morto?
BEATRICE. No, no! di quello vivo.

IV

MARCELLO. Non hai mai dubitato che io ti possa rendere
25   infelice?
BEATRICE. Mai. Se lo zio mi consiglia queste nozze, vuol
dire ch'è certo di farmi felice.
MARCELLO. Perciò, se mio padre ora ti dicesse: — Non lo
sposare?
30   BEATRICE. E io non ti sposo.
MARCELLO. Tu hai grande fiducia in mio padre?
BEATRICE. E molta ammirazione! È tanto buono! mi
vuol tanto bene! E tu mi domandi se mi fido di lui!

---

[40]**francamente** frankly.   [41]**mi ameresti tu?** would you happen to be in love
with me?   [42]**sul momento** on the spur of the moment.

MARCELLO. Quand'è così,[43] posso confessarmi senza
paura. Dico, senza paura, perché è sempre una difficile
confessione quella di dire a colei[44] che deve essere mia
moglie: Sono innamorato d'un'altra! Non potrò amare mai
5   nessun'altra che quella! — Ma siccome certe cose è
meglio dirle prima, così francamente te lo dico — per non
pentirmi poi![45]
BEATRICE. (sbalordita[46]) Sei.... innamorato di un'altra?
MARCELLO. D'una bellezza straordinaria! Con occhi
10 grandissimi! Occhi come quelli non ne ho mai visto!
BEATRICE. Grazie, cugino!
MARCELLO. Figurati![47] cerimonie fra noi? — Lasciai il
Bosforo senza dirle addio! — ché pover'a me s'ella
l'avesse saputo! Era capace, capacissima di uccidere me e
15 sé, come niente fosse! (Beatrice guarda senza parlare)
Che cos'hai? perché non parli?
BEATRICE. (sbalordita) Ti ascolto! Ma dunque tuo
padre? Io non comprendo.
MARCELLO. Mio   padre?   agisce   pel   tuo   bene
20 — (sottovoce) e un poco anche.... pel suo.
BEATRICE. Pel suo? mi pare anzi il contrario.[48]
MARCELLO. Come sei innocente![49] Se tu ti mariti, bene;
ma se no? capisci? — una zitella in casa! colla sua
idea....
25 BEATRICE. Che idea?
MARCELLO. Quella di riprender moglie.[50]
BEATRICE. Riprender moglie? (con sorpresa)
MARCELLO. Non lo sai? Sicuro! E che ottimo[51] marito
sarà mio padre. — Basta: io ho fatto il mio dovere; non t'ho
30 nascosto nulla! Quando tu ti contenti,[52] eccomi[53] pronto
ad obbedire gli ordini del babbo. Di' di di sì,[54] e subito
facciamo preparare due begli appartamenti, uno di qua[55]
e uno di là.[56] Di' di no, e corro subito ad asciugare[57] gli

---

[43]Quand'è così In that case. [44]colei the one. [45]per non pentirmi poi so that
I shall have no regrets later on. [46]sbalordito amazed. [47]Figurati!
Imagine! [48]il contrario the opposite. [49]innocente naive. [50]riprender
moglie to get married again. [51]ottimo excellent. [52]contentarsi to be
satisfied. [53]eccomi here I am. [54]Di' di sì Say yes. [55]di qua here. [56]di là
there. [57]asciugare to dry.

occhi di quella poverina!   Mentre tu ci rifletti, io fumerò,
lì sulla terrazza, un paio di sigarette!   *(siede sulla terrazza*
in vista del pubblico; accende una sigaretta, e fuma a
tutt'andare)
5   BEATRICE.   *(riflettendo a voce alta, senza far caso al*
cugino) Non avrei mai creduto che mio zio m'ingannasse[58]
così!   Se è vero ch'egli si sia messo quell'idea in capo!
Vuol riprender moglie, e non mi dice nulla!   Vuol essere
libero? — lo contenterò in altro modo. Andrò ad abitare in
10   campagna.... sola!   colla mia vecchia zia brontolona![59]
finché diventerò una zitella[60] brontolona anch'io!   Del
resto, *(guardando il cugino)* mio cugino? no! Un altro?
— né m'importa, né mi vorrebbe! — senza dote![61] — e se
vuol la dote, significa[62] che non mi piglia pei miei begli
15   occhi! Dunque?... Dunque, imparerò il miglior modo di
coltivare i campi![63] e lo insegnerò ai miei contadini.   Le
benedizioni di tanta brava gente mi renderanno quella
felicità che non potrei ottenere da un matrimonio di
convenienza!   *(è un po' commossa[64])*
20   MARCELLO.   *(tutt'a un tratto esclama:)* Cugina!
BEATRICE.   *(spaventata)* Che c'è?[65]
MARCELLO.   Un'idea!!   Mentre fumavo una sigaretta mi è
venuta una bellissima idea.
BEATRICE.   Quale?
25   MARCELLO.   *(venendo dalla terrazza)* Il testamento dello
zio che cosa domanda? — che tu, Guidobaldi, ti mariti con
un Guidobaldi. — Ora nel mondo, per quanto io sappia,[66]
di questo nome non ce ne sono che due: mio padre, e me....
BEATRICE.   *(curiosa)* Ebbene?
30   MARCELLO.   Ebbene; quanto a me — sembra inutile
parlarne!   Resta il babbo! — Cugina.... perché non
sposi.... il babbo?
BEATRICE.   *(sorpresa)* Lo zio? ah, ah, ah!
MARCELLO.   Non c'è da ridere!   Fra un marito con due anni
35   di meno.... e uno con diciotto di più! — una ragazza che

---

[58]**ingannare** to deceive.   [59]**brontolone** grumbling.   [60]**zitella** old maid.
[61]**dote** dowry.   [62]**significare** to mean.   [63]**campo** field.   [64]**commosso** moved,
emotional.   [65]**Che c'è?** What is it?   [66]**per quanto io sappia** insofar as I
know.

abbia giudizio, come te, non può aver dubbi. Perché, senti,
bisogna confessarlo:[67] i nostri babbi valgono più di noi.
I vent'anni d'oggi invidiano[68] i quaranta d'altri tempi! I
nostri capelli diventano bianchi a trenta! quelli dei babbi
5   a sessanta! *(prendendola per la mano)* Hai tu mai
osservato lo zio? *(animandosi[69])* Com'è elegante! che
occhi! che denti! che piedi! la metà dei miei! — Oh, in
parola d'onore ti dico che, fra me e lui, se fossi nei tuoi
panni, sceglierei lui!
10 BEATRICE. Eh! lascia un po'stare lo zio! Un uomo tanto
serio!
MARCELLO. Appunto per questo vuol prender moglie!
BEATRICE. *(che s'è fatta seria)* Io casco dalle nuvole! Ma
dunque, tutto il bene ch'egli disse di te?
15 MARCELLO. È una bugia![70]
BEATRICE. *(arrabbiandosi[71])* È una cattiva azione!
MARCELLO. Parla con lui! Lui la chiama buona! *(con aria
rassegnata[72])* Quanto a me, te lo ripeto, eccomi pronto.[73]
BEATRICE. *(seria)* Marcello! basta! Finiamo lo scherzo.[73]
20 MARCELLO. Vedi? vedi? anche tu ridi meno di prima!
Credimi: in questo mondo, le cose che sembrano
impossibili, sono appunto quelle che seguono[74] con
maggior facilità! *(c.s.)* Me? no! dunque, il babbo!
BEATRICE. *(lo guarda e torna a ridere)* Ah, ah, ah!
25 MARCELLO. Ridi pure! Ma pensaci![75] Eccolo. Egli mi
ha lasciato con te. Io ti lascio sola con lui. Parlagli, ma
parlandogli, osservalo bene.... negli occhi specialmente!
negli occhi!
BEATRICE. Ah, ah, ah! ho capito. Lo osserverò. Sei
30 proprio un vero originale![76]

SCENA V: Ariberto e detti

ARIBERTO. *(sull'uscio, fra sé)* Ridono? — buon segno! *(a
Marcello)* Dunque? dunque? *(piano)* Vi siete intesi?[77]

---

[67]**bisogna confessarlo** let's admit it.   [68]**invidiare** to envy.   [69]**animarsi** to
become animated.   [70]**bugia** lie.   [71]**arrabbiarsi** to get angry.   [72]**rassegnato**
resigned.   [73]**finire lo scherzo** to stop joking.   [74]**seguire** to happen.   [75]**Ma
pensaci!** But think about it!   [76]**un vero originale** a real sketch.   [77]**intendersi**
to come to an understanding.

MARCELLO.   *(c.s.)* Eh, certo!

ARIBERTO.   *(c.s.)* Bravo! sono contento di te! *(a Beatrice)*
E così? e così?

BEATRICE.   *(piano)* Devo parlarti....

5   ARIBERTO.   *(che crede di capire)* Ah! è giusto! Dopo il
colloquio col fidanzato, il colloquio col babbo! *(a
Marcello, con un sorriso)* Marcello, per un momento, tu
puoi andartene.

MARCELLO.   *(contento d'andarsene)* Subito!

10   ARIBERTO.   *(lo ferma)* Aspetta! Prima vieni qua.
(affettuosamente[78]) Tu sei un bravo figliuolo! Sento il
bisogno di abbracciarti!

MARCELLO.   *(tirandosi indietro)* Dopo, babbo! dopo! Se
cominciamo a dar segni di emozione, Beatrice riderà.

15   *(fa per uscire[79])*

ARIBERTO.   Come! te ne vai? senza nemmeno? *(accenna
d'abbracciare Beatrice)* Ora poi, credo che anche lei....

MARCELLO.   *(fa per abbracciarla)* Con tutto il cuore!

BEATRICE.   *(tirandosi indietro)* Per oggi basta!

20   MARCELLO.   Vedi? è lei che non vuole. Quant'a me....

ARIBERTO.   Se per oggi ella dice che basta — e per oggi
basti! Non insistere!

MARCELLO.   Non insisto! — Tu però hai veduto; è lei che
non vuole. *(piano ad Ariberto)* Io ho fatto la mia parte....

25   ora tocca a te, a far la tua! *(fra sé, nell'uscire)* Se te la
cavi,[80] sei bravo![81] *(esce)*

SCENA VI: Beatrice e Ariberto

V

ARIBERTO.   *(siede vicino a Beatrice e le prende
affettuosamente le mani)* Dunque, eccoci soli, mia cara!
Quello che tu vuoi dirmi, è facile indovinarlo! Oh! se tu

30   sapessi, come il mio cuore batte più liberamente![82]

BEATRICE.   *(guardandolo fissamente)* Bravo, zio!
Bravissimo davvero! Vuoi farti beffe di me?[83]

---

[78]**affettuosamente** affectionately.   [79]**fa per uscire** starts to go out.   [80]**Se te la
cavi** If you get out of this.   [81]**bravo** clever, good.   [82]**come il mio cuore batte
più liberamente** how relieved I feel.   [83]**Vuoi farti beffe di me?** Do you want
to poke fun at me?

ARIBERTO.   Oh! che cos'hai?

BEATRICE.   Non te ne domanderò la ragione, perché amo credere che se tu mi volevi ingannare, era con buona intenzione. Ma!...

5   ARIBERTO.   Ma che cosa? *(crede indovinare)* Ah! ho capito! Marcello ti ha spifferato[84] ch'è giunto[85] ieri sera.... e che io....

BEATRICE.   Ieri sera? Ebbene, questo non me l'ha detto! Ma mi ha detto delle altre cose — e molte altre!

10   ARIBERTO.   *(che comincia a turbarsi)* Che affare è questo? Ah! ora comprendo! Il tuo fidanzato, prima di stringere i nodi,[86] ha voluto farti la sua confessione generale?

BEATRICE.   Già! appunto così.

ARIBERTO.   *(fra sé)* Poteva star zitto! *(forte)* Ha agito da
15   giovane onesto! bravo! *(scherzando)* T'avrà parlato di qualche lettera di nessuna importanza....* Roba vecchia! Non ci far caso. Il galantuomo che sta per prender moglie somiglia, su per giù, al pittore che ha finito un quadro e non ne è contento. Il quale raschia[87] la tela,[88] e dove prima
20   c'erano le nuvole, i lampi....[89] dipinge un bel cielo tutto coperto di stelle![90] e dove prima c'erano i cavalloni,[91] dipinge un bel mare, limpido come uno specchio e scintillante[92] come la pupilla dei tuoi grandi occhi celesti! — Il passato e l'avvenire![93] — Poteva tacere,[94] e invece ha
25   preferito parlare! e tu devi apprezzare[95] la sua onestà, sorridere al quadro del suo avvenire, che è tuo — e raschiare la tela del passato!

BEATRICE.   Oh, a raschiarla tutta, non si finirebbe mai! Tu non sai che cosa mi ha confessato!

30   ARIBERTO.   *(fra sé)* Poveri noi! *(forte)* Che cosa, in nome di Dio![96]

BEATRICE.   Che ama un'altra! Che giurò fede ad un'altra! la quale ha i due piu begli occhi ch'egli abbia mai veduto!

ARIBERTO.   *(fra sé)* Birbante!

---

[84]**spifferare** to blurt out.   [85]**è giunto** he arrived.   [86]**stringere i nodi** to tie the knot.   [87]**raschiare** to scrape.   [88]**tela** canvas.   [89]**lampo** lightning flash.   [90]**stella** star.   [91]**cavallone** breaker.   [92]**scintillante** sparkling.   [93]**avvenire** future.   [94]**tacere** to be silent.   [95]**apprezzare** to appreciate.   [96]**in nome di Dio** in heaven's name.

BEATRICE. Giustificati ora![97]
ARIBERTO. *(ridendo)* Ah, ah, ah! e tu hai creduto? E non
hai capito ch'era tutto un progetto?[98]
BEATRICE. Zio! che serve? è inutile confondersi![99]
5   Basta la prima bugia! *(seria)* Codesto matrimonio non
si può fare!
ARIBERTO. *(spaventato)* Non dirlo nemmeno per burla![1]
In fin dei conti,[2] Marcello ha un cuore eccellente! Una
volta sua moglie, ti adorerà! *(serio)* Credi tu che senza
10   il pensiero della tua felicità io sarei stato capace
d'inventarti una bugia?
BEATRICE. La mia felicità?... Proprio la mia sola?
ARIBERTO. *(guardandola sorpreso)* Lo dubiti?
BEATRICE. No, no! Solo avrei preferito che tu mi dicessi
15   tutta la verità. Mi avresti risparmiato un dolore!
ARIBERTO. Il fatto è che, vedi, anch'io credevo...
(arrabbiato) Disgraziato[3] Marcello! Se tu sapessi come
soffro nel vederti infelice!
BEATRICE. *(un po' triste)* Ti ringrazio, ma non è nulla!
20   Sai? anch'io m'ero fabbricata[4] tanti bei castelli in aria. Mi
compiacevo[5] tanto nel pensiero che noi facessimo una sola
famiglia. Ora invece? capisco benissimo che ciò è
impossibile; perché tu stesso.... non puoi sacrificare la tua
vita.... a far da tutore ad una nipote zitella! Perché tu
25   stesso, colla tua idea....
ARIBERTO. *(che non sa capire[6])* Che idea?
BEATRICE. *(continuando)* Di me non ti preoccupare![7] Sai
che io amo la campagna! Se finora ci stetti otto mesi
dell'anno, ne aggiungerò altri quattro — e ci starò l'anno
30   intero. *(con voce commossa)* Vuol dire che.... se ora non
posso rimanere insieme con te, né come figlia, né come
pupilla; quando non sarai più solo — quando, com'è
naturale, ti sarai anche tu scelta una compagna[8]....

---

[97]**Giustificati ora!** Now justify yourself! [98]**progetto** plan; **era un** __ it was
done on purpose. [99]**confondersi** to deceive oneself. [1]**per burla** in jest.
[2]**In fin dei conti** After all. [3]**disgraziato** wretched. [4]**fabbricare** to build.
[5]**compiacersi** to take pleasure. [6]**che non sa capire** who just can't understand. [7]**preoccuparsi** to worry. [8]**compagna** mate, wife.

ARIBERTO. Io? Ma che diavolo dici?

BEATRICE. Allora, se mia.... zia lo permetterà, tornerò con te, cioè con voi!... e come ho fatto oggi, empirò anche allora il tuo salotto di fiori. *(si asciuga una lagrima; poi*
5   *sorridendo)* Ah, ah, ah.... lo sapevo io che babbo non ti avrei chiamato mai! Pareva che il cuore me lo dicesse!

ARIBERTO. *(commosso)* Beatrice! sai che mi hai fatto diventar serio? Hai parlato in un certo modo! Ridi, e il tuo sorriso desta in me una maledetta voglia di piangere.
10   *(pestando i piedi)* Che rabbia mi prende,[9] pensando che quel disgraziato aveva in mano un tesoro, e lo butta dalla finestra!

BEATRICE. Calmati! È molto meglio così. Marcello, come tu sai, ha due anni meno di me![10] Noi donne, a trenta
15   siamo già vecchie! Voi uomini, a quaranta, siete ancora pieni di vita.

ARIBERTO. *(sorridendo)* Davvero?

BEATRICE. Sì, sì! e anche se Marcello, a poco a poco, avesse scoperto in me tutte quelle belle doti[11] d'oro che tu
20   mi doni,[12] credi tu che ciò basterebbe? Pur troppo,[13] codeste non durano per sempre! E quando i miei capelli fossero diventati tutti bianchi, e i suoi fossero rimasti neri — come i tuoi — credi tu che non importerebbe? Non ci illudiamo![14] Oh, se Marcello avesse alcuni anni di più!
25   allora non ci sarebbe male! Ma con due anni di meno... e un paio di grandi occhi.... conficcati[15] nel cuore! — Via!

ARIBERTO. Oh! benedetto testamento! Oh! benedetto orgoglio di nome!

BEATRICE. Guidobaldi? Già, è un bel nome! Non c'è
30   dubbio!

ARIBERTO. Sì, nome di gente onesta, se vuoi! Ma se dei galantuomini non ce ne fossero che due nel mondo.... mio figlio.... e me.... *(Ariberto è come colto[16] da un'idea*

---

[9]**che rabbia mi prende** how angry I get.   [10]**ha due anni meno di me** is two years younger than I.   [11]**dote** quality.   [12]**donare** to bestow upon.   [13]**pur troppo** unfortunately.   [14]**illudersi** to deceive oneself.   [15]**conficcato** fixed.   [16]**colto** seized.

vaga; guarda Beatrice, si alza, s'accomoda la cravatta,
si ravvia i capelli.... torna a sedere; ma è inquieto)
BEATRICE. *(preoccupata*[17]*)* Già! dei Guidobaldi non ce
ne sono che due.... tuo figlio, e....
5 ARIBERTO. *(presto)* E me!
BEATRICE. E te! *(si guardano fissamente)* Zio!...
perché mi guardi a quel modo?
ARIBERTO. *(impacciato)* Io?... no, cara! t'inganni! sei tu
che guardi me! *(si alza, passa davanti allo specchio e vi*
10 *si mira*[18] *di furto*[19]*)* Dimmi un po' — or ora parlavamo
d'anni. Tu dicevi che, generalmente, i matrimoni più
felici sono quelli in cui il marito ha più anni della moglie?
BEATRICE. Così intesi dire,[20] e così credo.
ARIBERTO. E.... *(le s'avvicina)* scusa! non rammento!...
15 quanti.... anni.... dicevi?
BEATRICE. Non saprei!... dieci.... quindici!
ARIBERTO. *(suggerendo*[21]*)* Diciotto?!
BEATRICE. *(è tutta rossa)* Oh, sì!... anche diciotto!
ARIBERTO. *(animandosi sempre più)* In caso poi che
20 l'uomo fosse ben conservato?[22].... avesse tutti i suoi denti?
i suoi capelli?
BEATRICE. *(che non sa più che dire)* Certo che.... *(a un*
tratto) Zio? quanti anni hai tu?
ARIBERTO. *(si passa la mano sulla fronte)* Io?... Ecco....
25 Fa il conto![23] — Ammogliato[24] a venti! padre a ventuno!
vedovo[25] a venticinque! Mio figlio ha ora vent'anni!....
dunque....
BEATRICE. Hai diciannove anni più di me!
ARIBERTO. Beatrice! Sai che i tuoi conti mi fanno girare[26]
30 la testa?
BEATRICE. Zio! sai quello che mi suggeriva Marcello?
ARIBERTO. Qualche sciocchezza[27] di certo!
BEATRICE. No!... mi diceva: sposa il babbo!

---

[17]**preoccupato** in thought. [18]**mirarsi** to look at oneself. [19]**di furto**
furtively. [20]**così intesi dire** that's what I heard. [21]**suggerire** to suggest.
[22]**conservato** preserved. [23]**fare il conto** to reckon, figure out. [24]**ammogliato**
married. [25]**vedovo** widower. [26]**girare** to turn, spin. [27]**sciocchezza**
foolishness.

ARIBERTO.   *(commosso)* Ti diceva quello! *(fra sé)* Povero
figliuolo! *(forte)* Ah? ti diceva quello?... e.... tu?
BEATRICE.   Io?... da principio....[28] ho riso....
ARIBERTO.   E.... ed ora?
5 BEATRICE.   *(commossa)* Ed ora?... Non rido più! *(dopo
aver detto queste parole, scappa, lasciando Ariberto
sbalordito)*

SCENA VII: Ariberto solo

VI

ARIBERTO.   *(per qualche momento non sa decidersi;*[29] *a
poco a poco persuade* sé stesso ed esclama:)* E perché
10 no? Quel bravo zio, che cosa disse? — Purché si mariti
a un Guidobaldi! — *(riflettendo)* Ora.... Marcello?
no...! Né io posso insistere, essendo certo di fare due
infelici! — Un altro? peggio che mai! Ella perderebbe
ogni cosa.... E in favore di chi? del suo buon zio.... del
15 suo tutore.... di me!... di me che ho il santo dovere, in
faccia alla legge.... e in faccia al mondo, di proteggere[30] i
suoi interessi! *(grave)* È un caso di coscienza! non posso
permetterlo! Come non posso permettere che ella si
condanni a una vita d'isolamento![31] senza una famiglia....
20 poverina! senza un marito, che le voglia bene come ella
merita! Però, non uno scapato, che la farebbe morire di
dolore, ma un uomo serio. È un caso di coscienza!
(volendo convincere sé medesimo) Oh! se Marcello non
avesse dichiarato che non vuole! se lei!... Sono un buon
25 padre...! tutti mi conoscono...! arrossirei di me
medesimo![32] Ma, poiché Marcello non vuole.... e lei
nemmeno? — Quarant'anni poi, che cosa sono? *(si
avvicina allo specchio e si guarda di furto, temendo
d'essere veduto)* Beatrice ha detto che sono un uomo
30 pieno di vita.... *(si guarda)* Non c'è male! Ha parlato
dei miei capelli. *(li ravvia)* Ce ne sarà qualcuno bianco

---

[28]**da principio** at first.   [29]**decidersi** to make up one's mind.   [30]**proteggere** to
protect.   [31]**isolamento** isolation.   [32]**arrossirei di me medesimo** I would be
ashamed of myself.

— ma non si vede! — l'ha detto Marcello! E l'idea è
venuta a mio figlio!... ed io non ci avevo pensato! Come
le cose che sembrano lontane, lontane.... a volta si
avvicinano.... si avvicinano, che quasi si possono toccare!
5   *(guardandosi nello specchio)* Dio, come sono rosso! Non
so più quel che faccio! *(entra Marcello e, vedendolo, si
ferma sull'uscio)*

SCENA VIII: Marcello e detto

10   MARCELLO. *(fra sé)* Si specchia?...[33] Buon segno!
(avanzandosi) Babbo!
ARIBERTO. *(allontanandosi dallo specchio in fretta)* Che
c'è?
MARCELLO. T'ho spaventato? Scusami! Ho bisogno di
15   parlarti.
ARIBERTO. Anch'io! *(affettuosamente)* Marcello! tu sei
un bravo figliuolo! un uomo sincero! Marcello! io ho
scoperto in te delle doti eccellenti! Vieni qua, lascia che
t'abbracci!
20   MARCELLO. *(lasciandosi abbracciare)* Babbo mio, queste
tue parole mi sono di grande conforto. Te ne ringrazio dal
profondo del cuore! Ed anzi, per farti vedere[34] che non
sono ingrato,[35] vengo a dirti una cosa.
ARIBERTO. *(con affetto)* Parla pure liberamente![36] Sai
25   bene che tuo padre, quand'ha potuto, ti ha sempre aiutato —
anche quando non lo meritavi! Di' su![37] di' su!
MARCELLO. *(serio)* Ci ho riflettuto.
ARIBERTO. *(guardandolo)* A che?
MARCELLO. Al matrimonio con mia cugina!
30   ARIBERTO. *(turbato)* Ah!... Ebbene?
MARCELLO. Ebbene! mi sono messo una mano sul
cuore,[38] e ho detto a me stesso: — Il babbo agisce pel mio
bene. Io sono cieco da tutti e due gli occhi![39] Una moglie

---

[33]**specchiarsi** to look at oneself in the mirror.   [34]**per farti
vedere** to show
you.   [35]**ingrato** ungrateful.   [36]**liberamente** freely.   [37]**dir su** to speak up.
[38]**mettersi una mano sul cuore** to think this over very carefully.   [39]**essere
cieco da tutti e due gli occhi** to be as blind as a bat.

come Beatrice è un vero tesoro! *(animandosi)* La sua
intelligenza, il suo spirito,[40] la sua bontà — sono tutte cose
fatte per far girar la testa all'uomo più serio del mondo! —
Insomma, dopo quel benedetto colloquio, mi sono deciso

5   a....

ARIBERTO. *(ansioso)* A....

MARCELLO. A soddisfarti, povero babbo! Ed al più presto
possibile.[41] — Spero che questa volta poi, sarai contento
di me!

10   ARIBERTO. *(agitatissimo)* Sicuro! perché no? Ma....
non capisco! pochi momenti fa.... tu....

MARCELLO. Mutano i saggi; mutai anch'io.... per
obbedirti!

ARIBERTO. *(c.s.)* Bravo! Ma.... come farai con lei? Dopo

15   tutto quello che le hai spifferato or ora?

MARCELLO. Dirò che era uno stratagemma.

ARIBERTO. E.... se non ti crede?

MARCELLO. M'aiuterai tu a persuaderla. Ella ti ammira....
ti ama. Basterà una tua parola!

20   ARIBERTO. *(cercando delle scuse)* Marcello! e, se con
queste nozze, io facessi due infelici? *(guardandolo
fissamente)* Perché già.... tu.... non l'ami! Me l'hai
detto, o no, che non l'ami?

MARCELLO. Sì, te l'ho detto. Ma tu m'hai risposto:

25   — Quando la conoscerai a fondo, l'adorerai! —

ARIBERTO. Certo! anch'io credevo...! Ma poi, parlando
con Beatrice, riflettendo sulla differenza d'anni! Tu ne hai
due meno di lei — e questo, se non lo sai, è un gran guaio,[42]
grandissimo...! Perché, se tu, supponiamo, ne avessi....[43]

30   MARCELLO. *(che indovina)* Dieci.... quindici di più....

ARIBERTO. Allora meno male![44] Ma non avendoli....

MARCELLO. Si supplisce[45] col giudizio.

ARIBERTO. *(ironicamente[46])* Bel giudizio!

MARCELLO. Oh! sono tuo figlio! imiterò te! *(piano)*

35   Quanto poi a quell'altra.... quella cogli occhi grandi!... Si
consolerà!

---

[40]**spirito** wit. [41]**al più presto possibile** as soon as possible.[42]**guaio** calamity.
[43]**se tu ne avessi** if you were. [44]**meno male** it wouldn't be so bad.
[45]**supplire** to make up for it. [46]**ironicamente** ironically.

ARIBERTO. E se non si consolasse? Non vorrei aver rimorsi io, intendi?

MARCELLO. Codesto non è affare mio! Io sono un buon figliuolo. Il padre comanda, io obbedisco!

5 ARIBERTO. *(che perde la calma)* Ma io non intendo obbligarti! È un caso di coscienza! Non vorrei farmi complice[47] di una cattiva azione.

MARCELLO. *(fingendosi sorpreso)* Come! ora è diventata cattiva? *(a un tratto)* Babbo! o io m'inganno, o tu ti

10 disdici![48]

ARIBERTO. *(c.s.)* Io mi disdico? Mi meraviglio! Non mi disdico! rifletto!

MARCELLO. *(c.s.)* Rifletti? Io casco dalle nuvole! Tu che prima urlavi: — O bere o affogare! O sposa tua cugina, o

15 non ti lascio un soldo! — E perché io rispondevo: — Quell'altra ne morrà di dolore!. e tu: — Pazzie! capricci di gioventù! dà retta a tuo padre!... a me che ho quarantacinque anni di esperienza!

ARIBERTO. *(interrompendolo)* Avrò detto quarantuno!

20 MARCELLO. A me, che ho i capelli bianchi! che ho le rughe!

ARIBERTO. Eh! lascia un po' in pace i capelli e le rughe! Scherzavo![49]

MARCELLO. Ed ora che vengo qua e ti dico: — Eccomi! —

25 tu, non so per quale strana ragione, ti mostri, direi, quasi contrario....[50]

ARIBERTO. Non è vero!

MARCELLO. Ti confondi.

ARIBERTO. *(sulle spine)* Io mi confondo?...

30 MARCELLO. E, quasi quasi, mi fai sospettare....

ARIBERTO. *(c.s.)* Che cosa?... Sospettare che cosa?

MARCELLO. Che tu.... scusa.... agisca pel tuo proprio interesse![51]

ARIBERTO. *(confuso e imbarazzato)* Io?... cioè.... ecco....

35 dirò.... Cioè.... volevo dire.... Oh insomma! non è vero!... e quando fosse....

---

[47]**complice** accomplice. [48]**disdirsi** to contradict oneself. [49]**scherzavo** I was joking. [50]**ti mostri contrario** you seem to be against it. [51]**tu agisca pel tuo proprio interesse** you are acting in your own behalf.

MARCELLO. *(con meraviglia)* Quando fosse!... hai detto? Quando fosse? Oh! Chi l'avrebbe mai immaginato? Il padre.... *(piano, guardandosi intorno)* rivale.... del figlio! *(gridando)* Oh! se il mondo lo sapesse!

5 ARIBERTO. *(gli tappa la bocca)* Non urlare! Sta zitto! Sei matto!... Io non ho detto nulla!... Tu sogni!... Non è vero!

MARCELLO. È troppo tardi, babbo mio! troppo tardi! Ti sei tradito! Senti, — un figlio è sempre figlio...! egli deve 10 a suo padre rispetto, obbedienza!* anche nei casi.... basta, non ne parliamo! Ma in questo caso, ti dico chiaramente: *(forte e risoluto)* — Mia cugina è mia!... guai[52] a chi la tocca! —

ARIBERTO. *(commosso, sbalordito)* Sì.... sì, sì.... tua 15 cugina è tua! S'ella ti vuole, sposatevi.... e che Dio vi benedica![53] *(agitatissimo, cammina su e giù)*

MARCELLO. Amen! *(correndo all'uscio)* Cugina! Cugina!

ARIBERTO. *(correndo anche lui)* Beatrice! Beatrice!

SCENA ULTIMA: Beatrice e detti

VII

20 BEATRICE. Eccomi! eccomi! Che c'è?

ARIBERTO. Marcello, qui, mi confermava quanto t'ho detto io medesimo.... Ed ora mi pregava di....

MARCELLO. *(interrompendolo)* Un momento! — Prima di stringere i nodi, debbo pregare mia cugina d'un favore. 25 *(leva da tasca un telegramma)* Leggere a mio padre questo telegramma. L'ho in tasca da due ore! Perché non l'ho mostrato prima.... non vi sarà difficile immaginarlo! — Babbo, sta attento, perché ora si tratta di cosa molto seria!

BEATRICE. *(legge)* «Giunti a Genova. Preso il treno delle 30 nove. Fra poche ore saremo con voi.... *(non capiscono;*

---

[52]**guai** woe. [53]**che Dio vi benedica!** may God bless you!

ella prosegue) Ariberto....» *(fra sé)* Ariberto?... — «Il
nostro Ariberto gode ottima salute.... Ti abbraccio col
cuore pieno di speranza. — Irma» *(guarda Marcello)*
ARIBERTO. *(sorpreso)* Che affare è questo?[54] Chi è questa
Irma? Chi sono costoro?
MARCELLO. *(serio)* Mia moglie...! mio figlio...!
BEATRICE. Ammogliato?!
MARCELLO. Sí.
ARIBERTO. *(che non si persuade non sa se desiderarlo o no)*
Non è vero!... non può essere! *(lo prende per il braccio e
lo fissa[55])* Marcello?
MARCELLO. È così!... Mia moglie e mio figlio!...
Un'onesta donna che potrà *(con forza)* entrare a fronte
alta nella casa dei miei padri. *(teneramente)* Un
bell'angioletto biondo, che si chiama Ariberto — il tuo
nome!
ARIBERTO. *(non ben convinto[56] ma contento)* Am-
mogliato?
MARCELLO. Da tre anni! Ecco perché, avendo già una
moglie, non potevo prenderne un'altra!
BEATRICE. Cugino!... e perché non ce lo dicesti subito?
MARCELLO. L'ingrata![57] Ella mi chiede il perché! *(serio)*
Perché, prima di tutto, avevo due difficili doveri da
compiere:[58] rendermi antipatico al punto da non lasciarti
rimpianto....[59] e ottenere in qualche modo dal mio buon
babbo il perdono. — Per il primo, c'è voluto poco[60] a
riuscire!... e per il secondo, la fortuna, il destino forse, me
ne offerse l'occasione! Potevo guadagnarmi il perdono
cooperando[61] alla felicità di mio padre! Non c'è dubbio:
sono nato vestito![62] — Torno a casa dopo cinque anni di
lontananza, e trovo sul vecchio focolare[63] domestico i suoi
bei pezzi di ceppo....[64] e, sotto il ceppo, le pine[65] secche,
le quali non domandano altro che una scintilla,[66] per dar
fuoco[67] a ogni cosa! Ed io accendo un fiammifero,

---

[54]**Che affare è questo?** What is this all about?   [55]**fissare** to look at fixedly.
[56]**convinto** convinced.   [57]**ingrata** ingrate.   [58]**compiere** to fulfill.
[59]**rimpianto** regret.   [60]**c'è voluto poco** it didn't take long.   [61]**cooperare** to
contribute.   [62]**esser nato vestito** to be born with a silver spoon in one's
mouth.   [63]**focolare** hearth.   [64]**ceppo** log.   [65]**pina** pine cone.   [66]**scintilla**
spark.   [67]**dar fuoco** to set fire.

l'accosto[68] alle pine secche, le quali, a un tratto, crepitano....[69] mandano fumo, scintille.... poi su, su, su.... illuminano[70] tutta la stanza d'una bella fiamma che è un piacere vederla! *(a suo padre)* Babbo, se per produrre[71]
5 quella scintilla, ti ho contradetto,[72] e, per un momento, t'ho mancato di rispetto.... *(a Beatrice)* cugina, se per fingermi[73] quello non sono, per un momento, t'ho ingannata.... tutti e due perdonatemi! *(commovendosi a poco a poco)* Perdonatemi!... lasciate avvicinare anche le
10 mie mani a quella fiamma, ch'io stesso accesi! Sediàmovi intorno.... tu!... lei!... *(avvicinandosi)* io!... e..., anche quei due poverini che stanno per arrivare, e sono l'innocente causa della vostra felicità! *(sono tutti e tre commossi)*
15 ARIBERTO. *(dopo un breve silenzio)* Beatrice?
BEATRICE. *(guardandolo sorridendo)* Zio?
MARCELLO. *(ch'è tornato allegro,[74] grida:)* O bere o affogare! — *(a suo padre)* Adopero le tue parole! *(prendendolo per il braccio)* Di solito sono i babbi che
20 benedicono alle nozze dei figli! Questa volta sarà il figlio che darà al babbo la sua figliale benedizione. *(s'ode il rumore d'una carrozza)* Ah! *(supplicando il padre)* Una cosa non esclude l'altra! *(corre alla finestra)* Sono essi.
ARIBERTO. *(guardando Beatrice)* Essi?! Ebbene!
25 intorno al nostro focolare sono pronti.... cinque posti! *(offre il braccio a Beatrice, che comprende e sorride)* Andiamo ad incontrare.... nostra figlia! *(mentre escono, cala[75] la tela[76])*

EXERCISES

I pp. 3–6

A. *Answer the following questions in complete sentences in Italian:*

1. Che cosa vuole sapere Beatrice da Ariberto? 2. Che sta facendo con tanta cura Beatrice? 3. Come dava segno Ariberto

---

[68]**accostare** to place near.   [69]**crepitare** to crackle.   [70]**illuminare** to light up.   [71]**produrre** to produce.   [72]**contradire** to contradict.   [73]**fingersi** to pretend to be.   [74]**è tornato allegro** is jovial once again.   [75]**calare** to fall.   [76]**tela** curtain.

della sua agitazione? 4. Chi sono gli eredi dello zio? 5. Da
quanto tempo non si vedono Beatrice e Marcello? 6. Perché
scappa Beatrice?

B. *Give the opposite of the following statements:*

1. Marcello è partito. 2. Io tornerò in campagna. 3. Com'è
bella questa rosa. 4. C'è da ridere. 5. Se ti fosse antipatico....
6. La mia situazione è difficilissima.

II pp. 6–10

A. *Answer the following questions in complete Italian sentences:*

1. Quando era giunto Marcello dal Bosforo? 2. Perché
Ariberto tappò la bocca a Marcello? 3. Dove mandò suo figlio
Ariberto contro la sua volontà? 4. Perché Marcello non vuole
sposare Beatrice? 5. Quale specie di matrimonio non conosce
Marcello? 6. Che cosa fece Ariberto a Marcello prima che
entrasse Beatrice?

B. *Mark the following statements* **T** *(true) or* **F** *(false):*

1. Marcello disse per lettera e per telegramma che non sposerà
Beatrice. 2. Da ragazzo Ariberto andò in marina. 3. Marcello
fece tre volte il giro del mondo. 4. Secondo Marcello, questo
matrimonio è un giuoco d'interesse. 5. Il testamento dello zio
lascia tutto a Marcello. 6. Se Beatrice muta nome, perderà la
sua parte. 7. Marcello ha giurato fede a Beatrice e vuole
sposarla. 8. Beatrice accomoda la cravatta di Marcello.

III pp. 10–13

A. *Name the persons who make the following statements:*

1. _____ Maledetto il momento che mi sono messo in viaggio.
2. _____ Cugino, mentre io ero in collegio, tu bramasti andare
sul mare.
3. _____ Dunque? Vogliamo darci un bacio, sì o no?
4. _____ Modera lo slancio! Diavolo! Non ti mancherà tempo.
5. _____ Tornando, non vi domanderò che una cosa: il giorno
delle nozze.
6. _____ Oh, ti dà noia la sigaretta?
7. _____ Come potrei amare così, sul momento, uno che non ho
visto da dieci anni?
8. _____ Se non ho fumato parecchie sigarette, non posso
dormire.

B. *Complete the following sentences giving the Italian for the italicized English words:*

1. Marcello fuma e *the smoke* va negli occhi di Beatrice.   2. Se si sposano, Beatrice sarà *the bride.*   3. Ariberto esce dalla *exit* a destra.   4. Marcello tira fuori il portasigarette per prendere *a cigarette.*   5. Beatrice gli offre il portacenere per mettere *the ashes.*   6. Marcello confessa a Beatrice che ha *a confession* da fare.   7. Intendo ringraziarti per la tua buona *intention.*   8. Se tu lo desideri, sarà il mio *desire.*

IV   pp. 13–17

A. *Answer the following questions in complete Italian sentences:*

1. Dove andrà ad abitare Beatrice se lo zio riprende moglie?   2. Che confessa Marcello a Beatrice?   3. Che cosa insegnerà Beatrice ai suoi contadini?   4. Quale bellissima idea è venuta a Marcello?   5. Chi sono i soli due con il nome di Guidobaldi?   6. Che cosa consiglia Marcello di osservare a Beatrice?

B. *Complete the following statements, giving the Italian for the English expressions:*

1. Lo zio agisce *for Beatrice's good.*   2. Zio, devo parlarti *privately.*   3. Se ella dice che basta, *don't insist.*   4. Se te la cavi, *you are clever.*   5. Se Ariberto riprende moglie, Beatrice resterà *an old maid.*   6. Un altro non la vorrebbe *without a dowry.*

V   pp. 17–22

A. *Mark the following statements* **T** *(true) or* **F** *(false):*

1. Ariberto voleva farsi beffe di Beatrice.   2. Marcello giurò fede a un'altra.   3. Beatrice insiste che deve sposare Marcello.   4. Marcello ha due anni meno di Beatrice.   5. Dei Guidobaldi non ce ne sono che due — Ariberto e Marcello.   6. A Marcello non piace l'idea di sposare Beatrice.   7. Ariberto si ammogliò a trent'anni.   8. Marcello suggerì a Beatrice di sposare il babbo.

B. *Complete the following sentences, supplying the Italian for the English words:*

1. *I suffer* nel vederti *unhappy.*   2. Capisco *very well* che *you cannot sacrifice* la tua vita.   3. *Your smile* desta in me *a desire* di piangere.   4. Le donne a trent'anni sono *old;* gli uomini a

quaranta sono *full of life.*   5.   *He looks at himself* nello specchio *furtively.*   6.   *Married* a vent'anni, *a widower* a venticinque. 7.   Marcello ti suggeriva *some nonsense.*   Mi suggeriva: *Marry Dad.*   8.   *It's useless* dire tante *lies.*

VI   pp. 22–26

A. *Choose the expression that best completes each sentence:*

1. Ariberto ha il dovere (di proteggere gli interessi di Beatrice, di mandarla via).
2. L'idea di sposare Beatrice è venuta (al padre, al figlio).
3. Come sono rosso!   Non so più quel che faccio!   (disse Ariberto, disse Marcello).
4. Marcello agisce per (il bene di suo padre, il suo bene).
5. Marcello (veramente vuole sposare Beatrice, finge di voler sposare Beatrice).

B. *Change the following statements from present to past tense (Present Perfect tense):*

1. È un caso di coscienza.
2. Non posso insistere.
3. Lo dice mia nipote.
4. L'idea viene a mio figlio.
5. Ti spavento?
6. Scopro in te delle doti eccellenti.
7. Rifletto al matrimonio con mia cugina.
8. Tu mi rispondi di no.
9. Col tempo si consola.
10. La mia azione diventa cattiva.

VII   pp. 26–28

A. *Answer the following questions in complete Italian sentences:*

1. Per quale ragione Marcello interrompe suo padre?   2. Che favore chiede Marcello a Beatrice?   3. Chi mandò il telegramma a Marcello?   4. Marcello, perché non lo disse subito che era ammogliato?   5. Che cosa darà Marcello a suo padre per le nozze?   6. Come finisce il dramma «O bere o affogare»?

B. *Complete the following statements, supplying the Italian for the English words:*

1. Prima di *to tie the knot,* Beatrice deve leggere *the telegram.*

2. *Having arrived* a Genova, abbiamo preso *the nine o'clock train.*
3. Sono *married*, con un figlio, *for three years.*
4. Mi sono reso *disagreeable* con Beatrice ed ho ottenuto *the forgiveness* da mio padre.
5. Intorno al nostro *hearth* sono pronti *five places.*

2 Corrierino delle famiglie

GIOVANNI GUARESCHI

CORRIERINO DELLE FAMIGLIE

GLI EREDI[1]

Questo giochetto[2] piace alle mammine e rallegra[3] spesso le serate familiari.[4]

Il padre sta leggendo il suo giornale, i bambini giocano tranquilli seduti per terra. La signora ha gli occhi che guardano lontano, oltre[5] i muri della stanza e oltre la vita. Ad un tratto sospira.

— Un giorno, — dice con voce sommessa,[6] — voi non mi troverete più....

I bambini alzano la testa allarmati.

— Un giorno, — continua la signora, e nelle sue parole è una sottile e pungente angoscia, — voi non mi troverete più perché io sarò sepolta[7] nella terra fredda.

I bambini cominciano a preoccuparsi.

— Povera mamma, — geme[8] la signora, — sola nel camposanto[9] triste e silenzioso....

I bambini trattengono il fiato[10] e hanno già gli occhi pieni di lacrime.

— E d'inverno nevicherà, e la neve gelida coprirà la tomba della mamma, — sospira la signora.

Il particolare della neve gelida fa piombare[11] gli infelici bambini nella più cupa[12] disperazione: e i bambini scoppiano in singhiozzi[13] e corrono ad abbracciare urlando[14] la mammina che ormai è presa nel gioco[15] tanto da sentirsi già abbondantemente defunta.[16]

— Poveri orfanelli,[17] chi vi rimboccherà[18] le coperte, la sera? Vi ricorderete della vostra povera mammina?

I bambini singhiozzano[19] ancora più forte.

---

[1]**erede** heir. [2]**giochetto** = piccolo gioco. [3]**rallegrare** to cheer. [4]**familiare** = di famiglia. [5]**oltre** beyond. [6]**sommessa** = bassa. [7]**sepolta** buried. [8]**gemere** = piangere. [9]**camposanto** = cimitero. [10]**trattenere il fiato** = non respirare. [11]**piombare** = cadere. [12]**cupa** = profonda. [13]**scoppiare in singhiozzi** to burst into sobs. [14]**urlare** to bawl, wail. [15]**presa nel gioco** caught up in the game. [16]**defunta** = morta. [17]**orfanello** = chi non ha genitori. [18]**rimboccare** to tuck in. [19]**singhiozzare** to sob.

— Verrete qualche volta a portare i fiorellini sulla sua tomba?

Gli orfanelli adesso ululano[20] ma la signora non ha pietà di loro.

5   — Quando morirò, questo orologino lo lascerò a te, e a te lascerò questa catenella d'oro.[21]

Questo è un giochetto che piace alle donne.   E Margherita, tra gli altri suoi gravi difetti, ha quello di essere una donna.

10   Io ricordo una sera d'aprile.   Pioveva e Margherita stava concludendo il suo giochetto.   La Pasionaria singhiozzava seduta sulle sue ginocchia e Albertino, lì presso, continuava a leggere singhiozzando l'ultimo fascicolo[22] della Paperoavventure.[23].

15   — A te lascerò la mia bicicletta, — disse Margherita alla Pasionaria.

— E io? — singhiozzò Albertino.   — Io niente bicicletta?[24]

— La bicicletta della mamma è da donna,[25] — singhiozzò la Pasionaria; — non si può andare in due[26] perché non c'è il

20   tubo di mezzo.   E poi tu hai quella del babbo, quando muore il babbo.

— E se il babbo non muore?   — singhiozzò Albertino continuando a leggere, con disperazione, il suo giornalino.

Ero direttamente chiamato in causa,[27] ma non mi

25   scomposi[28] e ci furono istanti di angosciósa attesa[29] rotta dai singhiozzi dei due orfanelli.

— Giovannino, — disse con aria di dolce rimprovero[30] Margherita.   — Sii gentile, una volta tanto.[31]   Abbi almeno riguardo di una povera morta.   Non darmi pena[32] nella tomba

30   costringendomi[33] a pensare che, a causa di una miserabile bicicletta, i miei due orfanelli si trovano in disaccordo![34]

Io ho sempre avuto il massimo rispetto per i cadaveri.

---

[20]**ululare** to bawl, wail.   [21]**catenella d'oro** gold chain.   [22]**fascicolo** = **piccolo libro di carta.**   [23]**Paperoavventure** Donald Duck.   [24]**Io niente bicicletta?** No bike for me?   [25]**da donna** for ladies.   [26]**andare in due** = **tutti e due sulla stessa bicicletta.**   [27]**chiamato in causa** made a party to the suit.   [28]**scomporsi** = **agitarsi.**   [29]**attesa** waiting.   [30]**rimprovero** reproach.   [31]**una volta tanto** = **almeno una volta.**   [32]**pena** = **dispiacere.**   [33]**costringendomi** = **forzandomi.**   [34]**in disaccordo** in disagreement.

— Va bene, — dissi ad Albertino. — Quando morirò ti
lascerò la mia bicicletta.
    — Grazie, — singhiozzò Albertino senza levare la testa dal
giornalino. — Anche la «Guzzi 65»?
5   — Certamente, — risposi. — Anche la «Guzzi 65».
Ma allora la Pasionaria fece udire la sua voce accorata.[35]
    — Lui la moto e io niente! — singhiozzò. — Io che sono
piccolina e ho cinque anni devo andare a piedi e lui in
macchina!
10   Margherita intervenne:
    — Perché sei così bugiarda?[36]   Non hai forse la mia
bicicletta?
    — Anche con la bicicletta si va a piedi, — rispose
lacrimando[37] la Pasionaria, — Io voglio la moto.
15   Ci fu una discussione piuttosto vibrata[38] fra Margherita e la
Pasionaria sulla convenienza o meno, per una donna, di
andare in motocicletta e la conclusione fu, secondo la
Pasionaria, che se una donna può guidare un'automobile che
ha quattro ruote,[39] può anche guidare una motocicletta che ne
20   ha due.
    Cercai una soluzione di compromesso:[40]
    — La motocicletta la lascerò a tutt'e due: Albertino
guiderà e tu starai seduta dietro.
    La Pasionaria accettò la proposta.[41]
25   — Però gli occhialoni[42] li voglio io, — singhiozzò.
    Qui intervenne Albertino il quale, essendo il guidatore
della moto, si sentiva in diritto di portare lui gli occhialoni.
E non aveva neanche torto, ma la Pasionaria era ben decisa a
conservare integra[43] la sua conquista.
30   — Sta bene, — conclusi io. — Ne comprerò un altro paio.
    Albertino, con molto garbo, mise sul tappeto la
assegnazione[44] della mia macchina fotografica: ma allora
Margherita insorse:[45]
    — Basta! — esclamò. — Abbiate rispetto per il cadavere

---

[35]**accorata** = triste. [36]**bugiarda** = che non dice la verità. [37]**lacrimando** =
piangendo. [38]**vibrata** sharp. [39]**ruota** wheel. [40]**compromesso** com-
promise. [41]**proposta** = **soluzione.** [42]**occhialoni** goggles. [43]**integra** =
completa. [44]**assegnazione** bequest. [45]**insorgere** to break in, exclaim.

di vostro padre! Niente è più basso dello speculare su un
morto quando è ancora vivo!

Albertino e la Pasionaria vennero mandati a letto[46] con
malgarbo[47] e, quando fummo soli, Margherita accese una
5   sigaretta e sospirò:

— Strana faccenda, questa. Uno non si è ancora
abituato[48] a vivere che già deve abituarsi a morire. Noi
camminiamo su uno stretto sentiero[49] tagliato nella roccia[50]
su uno strapiombo[51] e siamo disperatamente aggrappati[52]
10   alla terra, ma sentiamo il fascino[53] dell'abbisso, dell'eternità.
E ogni tanto, proviamo il bisogno di affacciarci[54] sull'abisso
della eternità.

— Sì, Margherita, — risposi. — E non ci curiamo del fatto
che, sull'orlo[55] dell'abisso, è piantato un cartello con la
15   scritta: «Pericoloso sporgersi».[56]

Margherita scosse[57] il capo.

2. L'ESAME

Io stavo leggendo seduto davanti alla finestra spalancata[58] e
Albertino si avvicinò e mi domandò:

20   — Babbo, sei onesto?

Questa non è una domanda facile, anche ammesso[59] che
uno sia abituato a frequenti esami di coscienza, e così rimasi
imbarazzato.

— Non capisco che cosa possa interessarti, — borbottai.[60]

25   — Mi serve per il tema[61] dove ci vuole la descrizione dei
genitori, però non come ho fatto l'anno scorso, con le misure
della larghezza,[62] della lunghezza,[63] del perimetro* eccetera.
Qui ci vuole la onestà,* la laboriosità,[64] l'attività, l'amor di
patria[65] e via discorrendo.[66]

---

[46]**vennero mandati a letto** they were sent to bed.   [47]**malgarbo = modo
severo.**   [48]**abituarsi** to get used to.   [49]**sentiero = viottolo.**   [50]**roccia =
grande pietra.**   [51]**strapiombo** overhang.   [52]**aggrappato** clinging.   [53]**fascino**
fascination.   [54]**affacciarsi = guardare.**   [55]**orlo** edge.   [56]**Pericolo sporgersi.**
Do not lean out.   [57]**scosse** (*p.abs. of* **scuotere**) shook.   [58]**spalancata =
completamente aperta.**   [59]**ammesso** (*p.p. of* **ammettere**) *here* = admit-
ting.   [60]**borbottare = mormorare.**   [61]**tema = componimento.**   [62]**larghezza**
width.   [63]**lunghezza** length.   [64]**laboriosità** willingness to work.   [65]**patria =
paese nativo.**   [66]**e via discorrendo = eccetera.**

Margherita intervenne.

— Si tratta di un ritratto morale dei genitori, — disse.

— Noi crediamo di vivere incontrollati,[67] tra le mura della nostra casa, e invece i bambini ci guardano.

5   — Anche le bambine, — affermò la Pasionaria con aria di sottilissimo[68] sarcasmo.*

— Non sono cose per te, — ribattè[69] seccamente[70] Margherita. — Guarderai quando sarai in quarta[71] come tuo fratello.

10   La Pasionaria rispose che lei, invece, guardava fin che voleva[72] anche se non era ancora in nessuna classe, ma Margherita non raccolse[73] la provocazione* e la cosa finì lì.

— Babbo, sei onesto? — domandò Albertino.

— Son cose che non si chiedono neanche, — esclamai.

15   — Tu mi conosci, sai quello che faccio, come mi comporto:[74] lo devi giudicare da solo se sono onesto o no.

Albertino ritornò al suo tavolo.[75]

— Io, quando sono a scuola, o tu sei via da casa, non lo so quello che fai, — obiettò preoccupato.

20   Era logico che mi risentissi e mi risentii.

— Bella fiducia che dimostri nei riguardi di tuo padre. Come puoi pensare che io faccia il galantuomo in casa e il farabutto[76] fuori?

— Questo non è un ragionamento che funziona,[77] saltò 25 su[78] Margherita. — C'è un sacco di[79] gente che ha una doppia vita e nessuno lo sa. Il bambino non è in grado[80] di compiere un'indagine[81] di questa portata. Giovannino, suvvia[82] diglielo o non potrà svolgere[83] il tema.

Ebbi uno scatto[84] d'impazienza:

30   — Ma si capisce, perbacco!

Albertino fece cenno di sì[85] con la testa: poi, dopo aver

---

[67]incontrollati = non osservati. [68]sottilissimo = molto leggero. [69]ribattere = insistere. [70]seccamente brusquely. [71]in quarta = nella quarta classe elementare. [72]fin che voleva as long as she wanted to. [73]raccogliere = accettare, accogliere. [74]comportarsi = trattare con altre persone. [75]tavolo = tavola da studio. [76]farabutto = persona capace di cattiva azione. [77]non è un ragionamento che funziona = questa non è una valida spiegazione. [78]saltare su = dire subito. [79]un sacco di = un gran numero di. [80]essere in grado = essere capace. [81]indagine investigation. [82]suvvia = su via *(come now!)* [83]svolgere = trattare, spiegare. [84]scatto outburst. [85]fece cenno di sì = acconsentì con un cenno.

masticato accuratamente il portapenne[86] per qualche minuto,
andò a parlottare[87] all'orecchio di Margherita.
— Giovannino, disse poco dopo Margherita. — Sii gentile
e dagli una risposta precisa.

5   — Sono un galantuomo! — esclamai. — E mi meraviglio
che ci possano essere dei dubbi in proposito![88]
Albertino fece ancora cenno di sì con la testa: poi ritornò a
parlottare all'orecchio di Margherita.
— Sì, sì: galantuomo e onesto sono la stessa cosa, — lo
10   rassicurò[89] Margherita.   E allora Albertino andò a scrivere
sul suo quaderno.
Passarono cinque minuti poi Albertino ritornò con molta
cautela[90] alla carica:[91]
— Sei anche laborioso,[92] babbo?

15   — Sì, Albertino, — risposi con dolcezza.[93]   — Sono
laborioso, amo il mio mestiere, faccio dei sacrifici per il bene
della famiglia, della patria, della civiltà.[94].
Albertino prese nota con cura di ogni cosa sul suo quaderno
poi rialzò[95] il capo:

20   — E come padre, come sei?
Qui mi rifiutai di rispondere:
— Questo lo devi giudicare tu che sei mio figlio, —
affermai.
—Anche io sono tuo figlio, — esclamò la Pasionaria.

25   — Certamente: e siete perciò voi, miei figli, che dovete
giudicarmi come padre.
Albertino e la Pasionaria si ritirarono[96] nella stanza vicina
per prendere una decisione* circa le mie qualità di padre.   E
la discussione fu lunga e piena d'animazione.*   Alla fine i

30   due rientrarono e Albertino andò a sedersi al suo tavolo e
prese a[97] scrivere.   Io levai gli occhi ma il viso di Albertino
era impenetrabile.*

---

[86]portapenne penholder. [87]parlottare = parlare sottovoce. [88];in
proposito = in questo riguardo. [89]rassicurare = togliere ogni dubbio,
assicurare. [90]cautela caution. [91]carica = compito, opera. [92]laborioso =
diligente, industrioso. [93]con dolcezza = dolcemente. [94]civiltà civilization. [95]rialzare = alzare di nuovo. [96]ritirarsi to withdraw. [97]prendere a
= cominciare a.

Incontrai lo sguardo della Pasionaria.   E la Pasionaria strizzò l'occhio[98] e mi fece un cenno per significare: «Non ti preoccupare, è andato tutto bene.»

La Pasionaria è ancora analfabeta,[99] perciò quando
5 Albertino ebbe scritto, la Pasionaria prese il quaderno e lo portà a Margherita.

Parlottarono: poi Margherita, data una scorsa[1] alla paginetta,[2] rassicurò la Pasionaria: era scritto come voleva lei.

Albertino asciugò con cura la paginetta e ripose il quaderno
10 nella cartella,[3] confortato* dall'assistenza* della Pasionaria che si interessa sempre di queste interessanti operazioni: così i due si distrassero[4] e Margherita potè comunicarmi con un soffio di voce:[5]

«Un po' burbero[6] ma simpatico.»

15 Ebbi un sospiro di sollievo:[7] anche stavolta[8] mi era andata bene.   L'esame di padre era stato felicemente superato.[9]   Si capiva che la Pasionaria aveva spinto[10] molto e gliene fui grato.[11]

3. IL DONO[12] MIGLIORE

I

Ogni tanto suonavano al cancello,[13] ed era sempre qualche
20 fattorino[14] con un telegramma, un mazzo[15] di fiori o un pacchetto.[16]

E, ogni volta, la Pasionaria, non potendo per ovvie* ragioni di dignità* precipitarsi[17] fuori ad aprire, si limitava* ad aspettare che Albertino tornasse con le novità.[18]

---

[98]strizzare l'occhio to wink.   [99]analfabeta = che non sa né leggere né scrivere.   [1]scorsa = una lettura rapida.   [2]paginetta = piccola pagina. [3]cartella briefcase.   [4]distrarsi = badare ad altre cose.   [5]soffio di voce = voce che quasi non si sente.   [6]burbero crabby.   [7]Ebbi un sospiro di sollievo. I gave a sigh of relief.   [8]stavolta = questa volta.   [9]superare = passare. [10]spinto (p.p. of spingere) = aiutato.   [11]grato grateful.   [12]dono = regalo. [13]cancello gate.   [14]fattorino = ragazzo che porta telegrammi ecc.   [15]mazzo bouquet.   [16]pacchetto = piccolo involto.   [17]precipitarsi = andare in gran fretta.   [18]novità = notizie.

La Pasionaria possiede una personalità* ben definita* e sa perfettamente dominare* i suoi otto anni. È minuta d'ossa[19] e, guardandola, ci si rende conto[20] perfettamente come, aprendo gli occhietti alla luce della vita, non arrivasse
5   a superare[21] il peso[22] di chilogrammi* uno e grammi* cinquecento. Il gigantesco* prete che, in un giorno del novembre 1943, battezzò[23] la Pasionaria, vedendosi davanti quell'arnesino[24] così piccolo, si volse a guardare Margherita e borbottò severamente: «Non si è disturbata molto,
10   signora!»
       È minuta d'ossa e di breve statura, ma possiede un carattere di cui dà prova in ogni normale* occasione. «È una che tiene su le carte», come si suol dire al mio paese per definire* una donna che sa sempre controllarsi:* figuriamoci
15   quanto rigido* questo autocontrollo[25] in un'occasione* eccezionale come quella della prima Comunione.*
       Quando io me la vidi comparire improvvisamente[26] davanti tutta addobbata[27] di bianchi veli* da capo a piedi, rimasi in soggezione.[28]   Non esiste forse un uomo più
20   sbracalato[29] di me. L'essere sbracalato non è un mio atteggiamento,[30] è parte integrante* di me stesso perché io (e l'ho controllato[31] durante la vita militare*) riesco a essere sbracalato anche quando sono completamente nudo: perciò io ammiro particolarmente chiunque[32] vesta con proprietà.*
25   La Pasionaria portava il suo bell'abito bianco con straordinaria dignità, e ogni suo gesto era giustamente commisurato[33] all'austerità* dell'addobbo.[34]   E così, tutte le volte che suonavano al cancello, la Pasionaria si limitava ad aspettare il ritorno di Albertino.
30   Telegrammi, fiori e pacchetti: e in ogni pacchetto un regalo.   Erano tutte cose belle e gentili.   Alcune addirittura[35] preziose, alcune entusiasmanti,[36] come una

---

[19]**minuta d'ossa = di ossa piccole.**   [20]**rendersi conto** to realize.   [21]**non arrivasse a superare** did not exceed.   [22]**peso** weight.   [23]**battezzare** to baptize.   [24]**arnesino = piccolo oggetto.**   [25]**autocontrollo = controllo di se.** [26]**improvvisamente = ad un tratto.**   [27]**addobbata =** vestita, adornata. [28]**rimanere in soggezione** to be in awe.   [29]**sbracalato** shabby. [30]**atteggiamento** pose.   [31]**controllare** to check, observe.   [32]**chiunque =** **qualsiasi persona che.**   [33]**commisurato = proprio, adatto.** [34]**addobbo** attire. [35]**addirittura = completamente.**   [36]**entusiasmante** exciting.

certa grande bambola[37] di panno che riuscì a far perdere la
calma perfino a Margherita. Tuttavia, pur essendo possibile
che ogni dono riempisse il suo cuore di gioia,* mai la
Pasionaria lo dimostrò.

5   La Pasionaria è una donna che, quando si troverà davanti
all'altare* e il prete le domanderà se sia contenta di prendere
come marito il lì presente giovanotto,[38] risponderà con aria di
benevola[39] indifferenza: «Ma sì....»[40]
   La Pasionaria non si smosse:[41] ogni volta che giunse un

10 nuovo negalo prese atto della cosa,[42] limitando i suoi
commenti allo strettissimamente[43] necessario: «Carino.[44]
Bellino».[45]
   Margherita era indignata del contegno[46] della Pasionaria:
   — Tutta questa gente, — esclamò ad un tratto, — ti ha

15 mandato delle magnifiche cose per farti piacere e tu non ti
disturbi neanche a sorridere!
   La Pasionaria non si scompose:[47]
   — Quando uno compra un regalo, compra il regalo che gli
piace a lui, — rispose. — Che rida lui.

20 La Pasionaria subì tutti i regali: li subì maestosamente,
senza mai smuoversi di un millimetro;* e parve che tutto
sarebbe finito così, ma, quando oramai[48] sembrava
esaurita[49] la serie degli arrivi, giunse un pacco[50] enorme.
Per aprire il pacco ci vollero tenaglie[51] e martello.[52]

25 Sbocciò[53] d'improvviso[54] dalla carta e dai trucioli[55] una
scintillante bicicletta* azzurra.
   Ci voltammo tutti istintivamente* a guardare la Pasionaria.
   La donna aveva gli occhi fissi* su quello splendore* di
cromature[56] e di vernici[57] e, per un istante, rimanemmo tutti

30 col cuore sospeso[58] perché sentivamo che la regina stava

---

[37]**bambola** doll.   [38]**giovanotto** = bravo giovane.   [39]**benevola** = gentile,
affettuosa.   [40]**ma sì** = ma certo.   [41]**smuoversi** to get excited.   [42]**prendere atto**
d'una cosa = riconoscere o notare una cosa.   [43]**strettissimamente** =
assolutamente.   [44]**carino** = prezioso, grazioso.   [45]**bellino** = veramente
bello.   [46]**contegno** behavior.   [47]**scomporsi** = disturbarsi.   [48]**oramai** =
finalmente.   [49]**esaurita** = finita.   [50]**pacco** = involto.   [51]**tenaglie** pliers.
[52]**martello** hammer.   [53]**sbocciare** = apparire come un fiore.   [54]**d'improvviso**
= ad un tratto.   [55]**trucioli** excelsior, wood shavings.   [56]**cromatura** chrome
plating.   [57]**vernice** enamel.   [58]**col cuore sospeso** in suspense.

per[59] scendere dal piedistallo* e ridiventare[60] una creatura umana come tutte le altre.

Il viso della Pasionaria, impallidito[61] per il colpo inatteso,[62] incominciò a colorirsi.* Gli occhi scintillarono.[63]

5   «Adesso finalmente grida e si mette a saltare!», pensammo tutti.

Ma il viso ritornò del colore normale.

— Una *Legnano*,[64] — osservò con aria distante* la Pasionaria rimettendosi a sedere.[65] — C'è il campanello?

10   Albertino fece trillare[66] il campanello.

— Va bene, — concluse la Pasionaria.

Era già qualcosa: ma non era nemmeno l'ombra di quello che tutti noi ci aspettavamo.

Margherita era furibonda:[67]

15   — Se fosse mia figlia! — mi disse a voce bassa, — so io quello che le farei!

— È tua figlia, Margherita, — le risposi.

— Oggi non è nostra figlia, — replicò Margherita. — Oggi appartiene a un altro mondo.

20   Oramai la serie dei regali era da considerarsi finita. La Pasionaria, seduta in una grande poltrona di pelle,[68] continuava a concedere qualche parola alla gente che le stava attorno: ed erano parole corte che pareva venissero giù dal diciottesimo piano. Parole abbandonate lassù,[69] nello spazio, e che scendevano dondolando,[70] a foglia morta.[71]

25   Ciò aumentava[72] sempre di più il risentimento* di Margherita.

— Fra poco per avere udienza* bisognerà far domanda[73] in carta bollata![74] — mi disse all'orecchio Margherita. — Vuoi

30   vedere che io le tiro su lo strascico[75] e le pitturo[76] quattro sculacciate?[77]

---

[59]stava per she was about to.   [60]ridiventare = diventare di nuovo.
[61]impallidito = reso pallido.   [62]inatteso = inaspettato.   [63]scintillare to sparkle.   [64]una Legnano tipo di bicicletta.   [65]rimettendosi a sedere sitting down again.   [66]trillare = suonare.   [67]furibonda = piena di rabbia.   [68]pelle leather.   [69]lassù = in alto.   [70]dondolare to sway.   [71]a foglia morta like a falling leaf.   [72]aumentare = far crescere.   [73]far domanda = chiedere permesso.   [74]carta bollata = carta con il bollo (seal) dello Stato che serve per atti pubblici o legali.   [75]strascico tail.   [76]pitturare = regalare, dare.   [77]sculacciata = colpo sul sedere.

— Ma sì, — risposi io interessato.
Non vidi niente, però. Margherita si avvicinò alla
Pasionaria e le toccò con dita leggere la lunga veste: ma
soltanto per eliminare* una piega[78] che non funzionava.
5   La Pasionaria la ringraziò con un lievissimo[79] muover del
capo e Margherita arrossì di piacere. Come se il Re l'avesse
fatta cavaliere.[80]
Le cose stavano a questo punto quando suonarono ancora al
cancello e Albertino corse ad aprire. Ritornò poco dopo,
10   agitatissimo, trascinandosi[81] dietro un altro arnese[82]
imballato[83] delle dimensioni* di quello della bicicletta.
La Pasionaria si degnò di volgere il capo. Si capiva che,
ormai, questa storia dei regali l'annoiava. Comunque[84] si
rendeva conto di non potersene disinteressare* del tutto.[85]
15   Albertino aveva l'entusiasmo e l'energia* di un reparto[86] di
guastatori d'assalto:[87] l'imballaggio[88] di legno venne
frantumato,[89] ed ecco apparire una stranissima faccenda
verde con filettature[90] gialle.
Non si riusciva a identificare l'arnese: allora intervenni io
20   che, cavata la singolare macchina dai trucioli, la misi in bella
luce.[91]

II

— Che accidente è?[92] — domandò Margherita.
— Una macchina per tappare le bottiglie, — le spiegai io.
— Non capisco però chi possa aver mandato in regalo alla
25   bambina una macchina per tappare le bottiglie.
— Fra i tuoi amici anche troppi ne hai disgraziati
che vogliono sempre fare gli spiritosi,[93] — esclamò
disgustata Margherita. —Dev'esser stato Brogetto o quello
sciagurato[94] di Gigi.

---

[78]**piega** crease, pleat.   [79]**lievissimo** = **molto leggero.**   [80]**far cavaliere a**
qualcuno to dub someone a knight.   [81]**trascinare** = **tirare con forza.**   [82]**arnese**
object.   [83]**imballato** packed.   [84]**comunque** however.   [85]**del tutto** =
completamente.   [86]**reparto** = **gruppo di soldati.**   [87]**guastatori d'assalto**
demolition squad.   [88]**imballaggio** packing, crate.   [89]**frantumare** = **rompere**
in piccoli pezzi.   [90]**filettatura** = **ornamento.**   [91]**mettere in bella luce** =
mettere davanti agli occhi di tutti.   [92]**Che accidente è?** What in blazes is
it?   [93]**fare lo spiritoso** to play practical jokes.   [94]**sciagurato** = **disgraziato.**

— Magari[95] anche il signor Carletto, — aggiunse Albertino.

Margherita era indignata.

— Va bene fare lo spiritoso fra adulti, — esclamò — Ma
5   scherzare con una bambina nel giorno della sua prima Comunione è da [96] imbecilli* screanzati.[97] Le colpe dei padri non devono ricadere[98] sulle figlie innocenti.

Margherita trovò un sacco di consensi[99] fra i presenti e così corse subito a telefonare. Tornò eccitatissima:[1]
10   — Gigi e Brogetto giurano che non sono stati loro, — spiegò. — Dev'essere stato Carletto. Non è in casa però.

— Io sono qui, — disse Carletto, — ma le giuro che non sono stato io. Io ho regalato alla bambina il cestino[2] con tutta la roba per cucire.
15   — Qualcuno dev'essere stato! — replicò[3] Margherita. Poi ci trasse[4] tutti in un angolo[5] e con voce concitata[6] continuò:

— Per l'amor di Dio, muovetevi, fate tutti qualcosa. Cercate di distrarla, spiegate che è uno sbaglio. È una
20   bambina sensibilissima.[7] Questa mascalzonata,[8] dovulta di sicuro a[9] qualcuno che ce l'ha[10] con suo padre per via[11] della politica, può scavare[12] un solco[13] sanguinoso[14] nell'anima della bambina! Quella è un'offesa[15] che può avvelenare il sangue![16] Presto, diamoci da fare![17]
25   Ci volgemmo per darci da fare ma ormai era troppo tardi.

La Pasionaria era lì, davanti alla maledetta macchina dell'oltraggio,[18] e stava considerandola gravemente.

Mi avvicinai e la bambina levò gli occhi e mi fissò negli occhi.

---

[95]magari = forse. [96]essere da = essere azione di. [97]screanzati = villani, maleducati. [98]ricadere to revert, befall. [99]sacco di consensi = grande accordo. [1]eccitatissima = molto agitata. [2]cestino little basket. [3]replicare = rispondere. [4]trarre = condurre. [5]in un angolo = in disparte. [6]concitata = eccitata, agitata. [7]sensibilissima = molto sensitiva, impressionabile. [8]mascalzonata = azione da mascalzone, azione cattiva. [9]dovuta di sicuro a = causata di certo da. [10]avercela con uno = portare odio a uno. [11]per via di = per causa di. [12]scavare = cavare, produrre. [13]solco furrow. [14]sanguinoso = molto grave. [15]offesa = insulto. [16]sangue blood. [17]darsi da fare to keep busy. [18]oltraggio = insulto, offesa.

Mi parve che una mano crudele stringesse il mio cuore.[19]
Tutti tacevano angosciati[20] perché leggevano nello sguardo
della bambina qualcosa di angoscioso.[21]
— Perché? — domandò la Pasionaria con voce sommessa[22]
5 e piena di pianto.
Non sapevo cosa rispondere.
— Perché che cosa? — balbettai.
— Perché c'è questo fil di ferro[23] col piombino stampato?[24]
— disse la Pasionaria.
10 — È il sigillo di garanzia,[25] — spiegai.
La Pasionaria continuò a osservare la macchina.
— Come funziona? — domandò.
Tolsi il fil di ferro col piombino.
— Si alza questa leva,[26] si mette il turacciolo dentro questo
15 buco,[27] poi si spinge giù e il turacciolo entra nella bottiglia.
— Il turacciolo così grosso entra nel buco della bottiglia
così stretto?[28] — si stupì[29] la Pasionaria. — Mi piacerebbe
vedere.
Andai a frugare[30] nel cassetto[31] del tavolo di cucina. Trovai
20 alcuni turaccioli nuovi: li umettai[32] d'olio di oliva* e, tirate su
tre bottiglie vuote, ritornai in sala.
Misi la bottiglia al posto giusto, la regolai spingendole sotto
il cuneo[33] di legno, introdussi il turacciolo nel buco e lo
premetti giù, facendo forza[34] sulla leva.
25 Fino a quel momento la Pasionaria aveva mantenuto il
solito contegno di donna distaccata[35] da questo mondo.
Quando ebbe però visto il turacciolo infilato[36] nel collo della
bottiglia, parve profondamente turbata.
Volle che ripetessi l'operazione con un'altra bottiglia.
30 — È difficile? — domandò molto agitata.
— Facilissimo, — le risposi spiegandole il funzionamento[37]
pratico dell'arnese.

---

[19]strigesse il mio cuore = mi facesse soffrire. [20]angosciati = afflitti, pieni
di dolore. [21]angoscioso = doloroso. [22]sommessa = bassa. [23]fil di ferro
wire. [24]piombino stampato stamped lead seal. [25]sigillo di garanzia
manufacturer's seal. [26]leva lever. [27]buco hole. [28]stretto narrow.
[29]stupirsi = meravigliarsi. [30]frugare = cercare. [31]cassetto drawer.
[32]umettare = bagnare leggermente. [33]cuneo wedge. [34]fare forza =
premere con forza. [35]distaccata = distratta, lontana. [36]infilato = messo.
[37]funzionamento = operazione.

Il terzo tappo[38] lo mise la Pasionaria.

— Ancora! — gridò come presa da una febbre d'entusiasmo.

Mandai a comprare cinquecento tappi dal droghiere[39] e
5 feci portar[40] su dalla cantina le duecento bottiglie vuote che
avevo preparato per restituirle[41] al vinaio.[42]

— Lascia almeno che ti tolga veste! — disse Margherita
avvicinandosi alla Pasionaria.

— No, no, per favore! Devo lavorare! — rispose la
10 Pasionaria incominciando a tappare[43] le bottiglie.

Con l'andar dei tappi aumentava il suo entusiasmo. Al
ventesimo tappo rideva e gridava. Albertino e l'altra
ragazzaglia[44] costituirono[45] immediatamente la ghenga[46] dei
tappi e organizzarono* il lavoro che però rimase sempre
15 affidato[47] alla direzione della Pasionaria.

Allora tutto l'insieme[48] diventò disgustante e noi adulti ci
allontanammo.

Mentre la ghenga dei tappi riempiva la casa di urla[49]
selvagge,[50] suonò il telefono.

20 — È il fattorino che ha portato poco fa la macchina,
— spiegò Margherita. — Dice che ha sbagliato e che deve
venire a riprenderla. Porterà un altro pacco contenente,*
crede, un triciclo* o roba del genere.[51]

Afferrai[52] il cornetto:[53]

25 — No, — risposi, — sta bene così. Se quello che doveva
avere la macchina per mettere i tappi non vuole il triciclo, gli
dica che io gli manderò un'altra macchina uguale domani o
dopo.

Telefonò, passata mezz'ora, un tipo molto nervoso:*

---

[38]**tappo = turacciolo.**   [39]**droghiere** owner of a shop (**drogheria**) where a large
variety of herbs, spices, extracts, confections, and condiments are sold.
[40]**fare portare** to have someone bring.   [41]**restituire = rendere, portare.**
[42]**vinaio = venditore di vino.**   [43]**tappare = mettere i tappi.**   [44]**ragazzaglia**
= **moltitudine di ragazzi.**   [45]**costituire = formare.**   [46]**ghenga = parola**
derivata dall'inglese degli Stati Uniti, gang.   [47]**affidato** entrusted.   [48]**tutto**
l'insieme = tutto quell'affare.   [49]**urlo** (*pl.* urli, urla) = grido.   [50]**selvagge**
= feroci.   [51]**roba del genere** something like that.   [52]**afferrare = prendere**
con forza.   [53]**cornetto = ricevitore del telefono.**

— La macchina per tappare è mia, l'ho ordinata io e la voglio io! — urlò il tipo.
— Ne avrà una identica.* O se preferisce gliela pago subito anche più di quanto le costi.   Questa serve alla mia bambina
5   che ha fatto la prima Comunione.
L'uomo si mise a schiamazzare:[54]
— Cosa c'entra la prima Comunione con la macchina per tappare?   Io la denuncio[55] per appropriazione indebita![56]
Margherita mi strappò[57] di mano il cornetto:
10   — Si   vergogni![58]   — disse   con   voce   vibrante.[59]
— Cercare di turbare una festa mistica* come questa! Se lei è un ateo,[60] un anarchico, un mangiapreti,[61] non scelga la nostra   casa   per   fare   delle   manifestazioni*   di   anti-clericalismo!*
15   Margherita   stette   ad   ascoltare   qualche   istante   poi riattaccò.[62]
— Cosa ha risposto? — domandai.
— Ha detto che lui è il parroco[63] del quartiere[64] qui vicino, — spiegò con semplicità.*   — Comunque si è
20   calmato.   Ha capito che la sua posizione era insostenibile.[65]
L'operazione di tappare le bottigle continuò fino a tarda sera.   Trovammo tappate tutte le bottiglie esistenti* in casa.
Anche la mia boccetta[66] d'inchiostro di Cina.[67]   Non so come abbiano fatto, ma riuscirono a tappare pure le canne[68] della
25   mia doppietta![69]
La sera, prima di andare a riposare, diedi un'occhiata all'accampamento[70] della Pasionaria: la Pasionaria dormiva profondamente e, ai piedi del letto, stava la macchina per tappare e, sulla macchina per tappare, era abbandonata la
30   veste di velo bianco.

---

[54]schiamazzare = urlare. [55]Io la denuncio. I'll take you to court. [56]appropriazione indebita illegal usurpation of property. [57]strappare = togliere con violenza. [58]Si vergogni! Shame on you! [59]vibrante = tremante. [60]ateo = persona che nega l'esistenza di Dio. [61]mangiapreti = nemico dei preti. [62]riattaccare = chiudere il telefono. [63]parroco parish priest. [64]quartiere district. [65]insostenibile = impossibile a mantenere. [66]boccetta = bottiglia piccolissima. [67]inchiostro di Cina India ink. [68]canna barrel (of rifle). [69]doppietta double-barreled gun. [70]accampamento military camp (qui vuol dire camera da letto).

Tutto questo faceva[71] molto surrealista.[72]

Comunque il miglior regalo era quello lì, la macchina per tappare le bottiglie, e tutti gli altri regali giacevano[73] malinconicamente[74] accatastati[75] sul tavolino.

5   «Quando ti sposerai ti regalerò un tornio[76] o una betoniera per impastare il cemento»,[77] sussurrai[78] all'orecchio della Pasionaria addormentata.

Parve che avesse capito perché, nel sonno, lievissimamente[79] sorrise.

4. LA FACCIA DI MILANO

I

10 É venuto stamattina un contadino in motocicletta.[80]   Dice che ti vuol fare il busto,[81] — mi informò Margherita.

Che un contadino usasse la motocicletta, niente di strano. Strano che, dopo essere arrivato in motocicletta, il contadino mi volesse fare il busto.

15 — Ti ha detto come si chiama?

— No: è smontato[82] dalla motocicletta, è entrato, ha domandato: «C'è quello dei baffi?»[83]   Io gli ho risposto: «No».   Allora lui ha detto: «Gli dica che lo aspetto.   Devo fargli il busto».   Fine.   È risalito[84] in moto[85] e buona notte.[86]

20 — Niente altro?

— Niente.

— Com'era vestito?

— Scafandro[87] di pelle, guantoni[88] di pelle, casco[89] di pelle e occhialoni.

25 La cosa era sempre meno chiara:

---

[71]faceva = pareva. [72]surrealista surrealist. [73]giacere = riposare. [74]malinconicamente = tristemente. [75]accatastati = messi l'uno sopra l'altro. [76]tornio lathe. [77]betoniera per impastare il cemento cement-mixer. [78]sussurrare = mormorare. [79]lievissimamente = in modo gentilissimo. [80]motocicletta motorcycle. [81]busto bust. [82]smontare = scendere. [83]C'è quello dei baffi? Is the fellow with a mustache here? [84]risalire = salire di nuovo. [85]moto = motocicletta. [86]buona notte that's all, good-bye. [87]scafandro = giacca. [88]guantone large glove. [89]casco headgear.

— Margherita, portava addosso delle vanghe,[90] delle zappe,[91] delle macchine agricole?[92]

— No; aveva soltanto una macchina fotografica[93] a tracolla.[94].

5 Perdetti la pazienza e mi misi a gridare:

— Arriva in moto uno vestito da aviatore, con una macchina fotografica a tracolla. Chi è? Un contadino! Margherita, si può sapere da che cosa hai capito che è un contadino? Margherita non si scalmanò:[95]

10 — Dalla faccia, — rispose con naturalezza.[96] — Aveva la faccia scoperta[97] e allora ho riconosciuto quel contadino che, cinque o sei anni fa, è venuto una volta a trovarti[98] a Milano e avete continuato fino a sera a parlare di concimi,[99] di poderi,[1] di vitelli,[2] di stalle razionali[3] eccetera. Hai capito

15 chi è?

— No.

— Ebbene, è quel contadino che è venuto oggi a dirti che ti aspetta perché deve farti il busto.

Un lampo mi illuminò:[4]

20 — Ho capito chi è. Anche se viaggia in moto vestito da aviatore, non è un contadino. È uno scultore: tanto è vero che vuol farmi il busto.

— È un contadino! — affermò Margherita. — Ricordo che, una volta, ti ha scritto e sulla busta[5] c'era

25 l'intestazione[6] col mestiere scritto grosso così.

In fondo[7] Margherita non aveva torto: Quello era il periodo in cui lo scultore Froni aveva la carta intestata:[8] *Froni — Contadino — Fidenza,*[9] e parlava esclusivamente di cose attinenti[10] all'agricoltura.*

30 — Si vede che ha cambiato ancora mestiere e adesso si è rimesso a fare il suo, — conclusi.

---

[90]**vanga** spade. [91]**zappa** hoe. [92]**agricolo** agricultural. [93]**macchina fotografica** camera. [94]**a tracolla** slung over the shoulder. [95]**scalmanarsi** = agitarsi. [96]**con naturalezza** = naturalmente. [97]**scoperta** = non coperta. [98]**trovare** = visitare. [99]**concime** fertilizer. [1]**podere** = pezzo di terra in campagna. [2]**vitello** calf. [3]**stalla razionale** = stalla scientifica. [4]**Un lampo mi illuminò** I got a flash. [5]**busta** envelope. [6]**intestazione** letterhead. [7]**in fondo** after all. [8]**intestata** = con l'intestazione. [9]**Fidenza** = paese dell'Emilia. [10]**attinente** pertaining.

Poi, siccome oltre ad essere un mio vecchio amico, Froni era, com'è tutt'ora,[11] uno dei pochissimi scultori che esistono al mondo, la mattina dopo andai a trovarlo a casa.

*   *   *

Era nel suo studio: stava modellando* una testa, quando
5   entrai, e rispose al mio saluto senza voltarsi.
— Giovannino, non muoverti di lì! — esclamò agitatissimo. — Lascia che prepari la creta.[12]   Non voglio diluire[13] la prima impressione: appena la terra[14] è pronta tu vieni a sederti su questo sgabello[15] e guardi la spagnoletta[16]
10 della finestra. Quando sei a posto io mi volto, ti guardo e incomincio subito a lavorarti[17] con la creta.   In cinque minuti ti tiro fuori.[18]   Poi, in un paio di mesi, metterò a posto tutta la faccenda.   Ma la prima sensazione[19] la devo subito formare in tutta la sua intensità.
15   Mi uniformai[20] alle direttive.[21]
— Giovannino, — esclamò lo scultore mentre lavorava a mettere un blocco[22] di terra su un trespolo.[23]   — È un anno che penso al tuo ritratto.   Sono sicuro che salta fuori[24] qualcosa di eccezionale.   È la tua faccia che mi ci vuole[25] in
20 questo momento.   Siediti sullo sgabello e guarda la spagnoletta.
Andai a sedermi sullo sgabello e guardai la spagnoletta.
Lo scultore si volse e mi piantò gli occhi addosso.
Trattenni il respiro[26] per non diluire l'intensità della prima
25 sensazione, ma subito udii la voce di Froni.   Era una voce completamente diversa[27] da quella di poco prima.[28]
— Niente da fare.[29]   Non sei tu.
Mi addolorò[30] la delusione* che sentivo in quella voce.
— Mi dispiace, — balbettai.   — Forse è la luce....
30 Scosse[31] il capo:

---

[11]tutt'ora = ancora, sempre.   [12]creta clay.   [13]diluire to water down.   [14]terra = creta.   [15]sgabello stool.   [16]spagnoletta latch (on a window or a door).   [17]lavorare = qui vuol dire dare forma.   [18]tirare fuori to make a model.   [19]sensazione = impressione.   [20]uniformarsi a = obbedire.   [21]direttiva = comando, direzione.   [22]blocco = pezzo.   [23]trespolo tripod.   [24]saltare fuori = venire fuori.   [25]mi ci vuole = mi bisogna.   [26]respiro = fiato.   [27]diversa = differente.   [28]poco prima = pochi momenti prima.   [29]niante da fare = è inutile.   [30]addolorare = far triste.   [31]scosse he shook.

— No. È tutta un'altra cosa. Cinque anni fa, quando t'ho visto a Milano, non eri così. Avevi una faccia che diceva qualcosa: i capelli aggrovigliati[32] sulla fronte, le borse[33] sotto gli occhi, la piega[34] dura della bocca.... Adesso tutto è cambiato. Una faccia da uomo riposato, da uomo che sta bene, che mangia e beve tranquillo senza pensare a niente.... una faccia....

— Una faccia da cretino,[35] insomma, — diss'io.

— No: semplicemente una faccia non interessante. Mi sentii quasi colpevole:[36]

— Ho dormito molto, stanotte,[37] — spiegai. — E poi, stamattina, prima di venire qui, sono andato dal barbiere a farmi tagliare i capelli.... L'ultima volta che mi hai visto ero stanco morto[38] perché non dormivo da due notti,[39] avevo la testa in disordine, mi faceva male lo stomaco....

— Giovannino, non dovevi venire, stamattina!

— Sono venuto perché non sapevo che faccia volevi.

— Voglio quella dell'altra volta! Quella mi interessa. Vieni qui quando sei stanco, quando ti fa male lo stomaco, quando hai i capelli in disordine, quando hai le borse sotto gli occhi, la barba lunga, la gola[40] bruciata[41] dal fumo. Quando hai una faccia presentabile,* insomma! Devo farti il ritratto e ho bisogno di ritrovare quella faccia.

Mi parlò a lungo[42] di come aveva intenzione di impostare[43] la faccenda del ritratto e via via[44] si entusiasmava.*

Quando me ne andai, avevo la convinzione[45] precisa che, se non avessi ritrovato la faccia di Milano, mi sarei reso colpevole della mascalzonata più abietta.[46]

Ritornai da lui dopo un mese.

— Giovannino, fai schifo,[47] — mi aveva detto quella

---

[32]**aggrovigliati = in disordine.** [33]**borsa bag.** [34]**piega crease, wrinkle.** [35]**cretino = imbecille.** [36]**colpevole guilty.** [37]**stanotte = la notte passata.** [38]**stanco morto = molto molto stanco.** [39]**non dormivo da due notti I hadn't slept for two nights.** [40]**gola throat.** [41]**bruciata = secca per troppo calore.** [42]**a lungo = per molto tempo.** [43]**impostare = incominciare, mettere a posto.** [44]**via via = sempre più.** [45]**convinzione conviction.** [46]**la mascalzonata più abietta the most low down trick.** [47]**fare schifo = essere ripugnante.**

mattina Margherita guardando con disgusto il disordine della mia faccia e degli immediati paraggi.[48]

Allora, invece di andare dal barbiere, andai da Froni.

Appena mi vide fece un balzo.[49]

5 — Sta lì, sta lì! Non ti muovere, Giovannino! — si mise a urlare mentre buttava febbrilmente[50] manciate[51] di creta su un trespolo. — Non ti muovere perché ci siamo![52]

Bloccai il motore[53] e stetti lì ad aspettare, seduto sullo sgabello, guardando la spagnoletta.

10 Lavorò un quarto d'ora attorno al blocco di creta e, ogni tanto, ansimava:[54]

— Non ti muovere! Non ti muovere che ci siamo!

II

Poi, ad un tratto, ruggì[55] e disse a denti stretti:[56]

— Non ci siamo! C'è qualcosa che non va! Parevi tu, 15 pareva la faccia di Milano. Non sei tu e non è quella faccia.

Cercai di dimostrargli che sbagliava e che tutto era come a Milano. Ero stanco morto perché non dormivo da due notti, gli occhi erano stanchi, la barba lunga, i capelli incolti[57] e spettinati.[58]

20 — È tutto come allora, — conclusi. — Eccettuati[59] i cinque anni di più che ho sul groppone,[60] ed eccettuato il mal di stomaco[61] che oggi non ho. Ma può aver poca importanza.

Mi interruppe con un grido:

— Il mal di stomaco non ha importanza? Tu non sai 25 dunque cosa significhi il mal di stomaco?

Lo sapevo perfettamente, purtroppo, perché il mal di stomaco m'avvelena la vita da almeno quindici anni. Chinai il capo:

— Capisco: però non vorrai pretendere che io mi faccia 30 venire il mal di stomaco!

---

[48]paraggi = parti vicine. [49]balzo leap. [50]febbrilmente = con molto fervore. [51]manciata = quantità presa con la mano. [52]ci siamo! = siamo riusciti! [53]bloccai il motore, cioè non mi mossi, mi fermai. [54]ansimare = respirare forte. [55]ruggire = fare il rumore di una bestia. [56]a denti stretti = stringendo i denti per la rabbia. [57]incolti = in disordine. [58]spettinati uncombed. [59]eccettuati = con eccezione di. [60]sul groppone = addosso. [61]mal di stomaco = dolore di stomaco.

— Non pretendo niente: dico semplicemente che tu devi
venire qui quando hai il mal di stomaco. Ho bisogno della
tua vera faccia!

Non era più una questione* di amicizia: qui si trattava di un
5   caso di coscienza. Egli era sicuro di cavare un capolavoro[62]
dal mio ritratto e io dovevo sacrificarmi per amore dell'artista
e dell'arte in sé.[63]

Mi sacrificai e incominciai a mangiare salame,* roba
fritta,[64] peperoni,[65] alici[66] piccanti:[67] insomma tutte le cose
10   che mi piacciono di più e che mi fanno soffrire.

Continuai un mese con questo ritmo* infernale ma,
evidentemente,* tutto era contro di me e, quindi,[68] contro
l'arte: non mi venne nemmeno un brucior di stomaco.[69]

Finalmente, una mattina, mi alzai con lo stomaco pieno di
15   fuoco. Non mi lavai neppure: mi vestii alla meglio, saltai
sulla macchina e partii verso Fidenza. Continuavo a pensare
intensamente* al mio mal di stomaco e lo si sa,[70] non c'è
niente di peggio, quando si ha il mal di stomaco, che pensare
al mal di stomaco.

20   Guidavo nervosamente* e così, a un bel momento,[71] mi
trovai nei guai[72] e, per evitare d'essere sfracellato[73] da un
autotreno,[74] dovetti fare delle manovre[75] che mai credevo di
saper fare.

Me la cavai senza neppure un graffio[76] sul parafango:[77]
25   intanto, però, il mal di stomaco, lasciato senza controllo, se
n'era andato.

Ritornai a casa sconfortato.[78]

E così passarono i giorni e le settimane e una sera mi
comparve davanti Froni.

30   — E allora?

Allargai le braccia.

---

[62]**capolavoro** = opera d'arte.   [63]**arte in sé** art for art's sake.   [64]**fritto** (*p.p. of*
friggere) fried.   [65]**peperone** pepper.   [66]**alice** anchovy.   [67]**piccante** spicy,
sharp.   [68]**quindi** = perciò.   [69]**bruciore di stomaco** heartburn.   [70]**lo si sa** =
come si sa.   [71]**a un bel momento** one fine moment.   [72]**trovarsi nei guai** to
find oneself in trouble.   [73]**sfracellato** = **fatto a pezzi.**   [74]**autotreno**
trailer-truck.   [75]**manovra** = **movimento, giro.**   [76]**graffio** scratch.
[77]**parafango** fender.   [78]**sconfortato** = triste.

— Se non avevi piacere[79] che io ti facessi il ritratto potevi dirmelo! — esclamò con amarezza.[80] — D'altra parte ricordati che questo è il primo favore che io ti ho chiesto....

Protestai* con tutte le mie forze: gli spiegai quel che facevo
5 per procurarmi[81] il mal stomaco. Chiamai Margherita in mio aiuto:

— Diglielo tu le porcherie[82] che mangio!

Margherita guardò con odio lo scultore:

— Era meglio se lei continuava a fare il contadino![83] —
10 esclamò con voce dura. — Per colpa[84] della sua scultura, se mio marito va avanti così per un mese, lei dovrà fargli il busto per il monumento funerario![85] Ma lo guardi! Vede a cosa l'ha ridotto?[86] Non va più dal barbiere, dorme vestito, si lava una volta ogni tanto: è diventato la vergogna della casa!
15 Ma proprio a lui lei deve fare il ritratto?

Lo scultore allargò le braccia:

— Lo devo fare a lui! Era una meraviglia come l'ho visto quella volta a Milano!

Margherita non insistette: aveva capito che egli voleva
20 farmi il ritratto non per cattiveria,[87] ma perché glielo imponeva[88] la sua anima d'artista.

— Sarà come Dio vorrà, — concluse sospirando Margherita. — Gli uomini passano ma l'arte resta. Speriamo che lei arrivi in tempo.[89]
25

*   *   *

Continuai a lavorare per il trionfo* dell'arte e mangiai e bevvi cose che avrebbero fatto venire il mal di stomaco a due struzzi.[90]
30 A me non venne niente. E, ormai, avevo perso ogni speranza, quando una notte verso le due mi svegliai con un brucior di stomaco spaventoso.[91]

---

[79]**se non avevi piacere = se non ti piaceva l'idea.** [80]**amarezza** bitterness.
[81]**procurare = prendere.** [82]**porcheria = cosa ripugnante.** [83]**fare il contadino = essere contadino.** [84]**per colpa** because of. [85]**monumento funerario** gravestone. [86]**vede a cosa l'ha ridotto = vedi la condizione a cui l'ha menato.** [87]**cattiveria** meanness. [88]**imporre = obbligare.** [89]**in tempo, cioè prima che succeda qualche disastro.** [90]**struzzo** ostrich. [91]**spaventoso = terribile.**

— Margherita! — urlai. — Ci siamo![92]
— Sia ringraziato il buon Dio! — si rallegrò[93] Margherita.
Non mi vestii neppure: mi infilai nel paletò[94] e, cavata
fuori dal garage la macchina, mi immersi nella notte buia.[95]

5   Volai e il mal di stomaco, invece di andar via, aumentava:
era stupendo!*
Arrivai alla casa di Froni, in mezzo ai campi.
Tirai delle sassate[96] contro le ante[97] delle finestre e
finalmente riuscii a svegliarlo. Mi venne ad aprire e io corsi

10   subito nello studio e mi sedetti sulla panca[98] guardando la
spagnoletta.
— Presto! — gridai eccitato. — Ci siamo! Se non ritrovi
la faccia di Milano adesso non la ritrovi più. Ho un mal di
stomaco che mi fa morire!

15   — Anch'io, — mi rispose Froni con voce cupa.[99] — Se non
trovo bicarbonato* non riesco a muover un dito.
Gemette,[1] spezzato in due[2] dallo spasimo.
Difficile trovare del bicarbonato alle tre di notte: andammo
a cercarlo in macchina e lo trovammo, verso le sei, a Parma.[3]

20   Quando, dopo un'ora, io lo scaricai[4] davanti a casa sua,
Froni mi guardò e scosse il capo:
— Avevi una faccia magnifica, stanotte. La vera faccia di
Milano.... E adesso....
Sospirò:

25   — Giovannino: un vero amico non l'avrebbe preso il
bicarbonato. Tu potevi evitare di prenderlo.... Serviva solo
a me!
Ripresi la via del ritorno[5] molto umiliato e, quando
Margherita mi vide apparire, capì subito.

30   — È andata male anche stavolta?
— Male.
— Bisogna aver fede, Giovannino. La via dell'arte è dura.
Non ti scoraggiare:[6] ritroverai la faccia di Milano. Devi

---

[92]Ci siamo! It's the real thing. [93]rallegrarsi = diventare lieto. [94]mi infilai
nel paletò = mi misi il soprabito. [95]buia = scura. [96]sassata = colpo di
sasso. [97]anta shutter. [98]panca = banco. [99]cupa = triste. [1]gemere =
lamentarsi per il dolore. [2]spezzato in due doubled over. [3]Parma, famosa
città dell'Emilia. [4]scaricare = lasciare (lit. unload). [5]la via del ritorno the
road back. [6]scoraggiarsi = perdersi di coraggio.

ritrovarla perché ha ragione lui: quella è la tua vera faccia.
Una faccia interessante. Così, quando stai bene, hai una
faccia.... Non saprei come dire....
— Da cretino! — dissi io che sapevo come dire.

5. LA LEGNA[7]

I

5   Storia vecchia, il cui inizio[8] si perde nella notte dei tempi.[9]
Anzi, con maggior precisione,* si perde nel pomeriggio di
una afosa[10] giornata di luglio.
Viaggiavo da un'ora sull'asfalto* bollente della Via
Emilia,[11] quando mi accorsi che la lancetta[12] del manometro
10   dell'olio[13] aveva abbandonato la consueta[14] posizione a
destra assumendo* quella di centro-sinistra.[15]
Fermai la macchina, scesi, tirai su il cofano[16] e controllai[17]
il livello dell'olio. Era al disotto[18] del minimo:
fortunatamente,[19] nel baule posteriore,[20] avevo la mia brava
15   latta[21] dell'olio di riserva.*
Passai nel versante opposto[22] della macchina, spalancai il
coperchio[23] del baule e mi trovai davanti a un massiccio[24]
blocco[25] di legna da ardere.
Legna forte, asciutta, segata[26] e spaccata[27] giusta per la
20   stufa.*
In un pomeriggio di luglio, sotto il sol battente e coi piedi
sull'asfalto bollente della Via Emilia.
Come era finita dentro il baule della mia macchina quella
dannata[28] legna?

---

[7]legna firewood.   [8]inizio = principio.   [9]notte dei tempi = tempi remoti.
[10]afosa = di caldo soffocante.   [11]Via Emilia, antica via romana e moderna
che va da Piacenza a Rimini.   [12]lancetta dial.   [13]manometro dell'olio oil
gauge.   [14]consueta = solita.   [15]cioè il livello dell'olio era basso.   [16]cofano
hood (of a car).   [17]controllare = misurare (check).   [18]al disotto = più basso.
[19]fortunatamente = per fortuna.   [20]baule posteriore trunk.   [21]latta can.
[22]versante opposto opposite end.   [23]coperchio cover.   [24]massiccio =
grosso.   [25]blocco = quantità.   [26]segato sawed.   [27]spaccato split.   [28]dannata
= maledetta.

Chi era il pazzo[29] scatenato[30] che mi aveva fatto quello scherzo?
Non era il momento più adatto per cercar di risolvere il mistero: io dovevo ricuperare[31] la latta dell'olio.

5   Con molta cautela incominciai a smantellare[32] il blocco di legna per identificare il punto in cui si trovava la latta dell'olio e per estrarre[33] quindi la latta senza dover togliere tutta la legna.
Difatti[34] io non tolsi tutta le legna perché la legna, a un bel
10 momento, mi franò[35] sui piedi quasi tutta.
Così ricuperato il recipiente* dell'olio e versato[36] l'olio dentro il motore, fui costretto a pensare alla sistemazione[37] della legna.
Non potevo abbandonarla lì, sulla strada.   Da qualunque
15 parte essa provenisse,[38] era onesta legna da ardere.
E poi come si possono fare delle indagini[39] se si elimina il corpo del reato?[40]
Raccolsi i pezzi di legna e li buttai alla rinfusa[41] dentro il baule.   Dopo di che dovetti cavarli fuori dal primo all'ultimo
20 e rimetterli nel baule uno alla volta cercando di ricostruire* il blocco granitico* che avevo trovato.
Feci le cose con ogni cura, ma la latta dell'olio e tre pezzi di legna non riuscirono ad entrare, e li dovetti ospitare[42] nell'interno[43] della macchina.
25 Arrivato a Milano, trovai ad attendermi[44] tanti di quei guai da farmi dimenticare del tutto la legna.   Me ne ricordai tre giorni dopo al mio ritorno.
A metà strada,[45] infatti, fermai la macchina perché, a ogni sobbalzo,[46] qualcosa sbatacchiava[47] nelle retrovie[48]
30 dell'automobile.

---

[29]**pazzo** lunatic.   [30]**scatenato** = violento.   [31]**ricuperare** = **prendere.**
[32]**smantellare = togliere via.**   [33]**estrarre = tirare fuori.**   [34]**difatti = in verità,**
infatti.   [35]**franare = cadere giù.**   [36]**versato** having poured.   [37]**sistemazione**
= il mettere in ordine.   [38]**provenire = avere origine.**   [39]**fare delle indagini**
to carry on an investigation.   [40]**corpo del reato** evidence, corpus delicti.
[41]**alla rinfusa = in disordine.**   [42]**ospitare = mettere.**   [43]**interno = parte**
interiore.   [44]**ad attendermi = che mi aspettavano.**   [45]**a metà strada = fatta**
la metà del viaggio.   [46]**sobbalzo** bump.   [47]**sbatacchiare** rattle.   [48]**retrovie =**
parte posteriore.

Scesi, aprii il baule e trovai che il baccano era causato*
dalla latta dell'olio malamente sistemata.
Allora mi ricordai della legna.
La legna era scomparsa.[49] Non c'era ombra di legna,
5 dentro il baule, e neppure nell'interno della macchina.
Faceva un caldo opprimente,[50] ero pieno di stanchezza[51]
e di sonno: accettai l'ipotesi* più comoda. Evidentemente si
trattava di un sogno.[52]
Passò parecchio tempo e una sera, quando ero già in vista
10 di Milano, mi si afflosciò una delle gomme[53] della macchina.
Dovetti fermare per cambiare la ruota.[54] Scesi, abbassai il
coperchio del baule e nel buio[55] cercai il crick[56] e il
girobacchino,[57] ma la mia mano fece poca strada[58] perché il
baule era pieno zeppo[59] di legna. Questa volta non era un
15 sogno: era dura, tangibile* realtà, e dura e tangibile realtà era
che il crick e girobacchino si trovavano sotto il blocco
granitico di legna da ardere.
Ammaestrato[60] dall'esperienza, riuscii a rendere meno
gravosa[61] la faccenda: tolsi infatti, pezzo per pezzo, la legna
20 ma non la buttai per terra come la prima volta. La misi, via
via, dentro la macchina e, rintracciati[62] gli arnesi che mi
servivano e cambiata la ruota, potei concludere senza altri
intoppi[63] il mio viaggio.
Arrivato a casa ricoverai[64] la macchina nella rimessa[65] e
25 andai a letto. La mattina seguente,[66] quando ritornai in
rimessa per iniziare* le indagini sulla legna misteriosa,* la
legna era scomparsa.
Sentii uno strano rumore provenire dalla cantina: scesi
cautamente[67] la scala e sorpresi[68] la Giuseppina[69] in
30 flagrante.[70]

---

[49]**scomparso** (*p.p.* *of* **scomparire**) disappeared.   [50]**opprimente** =
soffocante.   [51]**stanchezza** = **l'essere stanco.**   [52]**sogno** dream.   [53]**mi si**
afflosciò una delle gomme I got a flat tire.   [54]**ruota** tire.   [55]**buio** dark.   [56]**crick**
jack.   [57]**girobacchino** wrench (used to raise the jack and remove the
wheel).   [58]**fare strada** = **fare progresso.**   [59]**pieno zeppo** = **pienissimo.**
[60]**ammaestrato** = **insegnato.**   [61]**gravosa** = **difficile.**   [62]**rintracciati** = **trovati.**
[63]**intoppo** = **ostacolo.**   [64]**ricoverare** = **mettere.**   [65]**rimessa** garage.
[66]**seguente** = **dopo.**   [67]**cautamente** cautiously.   [68]**sorprendere** to surprise.
[69]**la Giuseppina** Josephine.   [70]**in flagrante** = **nel proprio momento del fatto.**

Stava accatastando pezzi di legna da ardere!
— Dove ha preso quella legna? — domandai. Arrossì e
cercò di balbettare qualche parola di giustificazione.*
giustificazione.*

5   La Giuseppina, che per tre giorni ogni settimana
soprassiede[71] al funzionamento[72] della mia casa di Milano, è
una signora molto seria e che parla pochissimo: i tipi così non
sanno mentire[73] e io ebbi buon gioco:[74]
— Dove ha preso quella legna? — ripetei con voce
10   metallica.*
— L'ho trovata sulla macchina del signore, — rispose.
— E chi ha messo quella legna sulla macchina del
signore? — incalzai.[75]
Non rispose. Si strinse nelle spalle[76] e allargò le braccia.
15   Mi guardai attorno perché i miei occhi si erano abituati
alla penombra[77] e così feci una scoperta[78] impressionante.[79]
La donna non stava sistemando i pezzi di legna disponendoli
in bell'ordine l'uno sull'altro a *pié*[80] *del muro!*
Quello che io avevo creduto un muro era una compatta*
20   granitica catasta[81] di legna da ardere. Alta fino al soffitto e
profonda, così a occhio e croce,[82] circa due metri.
— E quella legna lì, dove l'ha presa? — urlai sgomento.[83]
— L'ho sempre trovata dentro il baule della macchina del
signore. Solo questa volta l'ho trovata fuori dal baule.
25   Risalii senza più dire niente.
Parlai due giorni dopo, quando fui rientrato alla base.[84]
— Margherita, — dissi, — desidererei sapere cosa
significa questa storia della legna che viaggia
clandestinamente[85] sulla mia macchina.
30   — Ah, — rispose, — la Giuseppina se ne è dunque fatta
accorgere![86]

---

[71]soprassedere a = avere la direzione di. [72]funzionamento = operazione
(*qui*, lavoro domestico). [73]mentire = dire bugie. [74]ebbi buon gioco I
was in luck. [75]incalzare = insistere. [76]stringersi nelle spalle to shrug
one's shoulders. [77]penombra = fra ombra e luce. [78]scoperta discovery.
[79]impressionante = che fa impressione. [80]pié = piede. [81]catasta pile.
[82]a occhio e croce = misurando con l'occhio. [83]sgomento = turbato,
sbalordito. [84]base = casa dove stava la famiglia. [85]clandestinamente =
segretamente. [86]farsi accorgere = farsi scoprire.

— No, Margherita: me ne sono accorto da solo e per ben[87] due volte.

Margherita si strinse nelle spalle:

— La storia della legna è semplice: tu, il prossimo[88] inverno, invece di spendere quattrini per comprare legna cattiva e bagnata, potrai scaldarti[89] con legna secca, buona e che non ti costa niente perché è tua.   Se non volevi servirtene non dovevi far cavare tante piante.[90]

II

— Margherita, non s'era detto che io, al momento opportuno,* avrei mandato un camion[91] di legna a Milano?

— E allora?   La legna non è forse arrivata a Milano senza viaggiare in camion?   Giovannino, l'economia* domestica è affare mio.

Era inutile intavolare[92] delle discussioni complicate.*

— Margherita, — tagliai corto, — la legna è arrivata clandestinamente e illegalmente* a Milano.   E sta bene. Però la storia non deve ripetersi.   Dalla prossima volta, fine dello spettacolo.[93]

Margherita chinò il capo:

— Giovannino, per me ogni tuo desiderio è un ordine.

Passarono i soliti quattro giorni di licenza[94] agricola settimanale[95] e arrivò il momento di ripartire[96] per Milano.

Prima di salire in macchina ispezionai[97] il baule e, naturalmente, trovai che una mano criminosa[98] lo aveva inzeppato[99] ancora di legna.

Richiusi il coperchio e chiamai Margherita:

— Di' al meccanico* di guardare il filtro* dell'aria, — le spiegai quando arrivò.   — La carburazione* non è giusta. Adoprerò l'altra macchina, stamattina.

Salii sulla macchina rossa e partii.

---

[87]ben = almeno.   [88]prossimo = che viene.   [89]scaldarsi = mantenersi caldo.   [90]pianta = albero.   [91]camion truck (load).   [92]intavolare = cominciare.   [93]fine dello spettacolo = fine di questa faccenda.   [94]licenza = libertà, vacanza.   [95]settimanale = che accade ogni settimana. [96]ripartire = partire di nuovo.   [97]ispezionare = osservare con cura.   [98]criminoso criminal (adj.).   [99]inzeppare = riempire quanto più si può.

Margherita stette a guardarmi immobile* come una statua:
l'avevo giocata[1] con infernale* abilità e l'ultimo sguardo che
mi lanciò[2] era carico di odio.
Feci uno dei viaggi più allegri della mia vita, quella volta.
5 Arrivato alla periferia* di Milano, incappai in[3] un blocco
volante di controllo.[4]
— Ha qualcosa di dazio?[5] — mi domandò uno dei vigili.[6]
Allargai le braccia ridendo, e poi scesi e sollevai[7] l'ampio[8]
coperchio del baule posteriore della macchina.
10 Il baule era pieno di legna.   Pieno zeppo.
— Oh bella,[9] un'automobile che va a legna![10] —
ridacchiò[11] il vigile rivolto[12] verso il compagno.
— Non sapevo che ci fossero automobili a legna — rispose
l'altro.
15 I due vigili contemplarono beffardi[13] il mio
miserevole[14] intontimento.[15]
— Lei sapeva che la legna paga dazio? — mi domandò il
primo vigile.
— No, — risposi.
20 — Allora questa è una magnifica occasione per impararlo.
Allargai le braccia:
— Sta bene, mi dicano quel che c'è da pagare e pagherò.
— È un po' complicato, — spiegò il secondo vigile,
— perché si paga secondo il peso.   Comunque lasciamo
25 perdere[16] gli scherzi: cosa c'è sotto la legna?
Lo guardai sbalordito:
— Sotto la legna? — balbettai.   — E che cosa ci dovrebbe
essere sotto la legna?
Il vigile scosse il capo:
30 — E lei, con una macchina così elegante, viaggia col baule

---

[1]**l'avevo giocata** I had played my hand.   [2]**lanciare** to cast.   [3]**incappare**
(in) = **incontrare per caso.**   [4]**blocco volante di controllo** roadblock of
internal revenue officers.   [5]**dazio** customs duty or tax.   [6]**vigile = guardia.**
[7]**sollevare = alzare.**   [8]**ampio = largo e grande.**   [9]**Oh bella! = che bella
cosa!**   [10]**andare a legna** to run on wood.   [11]**ridacchiare = ridere con burla.**
[12]**rivolto = volto.**   [13]**beffardo** snickering.   [14]**miserevole** pitiful.
[15]**intontimento = sorpresa straordinaria.**   [16]**lasciare perdere = lasciare
stare.**

pieno di legna da ardere? Ammetterà che è una cosa un po'
curiosa.
Mi venne voglia di[17] rispondere che, se avesse conosciuto
Margherita, non avrebbe trovato nella faccenda proprio
5   niente di curioso. Mi limitai a replicare:
— La legna è lì da vedere.
— Be'[18] vediamo, — esclamò il vigile. — Sposti[19] la
macchina lì a destra e poi tiri fuori la legna.
Spostai la macchina là a destra poi, pezzo per pezzo, cavai
10   fuori la legna dal baule.
Quando il baule fu completamente vuoto, il vigile lo
ispezionò con cura. Picchiò[20] sul fondo e sulle pareti, aprì la
busta dei ferri,[21] svitò[22] il tappo della lattina[23] d'olio di
riserva, controllò la ruota di scorta.[24]
15   — E adesso? — domandai al vigile quando l'ispezione fu
finita.
— Adesso lei ricarichi[25] la sua legna e si spicci[26] altrimenti
le faccio contravvenzione[27] per occupazione abusiva di suolo
pubblico.[28]   Prima, però, mi dia nome cognome e indirizzo
20   perché noi dobbiamo farle rapporto* per la legna.
Fui fortunato perché non c'era ancora gran traffico* sul
viale[29] e le persone che mi prestarono[30] la loro assistenza
morale mentre ricaricavo la legna non arrivavano al centinaio.[31]
25   Comunque tutti indistintamente[32] trovarono lo spettacolo
assai interessante e divertente.[33]
Passai i miei consueti giorni milanesi[34] con un gatto vivo
nello stomaco[35] e, quando risalii in macchina per ritornare al
paese, ero animato* da propositi quasi criminosi.

---

[17]venire voglia di = aver voglia di. [18]be' = bene. [19]spostare =
muovere. [20]picchiare = battere varie volte. [21]busta dei ferri tool kit or
box. [22]svitare unscrew. [23]lattina = piccola latta. [24]ruota di scorta spare
wheel. [25]ricaricare = caricare (load) di nuovo. [26]spicciarsi = fare presto.
[27]fare contravvenzione to give a summons or a fine. [28]occupazione abusiva
di suolo pubblico illegal trespassing on public property. [29]viale lane.
[30]prestare lend. [31]centinaio = cento più o meno. [32]indistintamente =
senza eccezione. [33]divertente amusing. [34]milanese = di Milano. [35]con
un gatto vivo nello stomaco = con molta rabbia.

Fu un viaggio che incominciò subito malissimo perché appena arrivai in periferia, incappai in un blocco volante della Finanza.[36]
Guardarono dentro la macchina, poi vollero ispezionare il
5 baule: e io scesi e sollevai il coperchio del baule.
— Che roba è? — domandò il sottufficiale[37] che comandava il blocco.
Cosa potevo rispondergli, dato che[38] il baule era pieno di legna?
10 — È legna da ardere, — dissi.
— Lei di dove viene?
— Da Milano.
— E dova va?
Gli spiegai che tornavo al paese, dalla mia famiglia.
15 — Lei allora compra a Milano la legna per la famiglia! Non c'è la legna al suo paese?
— Ce n'è anche troppa! — esclamai. — Questa non l'ho comprata, è legna mia. Legna delle mie piante.
— Lei possiede un bosco a Milano?
20 — È legna che viene dalle piante del podere che ho al paese.
Il sottufficiale mi guardò stupito:[39]
— Se è legna che viene dal paese, come fa adesso a venire[40] da Milano? Lei forse porta a Milano la legna del
25 paese per farle visitare la città?
Mi impappinai[41] e allora il sottufficiale mi invitò a togliere la legna perché voleva controllare il baule.
Tolsi la legna e poi la rimisi nel baule.
Il sottufficiale mi comunicò che gli dispiaceva d'avermi
30 fatto perdere tanto tempo.
Risalii in macchina, ed eseguita[42] una brillante* manovra, invertii il senso della marcia[43] e ritornai indietro mentre le guardie mi guardavano come se io fossi diventato improvvisamente pazzo.

---

[36]**Finanza** Revenue Department. [37]**sottufficiale** non-commissioned officer. [38]**dato che** = giacché. [39]**stupito** = sbalordito. [40]**come fa adesso a venire** = come va che adesso viene. [41]**impappinarsi** = confondersi. [42]**eseguita** = fatta. [43]**invertire il senso della marcia** to turn right around.

A casa trovai ancora la Giuseppina.

— Perché non ha tolto la legna? — le domandai.

— La legna? — esclamò.   — La signora mi aveva parlato soltanto dell'altra macchina.   Per questa non mi aveva detto

5 niente.   Le spiegai che scaricasse con tutta comodità[44] perché quella settimana, non sarei tornato a casa.

Rimasi a Milano e, il giorno seguente, verso le undici, arrivò Carletto[45] in macchina.

10 — Sei ancora qui? — mi domandò Carletto.

È facile capirlo, — risposi.

— Non tanto, — obiettò.   — Ieri sei partito e siamo rimasti d'accordo[46] che sarei venuto al paese stamattina. Arrivo di là: non ti ho trovato.   Ti è successo qualcosa?

15 — Niente, — spiegai, — un guasto[47] alla macchina.

— Meno male, — esclamò Carletto.   — Posso lasciare la macchina qui, nel tuo giardino?

— Fai quello che vuoi.

Carletto scese, passò dietro la macchina, sollevò il

20 coperchio del baule:

— Tanti saluti da tua moglie, — mi disse andandosene.

— Vedi di sbrigarti[48] perché la macchina mi serve.

Chiamai la Giuseppina e le dissi di scaricare le legna che era arrivata a Milano dentro il baule della macchina di Carletto.

EXERCISES

1. Gli Eredi

A. *Answer the following questions in complete Italian sentences:*

1. Di che si tratta nel giochetto di Margherita? 2. Perché cominciano a preoccuparsi i bambini? 3. Margherita a chi

---

[44]con tutta comodità = senza fretta.   [45]Carletto Charlie.   [46]rimanere d'accordo = essere d'accordo.   [47]guasto breakdown.   [48]Vedi di sbrigarti Try to hurry.

lascia l'orologio e la catena d'oro? 4. Che stava leggendo
Albertino? 5. Margherita perché lascia la bicicletta alla
Pasionaria? 6. Quali due cose lascerà Giovannino ad
Albertino? 7. Che soluzione di compromesso fece
Giovannino? 8. Qual è la strana faccenda a cui si riferisce
Margherita?

B. *Name the persons who make the following statements:*
1. Un giorno sarò sepolta nella terra fredda.
2. La bicicletta della mamma è da donna.
3. Quando morrò ti lascerò la mia bicicletta.   Anche la «Guzzi 65».
4. Lui la moto e io niente!
5. Perché sei così bugiarda?   Non hai forse la mia bicicletta?
6. La motocicletta la lascerò a tutti e due.
7. Però gli occhialoni li voglio io.
8. Abbiate rispetto per il cadavere di vostro padre.
9. Uno non si è abituato a vivere che già deve abituarsi a morire.

2. L'esame

A. *Rewrite the following statements completely in Italian:*
1. Io *was reading* davanti a una finestra *open wide.*
2. Mi serve *a theme* dove *is needed* una descrizione dei genitori.
3. Noi crediamo di vivere *unobserved* tra *the walls* della casa.
4. Lo devi *judge* tu se sono *honest.*
5. Pensi che faccio *the gentleman* a casa e *a scoundrel* fuori.
6. La Pasionaria *winked* e fece un cenno come significare: *"Don't worry."*
7. Sei un po' *crabby* ma *charming.*

B. *Choose the expression that best completes each sentence:*
1. Albertino domandò al babbo (Sei onesto?   Sei disonesto?)
2. Il tema tratta di un ritratto morale (della Pasionaria, dei genitori).
3. Albertino parlottò all'orecchio (del padre, della madre).
4. (Margherita, Albertino) deve giudicarlo come padre.
5. La Pasionaria è ancora (analfabeta, nella scuola elementare).
6. L'esame di padre è andato (male, bene).

3. Il dono migliore

I pp. 41–45

A. *Answer the following questions in complete Italian sentences:*

1. Chi suonava al cancello e che cosa portava? 2. Come rimase Giovannino quando vide la figlia addobbata di bianchi veli? 3. Come si comportava la Pasionaria quando aprivano i regali? 4. Perché era indignata Margherita? 5. Secondo la Pasionaria, a chi piace di più il regalo? 6. Che attrezzi (tools) ci vollero per aprire il pacco con la bicicletta? 7. Che cosa osservò la Pasionaria quando vide la bicicletta? 8. A chi deve piacere il regalo, secondo la bambina? 9. Secondo Margherita, come si può avere udienza con la Pasionaria? 10. Chi ha frantumato l'imballaggio di legno?

B. *Complete each sentence with a suitable expression:*

1. Il fattorina portò_____ .
2. Quando vedeva un regalo la Pasionaria diceva_____ .
3. Il padre rimase in soggezione quando la vide_____ .
4. La serie sembrava esaurita quando giunse_____ .
5. Suonarono al cancello e Albertino_____ .
6. Quest'affare_____ l'annoiava.
7. Non si_____ identificare l'arnese.

II pp. 45–50

A. *Complete the following sentences by supplying the Italian for the English words:*

1. Era una macchina *to cork bottles.*
2. *It must have been* Carletto.
3. È una ragazza *very sensitive.*
4. *One does not play jokes* con una bambina.
5. Perché c'è questo *wire* col piombino stampato?
6. Si mette *the cork* dentro questo buco.
7. Poco dopo, *the telephone rang.*
8. Margherita mi strappò di mano *the (telephone) receiver.*
9. Tutti i regali *were piled up* sul tavolino.
10. Quando ti sposerai ti regalerò *a cement mixer.*

B. *Use the following expressions in complete Italian sentences and then translate the sentences into English.*

1. fare lo spiritoso.
2. avercela con uno.
3. darsi da fare.
4. denunciare una persona.
5. fino a tarda ora.
6. ai piedi del letto.

4. La faccia di Milano

I pp. 50–54

A. *Answer the following questions in complete Italian sentences:*

1. Che cosa trova strana Giovannino? 2. Come era vestito lo scultore? 3. Perché Margherita credeva che lo scultore fosse un contadino? 4. Che fece Giovannino la mattina dopo? 5. Che disse lo scultore a Giovannino prima di guardarlo in faccia? 6. Com'era la faccia di Giovannino cinque anni fa? 7. Dov'era andato Giovannino prima di venire dallo scultore? 8. Quando deve tornare Giovannino da Froni?

B. *Give an equivalent expression for the words in italics:*

1. Froni *è smontato* dalla motocicleta.
2. Lo scultore portava *uno scafandro di pelle.*
3. È la faccia che *mi ci vuole* in questo momento.
4. Giovannino era *stanco morto.*
5. Avevano *un terreno* in campagna.
6. Trattenni *il respiro.*
7. Margherita non *si scalmanò.*
8. Giovannino, *mi fai schifo,* — disse Margherita.

II pp. 54–58

A. *Choose the expression that best completes each sentence:*

1. Tutto era come cinque anni fa eccettuato (il mal di stomaco, i baffi).
2. Giovannino doveva (sacrificarsi, andare dal barbiere) per amore dell'arte.
3. L'autore cominciò a mangiare (frutta, roba piccante) per riavere la faccia di Milano.

4. Lo scultore voleva fargli il ritratto (per cattiveria, per fare un lavoro d'arte).
5. Finalmente una notte Giovannino si svegliò con (un mal di stomaco, un mal di testa).
6. Lo scultore aveva bisogno di (bicarbonato, creta).
7. Prima di prendere il bicarbonato Giovannino aveva una faccia (magnifica, di cretino).
8. Il busto era per (il monumento funerario, un lavoro d'arte).

B. *Complete the following sentences giving the Italian for the words in italics:*

1. Io non dormivo *for two nights.*
2. Ho bisogno della *your real face.*
3. Egli era sicuro di cavare *a masterpiece.*
4. Non mi venne nemmeno *a heartburn.*
5. Me la cavai senza neppure *a scratch* sul parafango.
6. *Because of* sua scultura, mio marito non sta bene.
7. *I threw stones* contro le ante per svegliarlo.
8. Gemette *doubled over* dallo spasimo.

5. La legna

I   pp. 58–62

A. *Answer the following questions in complete Italian sentences:*

1. Che tempo faceva mentre Giovannino viaggiava sulla Via Emilia? 2. Fermata la macchina, perché tirò su il cofano? 3. Quando spalancò il baule, che trovò dentro? 4. Che ha dovuto fare per ricoverare la latta dell'olio? 5. Dove cadde quasi tutta la legna mentre la toglieva dal baule? 6. Quando rimise la legna, che non riuscì a far entrare nel baule? 7. Che cosa aveva causato il baccano nel baule? 8. Che gli accadde quando già era in vista di Milano? 9. Chi stava accatastando pezzi di legna nella cantina? 10. Perché Margherita aveva fatto mettere la legna nel baule?

B. *Choose the synonyms for the italicized words in the following sentences:*

1. Nel baule c'era un *massiccio* blocco di legna (un grosso, un piccolo).
2. Volevo *controllare* l'olio (estrarre, misurare).

3. Li buttava *alla rinfusa* nel baule (in ordine, in disordine).
4. Faceva un caldo *opprimente* (piacevole, soffocante).
5. Giuseppina non sa *mentire* (dire bugie, rintracciare gli arnesi).
6. Egli dovette *cavarli* fuori per prendere il crick (tirarli, rimetterli).
7. Conclusi il mio viaggio senza *altri intoppi* (altre indagini, altri ostacoli).
8. La legna mi *franò* sui piedi (cadde, saltò).

II   pp. 62–66

A. *Give an Italian equivalent for each italicized expression:*

1. Passarono i soliti quattro giorni *di licenza* in campagna.
2. Una mano criminosa *aveva inzeppato* il baule di legna.
3. *Oh bella,* una macchina che va a legna.
4. *Il vigile* mi domandò: — Ha qualcosa di dazio?
5. Mi faccia il favore di *spostare* la macchina lì a destra.
6. Passai i consueti giorni milanesi *con un gatto vivo nello stomaco.*
7. Il sottufficiale mi guardò *stupito.*
8. Giuseppina potè scaricare la legna *con tutta comodità.*

B. *Mark the following statements* **T** *(true) or* **F** *(false):*

1. Margherita aveva mandato un camion di legna a Milano.
2. Questa volta Giovannino andò a Milano con la macchina rossa.
3. Giovannino disse non che sapeva che la legna pagasse dazio.
4. Il vigile non ispezionò il baule dell'autore.
5. Lei porta la legna da Milano al suo paese? disse il vigile.
6. La legna viene dalle piante del giardino di Milano.
7. Margherita non aveva detto alla Giuseppina di scaricare la macchina rossa.
8. Carletto ebbe un guasto alla macchina sull'autostrada.

3 Il segreto di Luca (Quattro capitoli)

IGNAZIO SILONE

IL SEGRETO DI LUCA

CAPITOLO 4

Don Serafino era appena tornato a casa dalla prima messa[1] quando fu bussato[2] alla sua porta. La domestica[3] andò a vedere. Sulla soglia[4] c'era un giovanotto, che essa non riconobbe subito. Era alto e snello,[5] con un berretto[6] basco* 5 come copricapo,[7] in maniche di camicia e calzoncini corti, e tutto polveroso[8] dalla testa ai piedi, come chi abbia fatto molta strada.[9] In più,[10] una certa aria che pareva di prepotenza.[11] L'uomo era arrivato con una motocicletta che aveva intanto appoggiato[12] al muro; sul portabagaglio,[13] 10 dietro la sella,[14] aveva legata una valigetta.

«Chi devo annunziare?»[15] domandò la domestica attraverso la porta semichiusa.[16] «Devo però dirvi che non ci si presenta così in casa d'un prete.»

«Andrea Cipriani» disse l'uomo sorridendo.

15 La sorpresa della domestica dovette cedere il passo[17] a quella di don Serafino che, avendo udito il nome, era subito accorso.[18]

«Che bella sorpresa» egli esclamò con allegria. «Ti aspettavamo per mezzogiorno. Sei già stato al comune?[19] 20 Entra, entra; come forse saprai, al comune ora si sono insediati[20] i tuoi amici.»

«Amici?» rispose Andrea ridacchiando. «Sono curioso di sapere di chi si tratta, prima di guardarli in faccia.[21] Ecco, sono arrivato in anticipo[22] appunto per informarmi sulla 25 specie di supplizio[23] che m'avete preparato.»

---

[1]messa Mass. [2]fu bussato = qualcuno bussò. [3]domestica = donna di servizio. [4]soglia threshold. [5]snello slender. [6]berretto beret, cap. [7]copricapo head covering. [8]polveroso = coperto di polvere. [9]abbia fatto molta strada = abbia viaggiato molto per strada. [10]in più = per di più. [11]di prepotenza arrogant. [12]appoggiato = messo contro. [13]portabagaglio baggage rack. [14]sella seat. [15]annunziare to announce. [16]semichiusa = mezzo chiusa. [17]cedere il passo = lasciare andare avanti. [18]accorso = venuto. [19]comune town hall. [20]insediarsi to install oneself in office. [21]guardarli in faccia = vedere chi sono. [22]in anticipo = prima del tempo. [23]supplizio punishment.

«E tu ti fidi di me?» gli domandò il prete con tono di amichevole[24] ironia. «Intanto mettiti a sedere,[25] mentre prenderemo il caffè chiacchiereremo. Quanti anni sei stato via, eh? Facciamo il conto.»[26]

5   «A dire la verità» disse Andrea pensoso[27] «siccome ti conosco bene, non mi fido di te proprio in tutto.[28] So che non hai capito mai nulla di politica e che distinto* sei un conservatore[29] piuttosto meschino.»[30]

«Sono giudizi esatti» ammise il prete. «Grazie. Dati i 10 tempi,[31] li accetto anzi come complimenti.*»

«Ma so anche che sei franco,* leale,[32] e che non sei mai stato un opportunista*» aggiunse Andrea. «Dati i tempi, come tu dici, queste sono virtù* piuttosto rare.»

«Siediti e lascia stare[33] i complimenti» disse il prete. «Il 15 caffè sarà presto pronto. Sulla cerimonia* di oggi in onore del tuo ritorno è presto detto: essa è stata posta sotto il segno del patriottismo locale.*»

Egli pronunziò queste parole con una certa enfasi* ironica.*

20   «Ah, destesto tutti i patriottismi» disse Andrea con disgusto.[34] «M'interessano di più le persone. Dimmi piuttosto, chi mi troverò tra i piedi?»[35]

«Volevo dire, vi sarà naturalmente tutta Cisterna» spiegò il prete.

25   «È il tuo paese, in fin dei conti, lo conosci.»

«Sai bene, però, che vi manco da molti anni.»

«Sta sicuro che non lo troverai cambiato. Vi è ancora qualche scellerato,[36] qualche persona onesta ma stupida, e per il resto,[37] la solita maggioranza[38] di pecore[39] e capre.[40] 30 Per istupidire[41] questa povera gente, all'istruzione

---

[24]amichevole = che mostra amicizia. [25]mettiti a sedere = siediti. [26]facciamo il conto let's figure it out. [27]pensoso = preoccupato. [28]in tutto = per niente, affatto. [29]conservatore = contrario di liberale. [30]meschino = piccolo di spirito. [31]dati i tempi = considerando i nostri tempi. [32]leale = di buona fede. [33]lascia stare = non pensare a. [34]con disgusto disgustedly. [35]chi mi troverò tra i piedi? = chi ci sarà? [36]scellerato = mascalzone. [37]per il resto = in quanto agli altri. [38]maggioranza = gran numero. [39]pecora sheep. [40]capra goat. [41]per istupidire = per rendere stupida.

obbligatoria* si sono aggiunti il cinema[42] e la radio. C'è veramente da rimpiangere[43] l'analfabetismo.[44] I poveri? Non illuderti. Non sono abbastanza seri e duri per una rivoluzione*... Però vedo che la mia descrizione non ti soddisfa. Tu stesso l'hai detto poco fa: ho capito sempre poco di politica.» «Chi c'è ora al comune?» chiese Andrea. La risposta si fece un po' aspettare.[45] «Non posso dirti quel che ne penso» rispose finalmente il prete mordendosi[46] la lingua. «Sarei facilmente ingiusto.[47] Siccome l'amministrazione comunale[48] ha bisogno del tuo appoggio,[49] dicendo male[50] delle persone, temerei di nuocere[51] al paese. Ora, che Cisterna abbia urgente* bisogno d'aiuti l'avrai visto da te[52] arrivando. Non t'importa?»

Andrea fece una smorfia.[53]

«Vedo che anche tu sei infetto[54] di patriottismo locale» disse.

La conversazione subì[55] una breve pausa mentre la domestica serviva il caffè. La vecchia zitella, rattrappita[56] e giallognola,[59] aveva gli occhi lucidi* per la commozione[60] di rivedere Andrea. Nella sua gran fretta aveva dimenticato di sciogliere[61] due bigodini[62] sulle tempie.[63]

«Don Andrea» essa diceva.

Ma Andrea protestava per il don.[64]

«Non sono mica[65] un prete» diceva.

«E pensare» lei disse «che da bambino ti ho tenuto spesso sulle ginocchia.»

«Scommetto[66] che ora però non oseresti» rispose Andrea serio.[67]

---

[42]cinema = cinematografo.   [43]c'è da rimpiangere = è peccato che si vada perdendo.   [44]analfabetismo illiteracy.   [45]la risposta si fece un po' aspettare = non rispose subito.   [46]mordendosi biting.   [47]ingiusto = contrario di giusto.   [48]comunale = del comune.   [49]appoggio = aiuto.   [50]dicendo male = parlando contro.   [51]nuocere = fare male.   [52]da te = tu stesso.   [53]smorfia grimace.   [54]infetto infected.   [55]subì = soffrì, ebbe.   [56]rattrappito shriveled.   [59]giallognola = di colore giallo.   [60]commozione = forte emozione.   [61]sciogliere to undo.   [62]bigodino curler.   [63]tempie = lati della fronte.   [64]protestava per il don = non voleva il titolo don.   [65]mica = affatto.   [66]scommettere to wager.   [67]serio = seriamente.

«In mia presenza?» protestò il prete con finta gravità.[68]
«In mia presenza vi scambiate[69] proposte[70] così
impertinenti?»
A causa dell'[71]emozione la domestica versò una parte del
5 caffè sui calzoncini dell'ospite.[72] La sua confusione
divenne allora sconturbo[73] e orgasmo.[74]
«Nulla di male» disse Andrea ridendo. «Sono già così
sporchi.»
«Per la cerimonia di oggi dovresti cambiarti» suggerì don
10 Serafino. Poi aggiunse: «Dimmi piuttosto, che intenzioni
hai?»
Andrea non rispose subito e continuò a guardare i titoli dei
libri in uno scaffale: San[75] Giustino, San Camillo de Lellis,
San Giovanni da Capestrano, San Gabriele
15 dell'Addolorata[76].... La stanza era piccola, umile[77] e con
poca aria.
«Passi qui le tue giornate?» gli domandò al prete. «Come
fai a respirare?»
«Sì, non sono un nomade[78]» egli rispose. «Ma non
20 perdiamo tempo.[79] Prima che ti spieghi quali sono i bisogni
veri di Cisterna vorrei però parlarti di un pietoso caso
personale.*»
«Cosa? Una raccomandazione*?» interruppe Andrea.
«Sì» disse il prete «è un caso veramente meritevole[80] del
25 tuo interessamento.[81]»
«Mi dispiace» disse Andrea. «Ho giurato a me stesso di
non interessarmi di pratiche personali.[82] So benissimo che
vi sono casi particolarmente[83] pietosi, ma per essi devono
provvedere,[84] secondo la specie, i sindaci,[85] gli avvocati,[86]
30 i medici, le levatrici,[87] i parroci. Scusami, ti prego, ma la mia

---

[68]gravità seriousness. [69]vi scambiate = vi dite. [70]proposte = cose. [71]a
causa di = per causa di. [72]ospite guest. [73]sconturbo = forte disturbo.
[74]orgasmo = agitazione. [75]San Saint. [76]Addolorata Our Lady of Sorrows.
[77]umile humble. [78]nomade = persona che non resta in un luogo. [79]non
perdiamo tempo let's not waste time. [80]meritevole = che merita.
[81]interessamento = interesse personale. [82]pratiche personali = casi o
favori personali. [83]particolarmente = specialmente. [84]provvedere =
occuparsi. [85]sindaco mayor. [86]avvocato lawyer. [87]levatrice midwife.

concezione[88] dell'uomo politico[89] è del tutto opposta all'ordinaria.* L'uomo politico, io penso, deve studiare e risolvere problemi collettivi[90] e non procacciare[91] favori personali.»

5 Don Serafino sorrise.

«Bravo» disse. «Mi congratulo.[92] Ma quanto tempo[93] resterai fedele a questi sani[94] propositi?»

«Un uomo come te non dovrebbe scoraggiarmi.»

«Ripeto che ti ammiro» aggiunse don Serafino, cambiando
10 tono* e assumendo bruscamente un accento* grave. «Ma se tu sapessi, ragazzo mio, quali erano i miei propositi quando fui consacrato[95] sacerdote.[96]

«Se non mi sarà possibile rimanere fermo alle mie intenzioni[97]» disse Andrea con fermezza[98] «abbandonerò la
15 politica.»

«Te ne credo capace» si affrettò[99] a dichiarare il prete. «Dunque, non insisto. Ma, prima di lasciare questo argomento,* voglio dirti che riconosco d'essermi espresso[1] male. Non dovevo parlarti di raccomandazione. Non solo ho
20 urtato[2] i tuoi sacri principi, ma ho rimpicciolito[3] l'uomo di cui ti volevo informare.[4] T'assicuro, egli non è uno questuante[5] che possa essere raccomandato o favorito, tanto per toglierselo dai piedi,[6] o per avere un voto* in più[7] alle elezioni.* Al contrario.[8] In quanto a orgoglio e fierezza,[9]
25 credimi pure, egli non è da meno di te[10]. Per il resto,[11] come spiegarmi? Mi sarebbe difficile. Pur[12] essendo nativo di qui, egli è rimasto anche per me un enigma.* Senza iperbole,[13] il maggiore della mia vita... Ma, ora che ne parlo, mi torna a mente che egli, da ragazzo, era il migliore

---

[88]concezione = idea. [89]uomo politico politician. [90]collettivi = che riguardano il gruppo. [91]procacciare = cercare di fare. [92]Mi congratulo I contratulate you. [93]quanto tempo how long. [94]sani = solidi e buoni. [95]consacrare to ordain. [96]sacerdote = prete. [97]rimanere fermo alle mie intenzioni to stick to my principles. [98]con fermezza = in modo risoluto. [99]affrettarsi to hasten. [1]espresso = spiegato. [2]urtato = agitato. [3]rimpicciolire to belittle. [4]informare = dare informazioni. [5]questuante = persona che chiede elemosina. [6]toglierselo dai piedi to get rid of him. [7]in più = di più. [8]al contrario on the contrary. [9]fierezza self-respect. [10]da meno di te = inferiore a te. [11]per il resto as for the rest. [12]pur = anche. [13]iperbole = esagerazione.

amico di tuo padre. Ah, se tuo padre fosse ancora vivo. Io e
lui non permetteremmo ad altri di occuparsi di questo uomo,
nello stato di bisogno in cui adesso è ridotto.»
«Come si chiama?» domandò Andrea.
5 «Tu non puoi conoscerlo» disse il prete. «Come non lo
conoscono, salvo cinque o sei vecchi, gli attuali[14] abitanti di
Cisterna. Quando sei nato tu? Ebbene, egli fu arrestato* un
paio d'anni prima della tua nascita, per sospetto,[15]
d'omicidio e rapina.[16] Fu condannato[17] all'ergastolo[18]
10 in base ad[19] alcuni indizi[20] a lui sfavorevoli.[21] Non è
possibile che ora io ti spieghi cosa fosse, per molti di noi,
quell'atroce[22] processo.[23] Tutto fu misterioso, e
principalmente l'attitudine[24] dell'accusato che rifiutò di
difendersi. Ma alcuni[25] mesi fa, un uomo di Perticara,[26]
15 qui vicino, prima di morire ha confessato la propria colpa e ne
ha dato delle prove convincenti. Dopo una quarantina[27]
d'anni d'ergastolo l'innocente è stato perciò liberato[28] ed è
tornato qui, senza un centesimo[29] di indennità.*»
Andrea ebbe un piccolo sussulto[30] e il suo volto si
20 contrasse.[31]
«Non mi stai mica parlando di Luca Sabatini?» domandò.
«Sì, proprio di lui. Come hai fatto[32] a indovinare il suo
nome?»
«Luca è qui? Dov'è? Posso vederlo? Ti prego, don
25 Serafino, fammi condurre[33] subito da lui.... È vero, io non
l'ho mai conosciuto, ma tu saresti assai sorpreso se ti
raccontassi quello che Luca rappresenta nella mia vita.»

---

[14]**attuali = presenti.** [15]**per sospetto** on suspicion. [16]**rapina** theft.
[17]**condannare** to sentence. [18]**ergastolo** penitentiary. [19]**in base a** on the
basis of. [20]**indizi** evidence. [21]**sfavorevoli = non favorevoli.** [22]**atroce =
terribile.** [23]**processo** trial. [24]**attitudine = atteggiamento, maniera.**
[25]**alcuni = pochi.** [26]**Perticara** *a neighboring town.* [27]**quarantina =
quaranta, più o meno.** [28]**liberato = messo in libertà.** [29]**centesimo = quinto
di un soldo.** [30]**sussulto** shock. [31]**si contrasse = si fece molto serio.**
[32]**come hai fatto = come sei riuscito.** [33]**fammi condurre** have someone take
me.

CAPITOLO 5

«Non ho neppure una sedia da offrirti» si scusò Luca.

«Non sono stanco» disse Andrea sorridendo.

Per offrire da sedere[34] all'ospite, Luca sollevò un pietrone;[35] sotto apparve un formicaio[36] che si sbandò[37] da ogni parte.

5 «Ti troveremo un rifugio[38] più comodo» gli disse Andrea premuroso.[39]

«Non c'è mica fretta» disse Luca.   «Finché dura la buona stagione anche qui non sto mica male.»[40]

Una lanterna pendeva[41] da una trave[42] mediante[43] un filo
10 di ferro.   Una cassa da imballaggio,[44] con sopra una mezza pagnotta,[45] una cipolla,[46] due pomodori,[47] serviva da tavolo. Il   letto   era   un   saccone[48]   di   paglia,   disteso[49] sull'ammattonato.[50]   Da una nicchia[51] incavata[52] in un muro Luca estrasse una bottiglia di vino e una tazzina[53] che
15 riempì per l'ospite.   Mentre versava, la mano gli tremava.

«Bevi» gli disse.   «Conosci anche tu il piacere del primo bicchiere paesano[54] quando si esce dal carcere?»[55]   E che emozione potere riaccendere[56] di nuovo il fuoco con le proprie mani.»

20 I suoi occhi lucci cavano.[57]

«Però tutta la vita mangiare pane di Stato[58]» disse Andrea, «che schifo e abominazione.[59]   Per un uomo come te, così vivo.»

«Che vuoi farci?[60]» disse Luca.   «Ma anche tu sei stato
25 conciato[61] piuttosto male dalla vita.   Non stupirti, Andrea, io so molte cose di te.   Un recluso[62] nativo di Celano mi parlò di te, a Civitavecchia.   Da allora,[63] anzi, t'aspettavo.»

---

[34]da sedere = un posto dove sedere.   [35]pietrone = grande pietra. [36]formicaio ant hill.   [37]si sbandò = si sparse.   [38]rifugio = luogo dove abitare.   [39]premuroso = con premura.   [40]non sto mica male I'm not badly off.   [41]pendere to hang.   [42]trave beam.   [43]mediante = per mezzo di. [44]cassa da imballaggio crate.   [45]pagnotta round loaf of bread.   [46]cipolla onion.   [47]pomodoro tomato.   [48]saccone = grande sacco.   [49]disteso = messo a terra.   [50]ammattonato = pavimento di mattoni.   [51]nicchia niche. [52]incavato hollowed out.   [53]tazzina = piccola tazza.   [54]paesano = del paese.   [55]carcere prison.   [56]riaccendere = accendere di nuovo. [57]luccicare to sparkle.   [58]pane di Stato = pane dato dal governo. [59]abominazione = orrore.   [60]che vuoi farci? = che si può fare?   [61]conciato = trattato.   [62]recluso = uomo di carcere.   [63]da allora = da quel tempo in poi.

«Dove? All'ergastolo?»

«Sì, mi parve di capire che anche tu eri nato segnato.»[64]

«Segnato? Forse sì, ma non dalla nascita» corresse
Andrea. «Direi piuttosto dalla vita, benché in epoca assai
5 precoce.[65] Bada, Luca,» egli aggiunse gravemente «quest'è
una storia che ti riguarda.»[66]

«A me?» domandò Luca.

Dopo una pausa* Andrea disse:

«Quando, poco fa, don Serafino m'ha parlato di te, la notizia
10 m'è giunta imprevista;[67] eppure quest'incontro, adesso, mi fa
l'impressione di un avvenimento atteso[68] tutta la vita. Sai, è
una storia che porto dentro di me dall'adolescenza e che tu
solo puoi capire.»

«Forse ti parlò di me tuo padre?» domandò Luca.

15 «Eravamo stati grandi amici; non lo sai?»

«Non solo lui. A Cisterna, quando io ero ragazzo, di te
parlavano ancora molti» disse Andrea. Benché fossero già
trascorsi[69] vari anni e nel frattempo[70] fossero accaduti altri
fatti di sangue,[71] quando si diceva il Processo, la gente si
20 riferiva[72] senz'altro alla tua condanna.[73] Ma, si capisce,
erano per lo più[74] discorsi che s'interrompevano in presenza
dei ragazzi. A me, più a lungo, ne parlò invece tua madre,
Teresa. La povera vecchia viveva in quel ricordo. Pareva
l'addolorata alla quale[75] hanno tolto il figlio. La sua vita, si
25 può dire, si era fermata al giorno della tua condanna.»

A quelle parole lo sguardo[76] di Luca si velò[77] di lagrime.

«Fin dalle[78] sue prime lettere» disse Luca «ella mi fece
sapere[79] che aiutava nei servizi[80] di casa vostra.»

«Non però come domestica» spiegò Andrea. «La sventura
30 non l'aveva privata dell'orgoglio. Per mio padre ella era la
madre del suo migliore amico. Lasciami ripensare[81] un po' a
quel tempo.»

---

[64]segnato = col segno del destino. [65]precoce = quando ero molto
giovane. [66]riguardare to conern. [67]imprevista = inaspettata. [68]atteso =
aspettato. [69]trascorsi = passati. [70]nel frattempo = nel tempo che era
trascorso. [71]di sangue = violenti. [72]si riferiva = voleva indicare.
[73]condanna sentence. [74]per lo più = per la maggior parte. [75]alla quale
from whom. [76]lo sguardo = gli occhi. [77]si velò = si coprì. [78]fin da = a
cominciare da. [79]mi fece sapere = mi mandò notizie. [80]servizi =
faccende. [81]ripensare = pensare di nuovo.

«Siediti e raccontami qualcosa[82] di lei» disse Luca. «Dimmi, cantava ancora qualche volta? Lavando i panni di casa,[83] ammassando[84] il pane, quando io ero a casa, usava[85] sempre cantare.»

5 «Sì, cantava la sera per addormentare[86] un mio fratello più piccolo» disse Andrea. «Erano nenie[87] assai dolci e malinconiche,[88] che forse lei stessa inventava, perché mia madre diceva di non averne mai udite di simili.»[89] Luca nascose il viso tra le mani.

10 «Scusami» egli disse. «Non farci caso. Se malgrado[90] la tua tenera[91] età d'allora, hai altri ricordi di lei, anche tristi, ti prego di raccontarmeli.»

«Frequentavo la terza elementare,[92] avevo dunque otto o nove anni, quando tua madre ricevette la tua prima lettera.»

15 «Fu al termine[93] della segregazione assoluta»[94] spiegò Luca. «Una specie di sepoltura.[95] Prima non potevo scrivere.»

«Tua madre, come tu sai, benché intelligente al di sopra della media[96] delle donne della sua condizione, non era mai 20 stata a scuola, non aveva imparato a leggere e a scrivere.»

«Sì, a quei tempi era un caso frequente.[97] L'insegnamento[98] del leggere e dello scrivere alle donne, era ancora considerato, se non un peccato,[99] per lo meno[1] una frivolezza.[2] Ciò che una donna del popolo[3] doveva sapere, 25 erano alcune preghiere[4] e per questo bastava la memoria.»

«Mi ero molto affezionato[5] a tua madre, a ciò anche incoraggiato dai miei[6]» riprese a[7] dire Andrea. «Molto del

---

[82]qualcosa = qualche cosa. [83]lavando i panni di casa while doing the family wash. [84]ammassare to knead. [85]usava = aveva l'abitudine. [86]addormentare = mettere a dormire. [87]nenie = canti tristi. [88]malinconico melancholy. [89]simili = uguali. [90]malgrado in spite of. [91]tenera = giovane. [92]frequentavo la terza elementare I was in the third grade. [93]termine = fine. [94]segregazione assoluta solitary confinement. [95]sepoltura = tomba. [96]al di sopra della media over and above the average. [97]un caso frequente = una cosa che si vedeva spesso. [98]insegnamento = atto di insegnare. [99]peccato sin. [1]per lo meno = almeno. [2]frivolezza = cosa leggera e stupida. [3]donna del popolo woman of the lower class. [4]preghiera prayer. [5]affezionarsi to become attached. [6]dai miei = dalla mia famiglia. [7]riprese a = continuò a.

mio tempo libero lo passavo con lei. Mio padre ci chiamava i
'fidanzati'. Ricordo come oggi quando ricevette la tua prima
lettera. Era una sera. Mi trovavo solo in cucina quando tua
madre tornò dalla fontana[8] con la conca[9] dell'acqua sulla
5 testa. La posò[10] nella nicchia. Dal busto, come allora si
usava,[11] tirò fuori una lettera, e mi chiese sottovoce se volessi
leggere per lei la tua scrittura[12] e poi scriverti la risposta.
Era un segno di fiducia, un onore che mi inorgogliva.[13] Ma
questo doveva avvenire, ella mi spiegò, all'insaputa di
10 tutti,[14] anche dei miei genitori. Non voleva confidare[15] le
sue pene che a me, mi disse, a un innocente.* Senz'altro
accettai. Certamente tua madre non si rese conto della
gravità della sua richiesta;[16] e neppure io potevo immaginare
quali tracce[17] profonde quella corrispondeza avrebbe
15 scavato[18] dentro di me. Permetti, Luca, che io te lo dica
subito, quello rimane uno dei grandi avvenimenti della mia
vita. Forse, senza esagerare,* il decisivo.[19] Fu, per me, la
rottura[20] precoce con l'infanzia: il primo incontro con i dolori
dell'esistenza. Tieni conto[21] che a quell'età il leggere e lo
20 scrivere m'era ancora assai difficile; a ciò si aggiungeva
l'orgasmo del segreto. Ogni lettera, prima di essere pronta
per la posta,[22] dovevo scriverla e copiarla numerose[23] volte.
Tua madre mi dettava in tono basso e cauto.[24] Non so se
avesse avuto sempre un tono di voce così sommesso. Non
25 parlava, bisbigliava.[25] Mormorava una frase,* rimaneva un
po' pensierosa,[26] subito la correggeva. Nella sua
desolazione[27] mi parlava come a un adulto, pronunziava[28]
parole oscure, allusioni* incomprensibili.[29] Tua madre

---

[8]fontana fountain. [9]conca = recipiente grande. [10]posò = mise. [11]si
usava = era il costume. [12]scrittura = quel che era scritto. [13]mi inorgogliva
= mi rendeva orgoglioso. [14]all'insaputa di tutti = senza che nessuno lo
sapesse. [15]confidare = dire in segreto. [16]richiesta = quel che chiedeva.
[17]tracce = effetto. [18]scavato = fatto. [19]il decisivo = il più importante.
[20]rottura = atto di rompere. [21]tieni conto = tieni in mente. [22]posta mail
[23]numerose = molte. [24]cauto = con cautela. [25]bisbigliava = parlava
sottovoce. [26]pensierosa = sotto pensiero. [27]desolazione = dolore,
dispiacere. [28]pronunziava = diceva. [29]incomprensibili = che non si
potevano comprendere.

parlava con me, senza rendersi conto della risonanza[30] enorme delle sue parole. Certo, ella non dimenticava che ero appena un ragazzo. Tuttavia parlava con me, penso, perché aveva bisogno di comunicare con qualcuno. Spesso
5 piangeva e col fazzoletto[31] in bocca cercava di soffocare[32] i suoi singhiozzi.[33] In principio, a dire la verità, m'era strano che una persona così ponderata[34] e scrupolosa come tua madre avesse scelto me, all'insaputa dei miei genitori, per quella grave corrispondenza. Un giorno le manifestai[35] il
10 mio imbarazzo.[36] «Credi alla innocenza di Luca?» mi domandò Teresa. «Certamente» io dissi. «Ebbene, gli altri lo ritengono colpevole»[37] ella aggiunse. «Colpevole di quell'omicidio o magari d'altro, in ogni caso colpevole. Ecco perché non voglio rivolgermi[38] ad essi.»
15 «Tu eri convinto della mia innocenza? In che modo? Perché?» domandò Luca.
«Ne ero certo» rispose Andrea. «Ma mi sarebbe impossibile spiegarti come e perché. Tua madre aveva un modo di affermare la tua innocenza da non lasciare dubbi.
20 Rare volte, più tardi, nella vita, ho provato quello stesso sentimento d'assoluta certezza.[39] Ma da quella certezza nasceva per me un grave problema. «Se Luca è innocente» domandai a Teresa, «perché l'hanno condannato?» «Non gli è riuscito di sfuggire al[40] suo destino» ella mi rispose.
25 Quella parola di destino dava all'ingiustizia[41] un senso tremendo: essa diventava in un certo senso naturale.[42] Poiché non potevo ammettere la malvagità[43] a neanche la malafede[44] di mia madre, del parroco, del maestro di scuola, cominciai a pensare che l'ingiustizia potesse non dipender*
30 affatto dalle buone o cattive disposizioni[45] degli uomini. La crudeltà[46] era come il cattivo tempo. Perché dunque pareva

---

[30]risonanza = effetto. [31]fazzoletto handkerchief. [32]soffocare to stifle. [33]singhiozzo sob. [34]ponderata = seria. [35]manifestai = feci sapere. [36]imbarazzo embarrassment. [37]lo ritengono colpevole = lo considerano colpevole. [38]rivolgersi to turn. [39]certezza certainty. [40]sfuggire a = evitare. [41]ingiustizia = contrario di giustizia. [42]naturale = evidente. [43]malvagità wickedness. [44]malafede = mala fede. [45]disposizioni = natura. [46]crudeltà cruelty.

un disonore[47] andare in carcere? Anche l'onore dipendeva
dal destino?
Quello era stato per me un preavviso.[48] Quando, vari anni
dopo, mi accaddero certe cose, non mi sorpresi. Le
5 aspettavo. Sapevo che il mondo era così. Ma, come
descriverti[49] ora, quel mio turbamento?[50] Forse, a
riflettere a quella strana situazione col mio spirito critico*
d'oggi, tua madre aveva avuto altre ragioni per confidare a un
ragazzo, piuttosto che a una persona adulta, la risposta alle tue
10 lettere. È probabile,* voglio dire, che certe notizie e
riflessioni[51] che ella mi dettava, e che io non capivo,
avrebbero potuto insospettire[52] una persona anziana.[53] Ma
è un dubbio che allora neppure mi sfiorò la mente.[54]
Rispettavo[55] scrupolosamente[56] il segreto. Sentivo che
15 esso racchiudeva[57] un senso terribile e prima ignorato
dell'esistenza e che la familiarità[58] con esso mi metteva al di
sopra dei miei coetanei.[59] Non ero un qualsiasi
scrivanello:[60] ero coinvolto in[61] un vero e proprio
complotto,[62] assieme a[63] un ergastolano[64] e alla madre di
20 lui.[65] Ancora adesso, Luca, potrei recitarti* a memoria
lunghi passaggi di quella nostra corrispondenza.»
«Ricordo benissimo la scrittura[66] infantile* delle lettere»
disse Luca. «Però mai avrei immaginato tanto. Ricordo
anche che molte frasi mi arrivavano censurate.*»
25 «Una volta chiedesti a tua madre il nome dello
scrivano.[67] A ripensarci[68] ora, immagino che volevi essere
rassicurato sulla sua discrezione.»
«Non ebbi però risposta.»
Andrea sorrise.

---

[47]disonore = vergogna. [48]preavviso foreboding. [49]descriverti = spiegarti.
[50]turbamento = agitazione. [51]riflessioni = pensieri. [52]insospettire =
mettere in sospetto. [53]anziana = di età matura. [54]mi sfiorò la mente = mi
passò per la mente. [55]rispettavo = mantenevo. [56]scrupolosamente = con
gran cautela. [57]racchiudeva = portava in sé. [58]familiarità = conoscenza.
[59]coetanei = ragazzi della stessa età. [60]scrivanello = persona che scrive
per mestiere. [61]ero coinvolto in = facevo parte di. [62]complotto plot.
[63]assieme a = insieme con. [64]ergastolano = persona condannata
all'ergastolo. [65]la madre di lui = sua madre. [66]scrittura = maniera di
scrivere. [67]scrivano = persona che scrive per mestiere. [68]ripensarci =
pensarci di nuovo.

«Anche noi, capirai, eravamo tenuti al segreto.[69] Avrei
ancora tanto da raccontarti. Devi tener conto[70] che io non
ero mai stato lontano di casa, né avevo avuto altre occasioni di
scrivere lettere. Quelle aventi[71] come destinazione* un
5 ergastolo, furono dunque le prime. Mentre le scrivevo e le
copiavo, il cuore mi batteva furiosamente.[72] Di lì a poco[73]
smisi[74] di frequentare[75] gli altri ragazzi. Cominciai anche a
trascurare[76] i miei doveri di scuola[77] che mi apparivano assai
futili* in confronto all[78]'impegno[79] segreto. Ogni lettera
10 mi occupava[80] varie giornate. Oltre a quella mensile,[81]
indirizzata[82] a te, ve n'erano, sempre per causa tua delle altre.
Non era facile, per un ragazzo della terza elementare,
trovare un'espressione per ognuna delle cose che tua madre
mi raccontava in dialetto* su di sé,[83] sui debiti da pagare,
15 sulle petizioni[84] da indirizzare[85] in tuo favore al re, alla
regina madre, al duca* degli Abruzzi,[86] al papa, alla figlia del
generale Garibaldi. L'infelice donna credeva infatti nel
destino, ma non escludeva la grazia, quella di Dio e quella
dei potenti.[87] Ciò a cui ella non credeva, al punto da[88] non
20 valere neppure la pena di sprecarvi[89] del fiato, era la
giustizia. Così, certi giorni noi passavamo il tempo libero in
segreti conciliaboli.[90] Il più sovente,[91] per non essere
disturbati, io andavo a casa tua. Naturalmente, anche per le
lettere alle autorità,[92] l'indispensabile* intermediario* ero io.
25 Sotto il foglio da me faticosamente[93] redatto[94] tua madre
firmava con un segno di croce.[95] Sapevo già che era la
firma[96] usuale degli analfabeti, ma anche se ciò non fosse

---

[69]**eravamo tenuti al segreto** we were sworn to secrecy. [70]**tener conto =
ricordare.** [71]**aventi   =   che   avevano.** [72]**furiosamente** furiously. [73]**di
lì a poco = poco dopo.** [74]**smisi = cessai.** [75]**frequentare = andare con.**
[76]**trascurare = non fare.** [77]**doveri di scuola = compiti.** [78]**in confronto a**
compared to. [79]**impegno** task. [80]**mi occupava = mi teneva occupato.**
[81]**mensile = che viene ogni mese.** [82]**indirizzata = destinata.** [83]**su di sé**
about   herself. [84]**petizione**   petition. [85]**indirizzare   =   mandare.**
[86]**Abruzzi,** *a region in Central Italy.* [87]**potenti = persone di grande
importanza.** [88]**al punto da** to the extent that. [89]**sprecare = perdere
inutilmente.** [90]**conciliaboli = reunioni.** [91]**sovente = spesso.** [92]**autorità**
authority. [93]**faticosamente = con gran lavoro.** [94]**redatto = scritto.** [95]**con
un segno di croce** with an x (sign of a cross). [96]**firma** signature.

stato, come si sarebbe potuto immaginare una firma più consona[97] a tua madre? Una piccola croce. Una firma più personale di quella? Ma forse ti sto annoiando» disse Andrea. «In confronto alla tua situazione che cos'erano
5   quelle bambinate?[98]»
«Ti supplico di continuare» disse Luca commosso. «È per me assai importante quello che mi stai dicendo. Ti prego, credimi.»
«Non so» disse Andrea «se per te possa veramente avere
10 una qualche[99] importanza. In quanto a me, mentre ti parlo, è come se finalmente la mia vita prenda un senso più chiaro. Ero, di natura, un ragazzo timido, facile preda[1] d'angosce[2] assurde.* Vorrei insistere, ora, su questo punto, per non addossare[3] a tua madre una qualsiasi responsabilità.* Caso
15 mai,[4] a giudicare da ora, dovrei parlare del suo merito.[5] Fu per me la prima scoperta dal doppiofondo[6] dell'esistenza umana. Da lì, certamente, m'è rimasta la manía,* direi l'ossessione,* di scoprire quello che ci è dentro ogni cosa. Ma devo dire che in queste reminiscenze* non so con
20 esattezza[7] dove finiscano certi fatti realmente vissuti e altri solo temuti e desiderati. Il segreto ingrandiva[8] a dismisura[9] tutto quello che nascondeva. Ne risultava[10] una vita a sé,[11] accanto a quella banale[12] degli altri. Col passare dei mesi divenni sempre più cupo e solitario.* Strane idee
25 mi agitavano[13] la mente. E scoprii la tristezza della peggiore solitudine, la tristezza di non poter condividere[14] con i propri cari[15] il motivo delle intime angosce. Di che si trattasse, mia madre, mio padre, mio fratello non avevano il più lontano sospetto. Quando essi facevano qualche
30 tentativo[16] per indurmi[17] allo scherzo, quasi sempre

---

[97]consona = adatta.   [98]bambinate = cose da bambini.   [99]una qualche = una certa.   [1]preda prey.   [2]angoscia anguish.   [3]addossare = attribuire.   [4]caso mai = anzi, piuttosto.   [5]merito value.   [6]doppiofondo false bottom.   [7]con esattezza = di modo certo.   [8]ingrandiva = rendeva più grande.   [9]a dismisura = fuori di misura.   [10]risultare to result.   [11]a sé = separata dagli altri.   [12]banale = comune.   [13]agitavano = disturbavano.   [14]condividere to share.   [15]cari = persone di famiglia.   [16]tentativo attempt.   [17]indurmi = incoraggiarmi.

producevano in me il risultato[18] contrario: l'offesa e il
pianto. Qualche raro sforzo[19] da parte mia verso loro non finì
meglio.   Una mattina mentre prendevano il caffelatte[20]
attorno allo stesso tavolo,[21] raccontai di aver dormito male e
5 di essermi alzato con i polsi[22] indolenziti.[23] «Me li sento»
dissi «proprio come se mi li avessero serrati[24] a lungo tra le
manette.[25] «L'espressione da me scelta era assai buffa;[26]
ma dovette passare parecchio tempo prima che io perdonassi
ai miei[27] la risata generale che l'accolse e che, a mie spese,
10 fece subito il giro dei parenti e degli amici.   Essi mi
credevano, dunque indegno di portare le manette?»

«... Una sera fui preso da violenti brividi[28] e durante la
notte sopravvenne[29] febbre alta.   Il medico diagnosticò[30]
una polmonite.[31]   La malattia[32] fu lunga, mi tenne a letto
15 tutto l'inverno e mi costò l'anno scolastico.   Mia madre e la
tua si davano il turno[33] al mio capezzale.[34]   Appena
sfebbrato[35] ripresi a[36] scriverti.   Ma in primavera furono le
tue lettere che cessarono.»

«A causa d'[37]un atto d'insubordinazione* contro il
20 direttore» disse Luca.   «Fui di nuovo punito[38] con un anno
di segregazione.»

«In quel tempo tua madre morì» disse Andrea.

«Me lo scrisse don Serafino.»

«Era forte e nello stesso tempo delicata*» disse Andrea.
25 «Un paio di volte, mentre io leggevo le tue prime lettere, ella
era caduta in deliquio,[39] con mia grande paura e
smarrimento.[40]   Da allora in poi,[41] per rianimarsi[42] ogni
volta che si sentiva mancare,[43] usava avvicinare alle

---

[18]risultato = effetto. [19]sforzo effort. [20]prendevano il caffelatte =
prendevano il caffè con latte. [21]tavolo = tavola. [22]polso wrist.
[23]indolenzito sore, numb. [24]serrati = chiusi. [25]manette handcuffs.
[26]buffa = strana, ridicola. [27]i miei = la mia famiglia. [28]brivido chill.
[29]sopravvenne = arrivò. [30]diagnosticare to diagnose. [31]polmonite
pneumonia. [32]la malattia = l'essere ammalato. [33]si davano il turno took
turns. [34]capezzale = capo del letto. [35]sfebbrato = senza febbre.
[36]ripresi = cominciai di nuovo. [37]a causa di = per causa di. [38]punire to
punish. [39]era caduta in deliquio had fainted. [40]smarrimento bewilderment. [41]da allora in poi = a partir da quel tempo. [42]rianimarsi =
riprendere forza. [43]si sentiva mancare she felt faint.

narici[44] una boccettina[45] d'aceto.[46] A causa di ciò, l'odore dell'aceto divenne per me l'odore dell'innocenza perseguitata. Era lo stesso aceto, pensavo, di cui era imbevuta[47] la spugna[48] che i legionari[49] di Pilato*
5 avvicinarono alle labbra del Crocifisso, quando si lamentò d'avere sete.»

Luca intanto gli aveva girato le spalle[50] e aveva cominciato a scartocciare[51] delle pannocchie[52] verdi di granturco;[53] ma, a quelle parole, aveva smesso.[54]

10 «Se penso alla tua esistenza» aggiunse Andrea, ma non proseguì. Egli restò con gli occhi fissi a terra in un atteggiamento[55] stanco e pensieroso.

«Ti aspettano al comune» gli ricordò Luca voltandosi verso
15 di lui. «È l'ora. Tutta la cittadinanza[56] vi è già adunata.[57] Vi saranno dei discorsi, un rinfresco.»[58]

Andrea rimase assorto[59] come se non l'avesse inteso.

«Vorrei chiederti un favore» disse infine.[60]

«Volentieri» rispose Luca. «Puoi immaginare.»
20 «T'assicuro che non è curiosità, ma solo bisogno di capire.»

«Di che si tratta?»[61]

«Ormai è passato tanto tempo» disse Andrea. «Sono accaduti tanti disastri,[62] un terremoto, tre guerre. Ben pochi sopravvivono[63] qui di quell'epoca, lo sai. A vederti tra
25 queste macerie[64] sembri proprio un risuscitato.[65] Se ti guardi attorno...»

Egli non terminò la frase e rimase di nuovo in silenzio.

«Volevi chiedermi un favore» gli ricordò Luca.

---

[44]narici = aperture del naso. [45]boccettina = piccolissima bottiglia. [46]aceto vinegar. [47]imbevuta = bagnata completamente. [48]spugna sponge. [49]legionari = soldati romani. [50]aveva girato le spalle = aveva voltato le spalle. [51]scartocciare = togliere la corteccia. [52]pannocchia ear (of corn). [53]granturco corn. [54]aveva smesso = si era fermato. [55]atteggiamento = modo, espressione. [56]cittadinanza = gente della città. [57]adunata = riunita. [58]rinfresco refreshment. [59]assorto = sotto pensiero. [60]infine = finalmente. [61]Di che si tratta? What is it about? [62]disastro misfortune. [63]sopravvivono = sono ancora vivi. [64]macerie = rovine. [65]risuscitato = persona tornata in vita.

«Perché non ti difendesti al processo?» gli domandò bruscamente[66] Andrea. «Perché rifiutasti di rivelare[67] dove passasti la notte del delitto?»

Luca si alzò in piedi.

5 «Mi dispiace» disse. «Ti prego di credermi, Andrea, mi dispiace proprio assai, specialmente dopo tutto quello che mi hai raccontato poco fa. Ma ti prego di non insistere nella tua domanda.»

Andrea sorrise e fece segno di sì con la testa.

10 «Non insisto» disse. «Anzi, la ritiro.»

Gli occhi di Luca si riempirono di lagrime. Egli si alzò e spalancò le braccia[68] per accogliervi[69] Andrea in un lungo e affettuoso abbraccio.[70]

Attraverso la porta semichiusa[71] si affacciò[72] il ragazzo

15 Toni.*

«Ah, siete ancora qui?» egli esclamò vedendo Andrea. «Non sapete che vi aspettano al comune?»

«Non dirlo a nessuno» disse Andrea. «Piuttosto prendi questi soldi e vacci a comprare[73] qualcosa[74] da mangiare.

20 «Toni, non andare» disse Luca. Poi rivolto ad Andrea, aggiunse: «Sei mio ospite;[75] devo provvedere[76] io. Farò subito bollire[77] del granturco fresco.»

CAPITOLO 6

«L'hai fatta grossa,[78] va là»[79] esclamò don Serafino facendo finta[80] d'essere scandalizzato.* «Si può sapere dove hai

25 imparato codeste maniere?[81] Il sindaco, gli assessori,* il parroco e carabinieri[82] ti hanno aspettato fine alle due. Ci pensi che brutta figura hanno fatto[83] per colpa tua[84] davanti alla popolazione?[85]»

---

[66]bruscamente = tutt'a un tratto.   [67]rivelare = dire agli altri.   [68]spalancò le braccia opened his arms wide.   [69]accogliere = ricevere.   [70]abbraccio embrace.   [71]semichiusa = mezzo chiusa.   [72]si affacciò = si fece vedere.   [73]vacci a comprare = va a comprare per noi.   [74]qualcosa = qualche cosa.   [75]ospite = invitato.   [76]provvedere to provide (the food).   [77]bollire to boil.   [78]l'hai fatta grossa = hai fatto una cattiva azione.   [79]va là = davvero.   [80]facendo finta pretending.   [81]maniere = modo di agire.   [82]carabiniere police.   [83]fare brutta figura to cut a poor figure.   [84]per colpa tua = per causa tua.   [85]popolazione = gente.

«Non m'aspettavi anche tu?» chiese Andrea. «Peccato.»
«Naturalmente che c'ero» rispose don Serafino.   «Ma io
ero l'unico a prevedere[86] che non saresti venuto, l'unico a
sapere il vero motivo della tua assenza,* e anche l'unico» egli
5   aggiunse passando dal serio al faceto,[87] «l'unico a godermi, in
segreto, lo spettacolo.»
«Non hai rivelato,[88] spero, dove e con chi mi trovavo.»
«No, ho recitato la commedia.[89]   Che spasso.   Ho
aizzato[90] i vicini[91] contro di te.   «È un vero scandalo»
10 dicevo.   «Il nuovo regime* comincia male; al posto del
sindaco» dicevo «io mi dimetterei[92] su due piedi.[93]»   Tra
i più amareggiati,[94] devo però riconoscerlo, era don Franco.
Egli ti aspettava al varco,[95] con vari rotoli[96] di carta sotto il
braccio.   «I comuni[97] vicini creperanno d'invidia,[98] aveva
15 detto arrivando.   Sì, è il suo ideale religioso:* l'incremento
edilizio.[99]   Puoi dunque immaginarti, anche per lui, che
delusione.[1]   Quando il sindaco ha annunciato* dal balcone,
alla piccola folla[2] rimasta, malgrado[3] l'ora, davanti al
municipio, che un lieve[4] incidente di viaggio[5] aveva
20 impedito il tuo arrivo, tra il pubblico sono scoppiate[6] molte
risate.   Forse qualcuno t'aveva riconosciuto stamane,[7]
quando sei uscito di casa mia.   Tutto sommato,[8] Andrea,
devo però dirti che mi piaci.   Beh,[9] sei meglio di quello che
prevedevo.»
25   «Ti divertono gli scandali?»
«Sì, quelli che discreditano[10] le autorità* civili* perfino mi
rincuorano.[11]   Adesso mi rimane solo da appurare[12] dove

---

[86]prevedere = vedere prima del tempo.   [87]faceto = spiritoso, cosa da far
ridere.   [88]rivelato = palesato.   [89]ho recitato la commedia = ho fatto la
mia parte.   [90]aizzare to incite.   [91]vicini = persone che abitano vicino.
[92]dimettersi = to resign.   [93]su due piedi = immediatamente.
[94]amareggiati = tristi.   [95]varco = passaggio, entrata al paese.   [96]rotolo
roll.   [97]comuni = paesi.   [98]creperanno d'invidia = ci invidieranno molto.
[99]incremento edilizio additional construction.   [1]delusione disappointment.
[2]folla crowd.   [3]malgrado in spite of.   [4]lieve = leggero.   [5]incidente di
viaggio travel mishap.   [6]scoppiare to burst out.   [7]stamane = stamattina.
[8]tutto sommato = considerando tutto.   [9]beh = ebbene.   [10]discreditare to
discredit.   [11]rincuorano = incoraggiano.   [12]appurare = scoprire.

siano andati a finire[13] le bottiglie di vermut e le paste dolci[14] acquistate a spese del comune per il rinfresco in tuo onore.»

Lo studiolo[15] del prete, basso di soffitto[16] e coi muri
5   rivestiti[17] di legno scuro, riceveva un po' di luce da due piccole finestre.

«Pare una grotta* di pipistrelli[18]» disse Andrea.

«È un'asserzione[19] da maleducato[20]» gli rispose il prete.

Le pareti erano in parte ricoperte[21] di scaffali di libri e di
10 registri* polverosi.[22] Don Serafino stava seduto accanto a un tavolinetto[23] ricoperto di tela cerata,[24] curvo[25] sui compiti di latino d'alcuni suoi allievi[26] privati,* che egli andava correggendo[27] con una grossa matita rossa. Andrea guardava i giornali del mattino e fumava la pipa* vicino alla
15 finestrella[28]   che   dava   sull'orto.   Fu   suonato ripetutamente[29] alla porta. Il prete andò a vedere e per un po' di tempo rimase a confabulare[30] con varie persone assembrate[31] davanti alla casa.

«Desiderano te» egli disse ad Andrea. «Se vuoi, puoi farli
20 entrare a uno a uno.[32]»

«Chi sono? Cosa desiderano?»

«Povera gente; chi aspetta la pensione,* chi un sussidio.[33]»

«Perché non vanno dal sindaco?»

25 È stato proprio il sindaco a indirizzarli[34] da te. Dovresti ascoltarli» aggiunse don Serafino. «Li conosco, sono veramente dei poveracci.[35]»

«Con le lettere di raccomandazione* cesseranno forse di

---

[13]andare a finire to end up. [14]pasta dolce pastry. [15]studiolo = piccolo studio. [16]basso di soffitto with a low ceiling. [17]rivestiti = coperti. [18]pipistrello bat. [19]asserzione assertion. [20]da maleducato = di una persona maleducata. [21]ricoperte = ben coperte. [22]polverosi = pieni di polvere. [23]tavolinetto = piccolo tavolo. [24]tela cerata oil cloth. [25]curvo bent. [26]allievi = studenti. [27]andava correggendo = continuava a correggere. [28]finestrella = piccola finestra. [29]fu suonato ripetutamente = qualcuno suonò il campanello varie volte. [30]confabulare = chiacchierare. [31]assembrate = riunite. [32]a uno a uno = uno alla volta. [33]sussidio = aiuto. [34]indirizzarli = mandarli. [35]poveracci = povera gente.

essere poveri?» protestò* Andrea. «Alla povera gente
voglio insegnare a chiedermi altro.»
Don Serafino tornò alla porta e disse qualcosa; poi tornò al
suo tavolino per riprendere[36] la correzione[37] dei compiti.
5   «Dimenticavo di dirti» egli aggiunse rivolto ad Andrea
«che tra le vittime della tua maleducazione,[38] c'è stato ieri
anche qualche innocente.»
«Ad esempio?»[39]
«La tua dolce zia Clarice.[40]»
10 «Povera zia. Cosa pretendeva da me?»
«Pare che avesse imbandito[41] in tuo onore un banchetto a
casa sua.»
«Non lo sapevo; se m'avesse avvertito, l'avrei subito
dissuasa.[42]»
15 «In qualche posto dovevi pur mangiare» protestò don
Serafino. «Anzi, a dire il vero, per risparmiarti un invito[43]
del sindaco ero stato io a suggerire che forse avresti
preferito quello d'un parente. Ad ogni modo[44] ella
t'aspetta stasera. Le ho promesso che questa volta non
20 saresti mancato.»
«Mi metti nei pasticci[45]» borbottò Andrea. Poi domandò:
«Cosa fa adesso Luca?»
«È di sopra, in camera sua. Forse riposa; oppure[46] sta alla
finestra a guardare la campagna.»
25 «Per stasera scriverò un biglietto[47] di scusa[48] alla zia
Clarice. Posso affidarlo alla tua domestica?»
«La mia domestica è partita» disse il prete. «Non te l'ho
ancora raccontato? Quella ridicola* megera,[49] appena Luca
si è stabilito[50] qui, ha gettato il grembiule[51] per terra e si è
30 congedata[52] senza neppure darmi gli otto giorni.
Naturalmente Luca ignora[53] l'incidente.»

---

[36]riprendere = continuare.   [37]la correzione = il correggere.
[38]maleducazione bad manners.   [39]ad esempio = per esempio.   [40]Clarice
Clarissa.   [41]imbandito = preparato.   [42]l'avrei dissuasa = l'avrei convinta
di non farlo.   [43]invito invitation.   [44]ad ogni modo = in ogni modo.
[45]pasticci = imbrogli, difficoltà.   [46]oppure = o.   [47]biglietto = nota, piccola
lettera.   [48]scusa apology.   [49]megera = donna brutta.   [50]si è stabilito = è
venuto a stare.   [51]grembiule apron.   [52]si è congedata = se n'è andata.
[53]ignora = non sa.

«Anche lei.... Cos'ha da rimproverargli?[54]

«Evidentemente,* d'aver passato la vita all'ergastolo.»

«Non sa che era innocente?»

«Ma sì, sì, lo sa come tutti gli altri.   Eppure...»

Andrea ne rimase irritato e depresso.[55]

«Cristo,[56] che gente» disse.   «Nessun cataclisma[57] dunque li smuove?»

«Bene o male» aggiunse don Serafino «i letti ce li rifacciamo da noi.[58]   Non è questo il più difficile.   Ma per altre cose, alla mia età la mancanza[59] d'una serva dà noia.»

«Con la miseria[60] in giro[61]» disse Andrea «un'altra qualsiasi sguattera[62] non dovrebbe essere difficile a trovarsi.»

«Tu credi?   Il codice canonico[63] mi vieta[64] di assumere[65] una donna giovane, o comunque[66] al disotto dei[67] quarant'anni» spiegò il prete.   «Un'anziana,[68] d'altra parte, malgrado il bisogno, non ci sta, te l'assicuro, per lo stesso motivo di quella che se n'è andata.»

«Si direbbe insomma che Luca faccia paura» scattò[70] Andrea.   «Ma perché?»

Don Serafino rimase un po'[71] in silenzio, cupo in viso.[72]

«Alla prima notizia del suo imminente* ritorno, te lo devo confessare, ebbi paura anch'io» egli finì col borbottare.

«Perché?   Non saprei spiegarmelo.   Giunsi perfino a proporre, tramite[73] il maresciallo[74] dei carabinieri,[75] di far ricoverare Luca in qualche ospizio,[76] lontano di qui.»

Andrea si volse bruscamente verso il prete.

«Di che potevi avere paura, tu?» gli chiese guardandolo fisso[77] negli occhi?

---

[54]rimproverare to hold against someone.   [55]depresso = triste.   [56]Cristo Christ. *Here* = Heavens.   [57]cataclisma upheaval.   [58]i letti ce li rifacciamo da noi we'll make our own beds.   [59]mancanza lack.   [60]miseria = grande povertà.   [61]in giro = intorno.   [62]sguattera = donna di servizio.   [63]codice canonico canon law.   [64]mi vieta = mi proibisce.   [65]assumere = impiegare, prendere.   [66]comunque = in ogni modo.   [67]al disotto di = sotto.   [68]anziana = donna piuttosto vecchia.   [70]scattò = disse ad un tratto.   [71]un po' = per poco tempo.   [72]cupo in viso = sopra pensiero.   [73]tramite = per mezzo di.   [74]maresciallo officer, captain.   [75]carabiniere police.   [76]ospizio = casa per i poveri.   [77]fisso fixedly.

«Ero il suo parroco» rispose don Serafino in tono evasivo.*
Un parroco è responsabile* della sorte[78] dei suoi fedeli.»
«Scusa, ma questo non sarebbe un motivo d'aver paura»
incalzò Andrea. «Non ti capisco.»

5   Probabilmente don Serafino non si aspettava questa
discussione* perché un'espressione di crescente[79]
imbarazzo apparve sul suo viso mentre Andrea lo
investiva[80] con le sue domande.
«Vedi, Andrea, sono fatti che tu non puoi capire» si scusò

10   don Serafino. «Tu non eri ancora nato, quando accaddero.»
«La natura umana, tuttavia» gridò Andrea, «non cambiò in
quel paio d'anni.»
«Non alzare la voce, ti prego» disse don Serafino. «Egli
potrebbe udirci.» Poi aggiunse: «Anche se tu sapessi tutto,

15   credi a me, ti troveresti di fronte a[81] un mistero.»
Andrea ebbe una risata beffarda.
«Ecco una parola un po' troppo facile» disse. «Voi preti ve
ne servite ogni volta che volete cavarvi d'imbarazzo.[82]»
«Non ti credevo così grossolano[83]» esclamò il prete.

20   «Eppure, non si tratta di me, ma di Luca. Se tu ne fossi
capace, dovresti riflettere a questo. Malgrado la grande
commozione[84] procuratagli[85] dall'incontro con te, egli t'ha
rifiutato la spiegazione che gli hai chiesta. Non credi che la
sua riservatezza[86] abbia diritto a un certo rispetto?»

25   «Certo» ammise Andrea. «Hai ragione. Ma la mia,
t'assicuro, non è curiosità.[87] Come spiegarti? Ecco, il
segreto di Luca, in fin dei conti, riguarda[88] anche me.»
«In un certo senso, riguarda tutti» borbottò don Serafino.
Egli s'era alzato e guardava per strada[89] attraverso una

30   finestrella sbarrata[90] da due ferri[91] incrociati.[92] La scarsa[93]
luce illuminava il contorno[94] dei suoi capelli bianchi e gli
faceva un volto di gesso[95] con ombre di muffa.[96]

---

[78]sorte fate. [79]crescente = sempre maggiore. [80]investiva = attaccava.
[81]di fronte a = dinanzi a. [82]cavarsi d'imbarazzo = uscire da una situazione
difficile. [83]grossolano = rozzo. [84]commozione = emozione.
[85]procuratagli = causatagli. [86]riservatezza = desiderio di non parlare.
[87]curiosità = l'essere curioso. [88]riguarda = interessa, ha importanza per.
[89]per strada = sulla strada. [90]sbarratà barred. [91]ferri iron bars.
[92]incrociati = a forma di croce. [93]scarsa = poca. [94]contorno outline.
[95]gesso chalk. [96]muffa mold; *here* anger.

«Arriva una visitatrice[97] per te» gli annunziò a un certo momento senza girarsi.[98] «Tua zia Clarice.»
Andrea accorse lui stesso ad aprire.   Una signora già anziana, ma ancora svelta[99] e sottile,[1] vestita di nero, con una
5   certa antiquata[2] ricercatezza,[3] era davanti alla porta.
«Cara zia Clarice» disse Andrea, «pare che mi hai aspettato ieri a mezzogiorno. Mi dispiace per il tuo disturbo,[4] ma io l'ho saputo solo un momento fa.»
«Sì, c'è stato uno spiacevole[5] contrattempo[6]» spiegò la
10   signora. «T'abbiamo aspettato fino alle due.»
«Non vuoi entrare un momento? Don Serafino potrebbe rimproverarmi[7]...»
«M'ha già visto varie volte, ieri e oggi, a causa tua.[8] Andrea, volevo dunque chiederti se possiamo almeno averti
15   stasera per la cena. Saremo tra parenti. Sono tanti anni che non ti vediamo.»
«Veramente, stasera devo ripartire» si scusò Andrea. «Capirai, ho molti impegni;[9] e prima devo intrattenermi[10] ancora un po' con un amico.»
20   «Perché non vieni con lui?» gli propose la signora Clarice. «Non ne siamo degni?»
«Al contrario; ma non disturberà?[11]»
«Sarà per noi un onore, se è un tuo amico. Di chi si tratta? Un forestiero?[12] Un'autorità?[13]»
25   «No, è un paesano[14]» spiegò Andrea. «A suo tempo[15] egli era stato un grande amico di mio padre. Si chiama, però non so se il nome ti dica qualcosa, Luca Sabatini.»
«L'ergastolano?»
«Più precisamente, l'ex* ergastolano.»
30   «Vorresti condurre a casa mia un ex ergastolano?» esclamò la zia Clarice.

---

[97]visitatrice = donna che viene a visitare. [98]girarsi = voltarsi. [99]svelta agile. [1]sottile slender. [2]antiquata = di tempi antichi. [3]ricercatezza affectation. [4]disturbo = incomodo. [5]spiacevole = non piacevole. [6]contrattempo = confusione. [7]rimproverare to reprove, reproach. [8]a causa tua = trattandosi di te. [9]impegni = obblighi, cose da fare. [10]intrattenermi = fermarmi a parlare. [11]disturberà = incomoderà. [12]forestiero = persona di un altro paese. [13]autorità = persona in posto di autorità. [14]paesano = persona del paese. [15]a suo tempo = una volta, lungo tempo fa.

I suoi dolci occhi, rotondi[16] come ciliegie,[17] si riempirono d'orrore.

«Zia» cercò di spiegare Andrea, «tu forse non lo sai, ma il pover'uomo era innocente.»

5 «Innocente o meno,[18] egli è stato all'ergastolo. Andrea, tu vorresti che un tale individuo*...»

«Zia, bada un po'[19] come parli. Mi pare d'averti detto, per Dio, che si tratta d'un mio amico.»

«Capisco, Andrea, ormai tu sei nella politica e quindi non 10 puoi essere difficile[20] nelle tue relazioni. Ma, sii ragionevole, la mia casa è un'abitazione[21] privata, ho due figlie da marito,[22] la più grande, Fiorella, sta per fidanzarsi[23]...»

«T'assicuro, zia, che nella mia amicizia per Luca la politica 15 non c'entra affatto.[24] Sinceramente,[25] di tutta la popolazione di Cisterna, egli è la persona che stimo di più.[26]»

«Povero, povero Andrea» esclamò la signora Clarice. Ma l'emozione le impedì d'aggiungere altro; e per trarsi d'impaccio[27] andò via, anzi quasi fuggì a passetti[28] svelti, 20 senza neppure salutare.[29]

Le figlie aspettavano il suo ritorno a casa, affacciate[30] a una finestra del pianterreno,[31] protetta da una grata.[32] Esse rimasero dunque assai impaurite[33] per il suo aspetto[34] sconvolto.[35]

25 «Cosa t'è successo?» domandò Fiorella. «Mamma, ti senti male?»

«Figlie mie» mormorò la signora Clarice trattenendo a stento i singhiozzi, «vostro cugino è pazzo, pazzo da legare.[36]»

---

[16]rotondo round. [17]ciliegia cherry. [18]innocente o meno = innocente o non innocente. [19]bada un po' = fai attenzione. [20]difficile choosy. [21]abitazione = luogo dove si abita. [22]da marito = di età da maritarsi. [23]fidanzarsi = accettare un fidanzato. [24]non c'entra affatto = non ci ha niente che fare. [25]sinceramente = in verità. [26]stimo di più = ho il più grande riguardo. [27]trarsi d'impaccio = evitare la difficoltà. [28]a passetti = con piccoli passi. [29]salutare = dire arrivederci. [30]affacciate = che guardavano. [31]pianterreno = piano a livello della strada. [32]grata grating. [33]impaurite = spaventate, piene di paura. [34]aspetto = viso, apparenza. [35]sconvolto = turbato. [36]pazzo da legare fit to be tied.

CAPITOLO 7

Il vecchio giudice non esercitava[37] più da vari anni, ma aveva conservato la targa[38] sulla porta del villino.[39] Al nome d'Andrea Cipriani egli alzò gli occhi sul visitatore,[40] poi li rimise sulla lettera di presentazione,[41] quindi[42] tornò a
5 guardare l'uomo rimasto in piedi[43] davanti a lui e, appoggiandosi su un bastoncino,[44] s'alzò dalla poltrona.

«Il maestro Cipriani? Bene, benissimo, e Carolina, Carolina» egli gridò «due caffè. Vi aspettavo, signor Cipriani; il presidente della Corte d'Appello[45] mi aveva già
10 perlato di voi, bene, assai bene, anzi benissimo, dato che i tempi sono mutati.»

Il vecchio giudice lo prese per un braccio e lo condusse nella stanza di trattenimento.[46]

«Accomodiamoci su questo divano*» disse. «Vedete,
15 signor Cipriani, questo mucchio[47] di atti[48] deteriorati* dalla muffa? Potete leggere l'intestazione.[49]

«Sono gli atti del processo Sabatini?» esclamò Andrea. «Prima di venire all'Aquila temevo che fossero andati[50] distrutti.»

20 «Si trovano qui, con la dovuta[51] licenza[52]» spiegò il vecchio giudice con la sua voce stridula.[53] «Ne ho avuto bisogno per redigere[54] le mie memorie. Se le ho finite? Non ancora, ma sono a buon punto.[55] Ormai vivo di ricordi.[56] La memoria è la mia quotidiana[57] dimora[58] e mi
25 rende il presente estraneo[59] e solo perciò sopportabile.[60]

---

[37]esercitava = lavorava nella sua professione. [38]targa shingle. [39]villino = piccola casa elegante. [40]visitatore = uomo che viene a visitare. [41]presentazione introduction. [42]quindi = poi. [43]in piedi = non seduto. [44]bastoncino cane. [45]Corte d'Appello Court of Appeals. [46]stanza di trattenimento = salotto. [47]mucchio = grande massa. [48]atti = documenti. [49]intestazione heading, intestation. [50]fossero andati = fossero stati. [51]dovuta = necessaria. [52]licenza = permesso. [53]stridula = forte e acuta. [54]redigere = scrivere, preparare. [55]sono a buon punto = ne ho scritto gran parte. [56]vivo di ricordi = la mia vita non è altro che ricordi. [57]quotidiana = di ogni giorno. [58]dimora = luogo di abitazione. [59]estraneo = fuori della mia vita. [60]sopportabile = che si può sopportare.

Per lo stesso motivo, esco poco e solo di notte.   Dico questo
salvo il rispetto per voi,[61] che siete, per quel che so, un uomo
del presente.»
    «Anzi, dell'avvenire» corresse Andrea sorridendo.
5   «Peggio» sentenziò[62] il vecchio giudice.   «Assai peggio.
Ma ormai siamo su una china.[63]   Come tornare indietro?   Per
favore, sedetevi.   Voi fumate?»
    «Nel processo contro Luca Sabatini, se non sono male
informato*» cominciò Andrea per sbrigarsi «lei sostenne[64]
10 l'accusa.[65]»
    «In un modo, parola mia, di cui sono ancora adesso
orgoglioso,[66] annuì[67] il vecchio giudice.   «Ora non si ha
neppure un'idea di quello che fosse una requisitoria[68] in quei
tempi.»
15   «Nessuna bravura,[69] neanche allora, metteva però al
riparo[70] dagli errori di giudizio.   Errare humanum,[71] già si
sa.»
    «Non so a che cosa precisamente voglia alludere.[72]»
    «Ecco, ella non ignora[73] che alcuni mesi or sono[74] è stata
20 finalmente riconosciuta l'innocenza di Luca Sabatini.»
    «Un cavolo»[75] esclamò il vecchio giudice battendo il
bastoncino sul pavimento.   «S'intende,[76] salvo il rispetto.
Per vostra norma,[77] voglio dire, il Sabatini è stato graziato,[78]
non riabilitato.[79]   Eh, eh, c'è una differenza.»
25   «In questo caso» disse Andrea, «una differenza solo
formale.»
    «Ma nel diritto[80] la forma è tutto, signor maestro, come in
arte, permettete che ve lo insegni.   Come in arte» egli ripeté
dopo una pausa.*
30   «Insomma» cercò di spiegare Andrea «si è ricorso[81] alla

---

[61]salvo il rispetto per voi = senza mancar di rispetto a voi.   [62]sentenziò =
disse come giudice.   [63]siamo su una china we are on the way down.   [64]soste-
nere to support, present.   [65]accusa prosecution.   [66]orgoglioso = pieno di
orgoglio.   [67]annuì = fece segno di sì.   [68]requisitoria speech of public prosecution at a trial, summation.   [69]bravura = abilità.   [70]metteva al riparo =
poteva evitare.   [71]errare humanum (est) (Latin) to err is human.   [72]alludere
= fare allusione.   [73]non ignora = certo sa.   [74]or sono = fa.   [75]un cavolo
like fun.   [76]s'intende = si capisce.   [77]norma clarification.   [78]graziato pardoned.   [79]riabilitato absolved.   [80]diritto = legge.   [81]si è ricorso = hanno
deciso di fare.

grazia perché più spicciativa[82] e, soprattutto, perché gratuita.[83] La riabilitazione, come lei m'insegna, avrebbe richiesto[84] un nuovo processo, quindi avvocati, carta bollata, e le altre diavolerie.[85] Il Sabatini invece non ha un
5   soldo, né parenti, né dà importanza alle forme legali.*»

«No, no, no» ribatté energicamente[86] il vecchio giudice, «codesta è un'infantile scappatoia.[87] Per i poveri vige[88] il patrocinio gratuito.[89] Scusate, vi ho chiesto se fumate.»

«Non ora, grazie.»
10 Il vecchio giudice accese per sé una sigaretta che infilò in un lungo bocchino[90] nero.

«Badate, signor Cipriani» riprese a dire il vecchio giudice, «personalmente* io non ho nulla da eccepire[91] contro la grazia al Sabatini. Perché dovrei farlo? Cosa m'interessa
15 di lui?[92] Ma se lui chiedesse la revisione[93] del processo ed io, astrattamente[94] parlando, fossi nuovamente[95] incaricato[96] dell'accusa, ebbene, vi posso assicurare, signor Cipriani, chiederei la conferma[97] pura* e semplice della prima sentenza.* E l'otterrei, vi prego di credermi.»

20 «Forse lei non sa» insisté Andrea «che un uomo di Perticara, alcuni mesi or sono, poco prima di morire, ha confessato la propria colpa e ne ha scagionato[98] il Sabatini.»

«So tutto» assicurò il vecchio giudice. «Tutto» egli ribadì[99] dopo una pausa. «Grazie alla cortesia del
25 procuratore[1] potei leggere anch'io la deposizione[2] del confessore.[3] L'ho anzi studiata, per l'interesse che porto a questo episodio* importante della mia carriera di magistrato.[4] Ebbene, signor Cipriani, quella deposizione non mi ha convinto.»

---

[82]spicciativa = che si fa presto.   [83]gratuita free.   [84]avrebbe richiesto = avrebbe reso necessario.   [85]diavolerie = formalità inutili.   [86]energicamente = in modo decisivo.   [87]scappatoia = maniera di evitare una difficoltà.   [88]vigere to be in force.   [89]patrocinio gratuito public defender.   [90]bocchino holder.   [91]eccepire = obiettare.   [92]Cosa m'interessa di lui? = Cosa m'importa di lui?   [93]revisione review.   [94]astrattamente = in modo astratto, per supposizione.   [95]nuovamente = di nuovo.   [96]fossi incaricato = avessi la responsabilità.   [97]conferma confirmation.   [98]ha scagionato = ha levato la colpa.   [99]ribadì = aggiunse.   [1]procuratore public prosecutor.   [2]deposizione testimony.   [3]confessore = persona che confessa.   [4]magistrato = giudice.

«Ma come?»[5] protestò Andrea sorpreso. «Il colpevole ha anche fornito delle prove. In seguito[6] alle sue indicazioni,* come lei saprà, sono stati ritrovati in un nascondiglio murato,[7] l'orologio[8] e il portafoglio[9] derubati[10] alla vittima.

5 Non basta?»

«No, non basta, signor maestro» egli disse. «Non basta per quello che voi pretendete. Codesti elementi[11] nuovi non sono affatto in contrasto con quelli che condussero alla condanna[12] del Sabatini. Tutt'al più,[13] essi possono

10 avvalorare[14] il sospetto,[15] da me chiaramente formulato* nella requisitoria, che il Sabatini avesse dei complici.[16]»

«Io invece sono convinto del contrario» disse Andrea con forza. «Ne sono anzi certo. Trovo che...»

«Signor maestro, permettete che ve lo dica?» interruppe il

15 vecchio giudice. «Permettete? La vostra convinzione mi lascia indifferente.»

Egli fece un piccolo gesto che poteva anche significare un invito al visitatore ad andarsene; ma Andrea non vi fece caso, poiché aveva gli occhi fissi sugli atti.

20 «Potrei dare uno sguardo agli atti?» bruscamente domandò Andrea.

«Li metto senz'altro a vostra disposizione[17]» disse il vecchio giudice. «Non ne ho più bisogno, e il procuratore mi ha autorizzato* a passarli a voi, prima di restituirli

25 all'archivio.* Vi avverto, però, che non sarà una lettura divertente, benché non astrusa.[18] In fin dei conti, la causa[19] fu decisa dai giurati,[20] che erano in maggioranza[21] contadini, e negozianti.[22] Sono sicuro che, a lettura ultimata,[23] non vi sorprenderà se il verdetto[24] di quei

30 galantuomini suonò condanna.»

---

[5]**Ma come?** = Ma come può essere? [6]**in seguito** = seguendo. [7]**nascondiglio murato** = luogo per nascondere in un muro. [8]**orologio** watch. [9]**portafoglio** wallet. [10]**derubati** = rubati. [11]**elementi** evidence. [12]**condanna** conviction. [13]**tutt'al più** at most. [14]**avvalorare** = dar più valore. [15]**sospetto** suspicion. [16]**complici** = compagni nel crimine. [17]**disposizione** disposal. [18]**astrusa** = difficile a intendere. [19]**causa** case (*legal*). [20]**giurato** juror. [21]**in maggioranza** = per maggior parte. [22]**negozianti** = uomini di commercio. [23]**ultimata** = finita. [24]**verdetto** verdict.

«Per commettere degli errori giudiziari,[25] non è necessaria la malafede» disse Andrea.

«Leggete gli atti, signor Cipriani» insisté il vecchio giudice spazientito.[26] «Malgrado[27] i vostri preconcetti,[28]
5   vi persuaderete della colpevolezza[29] del Sabatini. Ne troverete la conferma, oso dire, in ogni foglio dei fascicoli;[30] ma anche se la pazienza dovesse mancarvi, vi consiglio di leggere almeno i verbali[31] che si riferiscono[32] al comportamento[33] del Sabatini nella sera precedente[34] la
10 tragica rapina. Egli preannunzio[35] il delitto, in casa della fidanzata, in termini[36] che non lasciano dubbi. C'è poi la sua condotta[37] durante l'istruttoria[38] e il pubblico dibattimento.[39] Se infine...»

«Capisco» disse Andrea. «Lei allude al rifiuto[40] di Luca
15 Sabatini di spiegare dove e con chi egli trascorse[41] la notte del delitto. Per conto mio,[42] pur non sapendo nulla delle ragioni del suo ostinato* silenzio, non ho difficoltà ad ammettere che un uomo possa tacere per motivi d'onore, anche se ciò gli nuoce.[43]»

20 «Ah, no, signor maestro, la vostra spiegazione romantica* in questo caso è davvero fuori luogo» esclamò il vecchio giudice con un tono* di aperto dileggio.[44] «Vorreste forse attribuire a un villano di quella fatta[45] spirito cavalleresco?[46] Ah, ah, ah, voi mi fate ridere. Non c'è che
25 dire,[47] ne avete, sì, ne avete, della fantasia.[48] Un cafone[49] capace di preferire il carcere a vita[50] alla rivelazione[51] di un

---

[25]giudiziario judiciary.   [26]spazientito = che ha perduto la pazienza. [27]malgrado in spite of.   [28]preconcetti = idee già formate.   [29]colpevolezza = l'essere colpevole.   [30]fascicolo brief.   [31]verbale record.   [32]si riferiscono = trattano.   [33]comportamento behavior.   [34]precedente = prima di. [35]preannunziò = annunziò prima del tempo.   [36]termini = parole. [37]condotta = comportamento.   [38]istruttoria charge (to a jury). [39]dibattimento disputation.   [40]rifiuto = il rifiutare.   [41]tracorse = passò. [42]per conto mio = per parte mia.   [43]nuoce = fa grave male.   [44]dileggio mockery.   [45]di quella fatta = di quel tipo.   [46]cavalleresco = di galantuomo. [47]non c'è che dire = bisogna ammettere senza dubbio.   [48]fantasia = immaginazione.   [49]cafone = persona senza cultura.   [50]carcere a vita = prigione per tutta la vita.   [51]rivelazione revelation.

segreto? Ah, ah, ah. Un cafone cavaliere[52] al modo degli antichi?»[53]

«Un contadino» ribatté Andrea per nulla[54] intimidito,* «può avere una capacità* di sofferenza* sconosciuta[55] a un
5 giudice.»

«Non dite sciocchezze, vi prego, signor Cipriani. Voi siete nato in un comune[56] rurale*? Non si direbbe.[57] E voi non sapete che la capacità di sofferenza d'un cafone è d'ordine fisico[58] e vale[59] finché si tratta della fame o di percosse?[60]
10 Ma la sofferenza d'amore. Vergine benedetta,[61] la passione infelice che, nell'assenza* dell'oggetto amato, si nutre[62] nel pensiero di esso, non è né da cafone e nemmeno da borghese.[63] Era un privilegio* d'animo[64] aristocratico*» egli aggiunse dopo una pausa, «quando c'era ancora
15 un'aristocrazia.*»

«Credete a me, signor Cipriani» egli riprese a dire «un innocente non accetta quella pena[65] spaventosa ch'è l'ergastolo, senza dire tutto quello che sa e, in più, tutto quello che può inventare in proprio favore. D'innocenti
20 taciturni[66] davanti al giudice la storia non ne menziona* che due, Gesù* e Socrate.* Ora non credo che voi vogliate a tal punto esaltare[67] codesto criminale dal vostro villaggio...»

Il modo come egli aveva pronunziato la parola criminale irritò Andrea.

25 «Infine» egli esclamò «perché lei ce l'ha tanto contro quel pover'uomo?»

«Egli[68] è un capitolo della mia autobiografia*» rispose senza scomporsi il vecchio giudice. «Un capitolo, vi

---

[52]cavaliere = galantuomo.   [53]antichi = uomini di molti secoli fa.   [54]per nulla = niente affatto.   [55]sconosciuta = non conosciuta.   [56]comune community.   [57]non si direbbe = non sembra possibile, non è evidente.   [58]d'ordine fisico = di natura fisica.   [59]valere to apply, be valid.   [60]percossa blow.   [61]Vergine benedetta Blessed Mother.   [62]nutrirsi to nourish itself.   [63]borghese = persona di cultura media.   [64]animo mind, spirit.   [65]pena penalty.   [66]taciturni = che non parlano.   [67]esaltare to exalt.   [68]egli here = it.

assicuro, che sono disposto[69] a difendere con le unghie e i
morsi.[70]»
Egli disse questo con un tono di schiettezza[71] e sincerità*
che fino allora era mancato nella sua voce.   Subito aggiunse:
5   «Ora scusate, se, a mia volta,[72] oso chiedervi: 'E a voi,
quell'individuo, perché interessa tanto?' »
«Non so con precisione[73] che cosa lei intenda sapere.»
«Luca Sabatini sarebbe per caso un vostro parente?»
«No, egli è mio amico.   Anzi, il mio migliore amico.»
10   «Oh» fece[74] il vecchio giudice e rimase per un po' a
bocca aperta, con un'espressione involontariamente[75]
comicissima.[76]   «Scusate» disse «scusate.»   Poi si riprese:[77]
«Siete amici da molto tempo?»
«Da una trentina[78] d'anni, all'incirca.[79]»
15   «Da una trentina d'anni?   Non capisco, egli
era all'ergastolo.   Com'è possibile?»
Andrea fece un gesto per dire[80]: sarebbe troppo lungo
starvi a spiegare.
«Veda» disse Andrea in tono conciliante,[81] «non lo dico per
20   amicizia, ma, spassionatamente[82] Luca mi sembra un uomo
normale,* un contadino come tanti, solo un po' più
disgraziato.   Eccezionali dovettero essere le circostanze*
che si trovò ad affrontare.[83]   Comunque, egli si comportò,
mi sembra, in modo non banale.[84]»
25   «Permettete che io prescinda[85] dalla vostra amicizia?»
chiese il vecchio giudice.   «Permettete?   Ebbene io credo
che nessuna circostanza può fare d'un uomo mediocre* un
superuomo.*   Se egli ne assume le arie, fa del bluff.[86]   Il
bluff però non sopporta una prova così lunga e atroce* come
30   l'ergastolo.   Voi sapete, signor Cipriani, come i finti

---

[69]disposto = preparato.   [70]con le unghie e i morsi with tooth and nail.
[71]schiettezza = semplicità.   [72]a mia volta = per turno mio.   [73]con
precisione precisely.   [74]fece = esclamò.   [75]involontariamente = senza
volerlo.   [76]comicissima = molto comica.   [77]si riprese he caught himself.
[78]trentina = trenta, su per giù.   [79]all'incirca = più o maeno.   [80]per dire
as if to say.   [81]conciliante = più amichevole.   [82]spassionatamente = in
modo obiettivo.   [83]affrontare to confront, face.   [84]banale = ordinario.
[85]prescinda = metta da parte.   [86]fa del bluff he is bluffing.

superuomini, in questo paese, siano finiti male. Non
parliamo, per carità dei superuomini nelle relazioni con le
donne. Non esistono superuomini in mutande,[87] vi prego di
prenderne nota.»

5   Il vecchio guidice parlava come se dettasse al
cancelliere.[88] Si accomodò meglio[89] e proseguì:
«Io sono persuaso che Luca Sabatini rimase silenzioso e
non si inventò un alibi,* semplicemente per mancanza[90]
d'immaginazione.* Sì, per comune imbecillaggine.[91]»

10   «Egli non fa l'impressione d'uno stupido» ribatté Andrea.
«Se lo volete sapere, il vostro.... amico è un primitivo[92]
e un violento[93]» continuò il vecchio giudice. «Non mi
stupirebbe[94] se tra non molto[95] la giustizia[96] dovesse
occuparsi nuovamente di lui in qualche lite[97] o zuffa.[98]

15   Nel primo interrogatorio[99] al quale io lo sottoposi,[1] egli mi
si avventò contro,[2] mi strappò[3] il libro dei codici dalle mani e
lo gettò nel cestino della carta straccia[4]...»
«Non fu un gesto cortese» ammise Andrea. «Fu però
diretto contro il codice, come lei dice, non contro la sua

20   persona.»
«Volete forse dire che fu un atto di critica[5] giuridica?»[6]
domandò ridacchiando il vecchio giudice. «Signor Cipriani,
voi vi prendete gioco[7] di me. Ditelo francamente, non vi
sarebbe nulla di strano da parte d'un uomo del presente, anzi

25   dell'avvenire, come voi dite. Ad ogni modo, il Sabatini
continuò a commettere atti di violenza* contro persone anche
durante l'espiazione dell'ergastolo,[8] meritandosi un paio di
processi supplementari* e pene di segregazione.[9] Ma
sapete voi che la recente grazia[10] sovrana[11] stava per essere

---

[87]mutande underwear.   [88]cancelliere = segretario di corte.   [89]si accomodò
meglio he made himself more comfortable.   [90]mancanza lack.
[91]imbecillaggine = stupidaggine.   [92]primitivo = persona primitiva.
[93]violento = persona capace di violenza.   [94]non mi stupirebbe = non mi
sorprenderebbe.   [95]tra non molto = fra poco tempo.   [96]giustizia =
legge.   [97]lite quarrel.   [98]zuffa tussle.   [99]interrogatorio cross-examination.
[1]sottoporre to submit.   [2]mi si avventò contro = si gettò addosso.   [3]strappò
= prese con violenza.   [4]cestino della carta straccia wastepaper basket.
[5]critica criticism.   [6]giuridico judiciary.   [7]vi prendete gioco = vi ridete.
[8]espiazione dell'ergastolo prison term.   [9]pena di segregazione solitary
confinement.   [10]grazia = perdono.   [11]sovrana = da parte del re.

rifiutata al vostro amico appunto per il suo pessimo comportamento durante l'espiazione della pena?»
«L'ignoravo» confessò Andrea «e, a dire la verità, mi sorprende.»
5 «Ecco, vedete? voi vi siete fatta un'idea sbagliata del Sabatini» sentenziò il vecchio giudice soddisfatto. «Col suo atteggiamento di finto tonto,[12] egli mi diede, sì, del filo da torcere,[13] ma parola mia, non sento rimorsi per la sua condanna. Se non fu possibile fare[14] luce completa sui
10 complici o mandanti[15] che il Sabatini probabilmente ebbe, la colpa non fu certo della magistratura,[16]ma dell'omertà[17] dei vostri compaesani.[18]   Nelle mie memorie ho scritto una pagina su questo tema, che, non dico per vantarmi[19]...»
Il vecchio rimase un po' in silenzio, si prese la fronte tra le
15 mani e parve fare degli sforzi[20] per ricordarsi.   Per vari segni Andrea dava a capire[21] di non aspettare che il momento d'andarsene col pacco dei fascicoli; ma il vecchio giudice, alle prese con le nebbie della sua memoria,[22] non gli faceva caso,[23] finché non ebbe ritrovato il filo che cercava.
20 «Scusate» disse «sono passati tanti anni.   Ecco,[24] un certo giorno per rompere il muro del silenzio in cui il Sabatini si era rinchiuso,[25] mi permisi di ricorrere a un espediente* poco ortodosso,* e di cui perciò non troverete traccia negli atti. Feci dunque finta di concedere al Sabatini un colloquio
25 riservato[26] con sua madre e il parroco di Cisterna.   Non so se quel prete vive ancora...»
«Vive, sì» disse Andrea.
«Un autentico[27] tartufo,[28] ve lo garantisco» disse il vecchio giudice.   «Nella stanzetta in cui avvenne l'incontro, essi
30 furono lasciati soli, ma dietro la porta orecchiavano[29] due

---

[12]tonto = stupido.   [13]mi diede del filo da torcere = mi mise in gravi difficoltà.   [14]fare = mettere, gettare.   [15]mandante agent.   [16]magistratura magistracy.   [17]omertà gangster-like solidarity.   [18]compaesani = gente dello stesso paese.   [19]vantarmi = darmi importanza.   [20]sforzo effort.   [21]dava a capire = cercava di indicare.   [22]alle prese con le nebbie della sua memoria struggling to clear the cobwebs from his memory.   [23]faceva caso = faceva attenzione.   [24]ecco = ebbene.   [25]rinchiuso = chiuso completamente.   [26]riservato = privato.   [27]autentico = vero.   [28]tartufo hypocrite.   [29]orecchiavano = ascoltavano.

agenti di polizia[30] e il mio cancelliere. «Non fidatevi»
avvertì subito il detenuto[31] ai suoi visitatori. «Le mura
hanno orecchie.» Malgrado quell'avvertimento,[32] a un certo
momento la madre gli chiese: «Se tu sei d'accordo, qualcuno
5 potrebbe testimoniare[33] per te, dire che ti vide quella notte.»
«No» rispose il detenuto. La madre scoppiò a piangere e
non insistette. Che significato[34] aveva la sua offerta?[35]
Una falsa testimonianza* da parte d'un complice? Non si
poté accertarlo,[36] anche perché il resto della conversazione
10 fu impercettibile.[37]»
    «Siete sicuro che il parroco di Cisterna fosse presente?»
domandò Andrea.
    «Nessun dubbio» confermò il vecchio giudice. «Infatti lo
feci subito chiamare nel mio ufficio.* Senza menzionare la
15 conversazione poco prima captata,[38] lo invitai a trattare dal
pulpito della sua chiesa l'argomento[39] del dovere cristiano*
di testimoniare il vero.[40] Il parroco si mostrò assai
imbarazzato ed evasivo. Veramente, egli mi rispose, il
pergamo[41] non dipende dalle autorità giudiziarie;
20 veramente il solo giudizio che interessa un cristiano è quello
del Santo Tribunale[42] di Dio. Insomma, ne nacque tra noi
un diverbio[43] in piena regola,[44] durante il quale io persi la
pazienza e l'accusai di reticenza.[45] «Anche l'omissione* è
una falsa testimonianza» gli dissi. Ma la cosa, si capisce, non
25 ebbe seguito. Certamente quel prete sapeva molte cose;
purtroppo non mi riuscì di sciogliergli la lingua.[46] Mi fu poi
riferito[47] che due padri passionisti,[48] i quali quell'anno
predicavano[49] il quaresimale[50] a Cisterna, raccolsero il mio

---

[30]agenti di polizia = guardie.   [31]detenuto = prigioniero.   [32]avvertimento
warning.   [33]testimoniare = fare da testimone.   [34]significato =
intenzione, senso.   [35]offerta offer.   [36]accertarlo = mettere in certo.
[37]impercettibile = non si poté sentire.   [38]captata = sentita.   [39]argomento
= tema.   [40]testimoniare il vero = dire la verità in corte.   [41]pergamo =
pulpito.   [42]Santo Tribunale Holy Tribunal.   [43]diverbio = dibattimento.
[44]in piena regola = ben completo.   [45]reticenza = mancanza di
cooperazione.   [46]sciogliergli la lingua = farlo parlare.   [47]riferito =
raccontato.   [48]padre passionista Passionist Father (priest).   [49]predicare to
preach.   [50]quaresimale Lenten sermon.

invito ed esortarono[51] «chiunque sapesse» a testimoniare.
Ma erano forestieri, e le loro parole non ebbero alcun effetto.
Insomma, credete a me, signor Cipriani, se in quel processo
rimase qualcosa d'enigmatico,[52] ciò riguardava l'ambiente[53]
5 non la persona dell'imputato.[54]   Cosa potevo farci?
Arrestare tutto il villaggio col parroco in testa?»[55]
«Magari» disse Andrea.   «Perché no?»
«In quasi tutti i processi resta una zona* di mistero» riprese
il vecchio giudice.   «Dato che la volpe fa sempre due uscite
10 alla sua tana.[56]   Il buon cacciatore[57] però...»
Andrea non l'ascoltava più, guardò il suo orologio da polso
e fece finta di essere in ritardo.[58]   Il vecchio giudice lo
riaccompagnò[59] fino alla porta.   Nel momento in cui stava
per congedarsi, gli disse:
15 «Volete, signor Cipriani, essere utile al vostro.... amico?
Consigliatelo di accontentarsi[60] della grazia; è il massimo[61]
a cui egli possa aspirare, almeno finché io vivo...»

Arnoldo Mondadori Editore

---

[51]esortarono = incoraggiarono fortemente.   [52]enigmatico = che non si
può spiegare.   [53]ambiente = circostanze.   [54]imputato = accusato.   [55]in
testa = prima di tutti.   [56]tana hole, lair.   [57]cacciatore hunter.   [58]essere in
ritardo = aver fatto tardi.   [59]riaccompagnò = accompagnò di nuovo.
[60]accontentarsi = restare contento.   [61]il massimo = il più.

EXERCISES

Capitolo 4   pp. 75–80

A. *Conversation:*

1. Per che ragione dice la domestica che non ci si presenta così in casa d'un prete? 2. Andrea perché è venuto da don Serafino prima di andare al comune? 3. Perché non si fida Andrea di don Serafino? 4. Secondo don Serafino, che cambiamenti troverà Andrea nel paese dopo tanti anni di mancanza? 5. Don Serafino perché non vuole dire quel che ne pensa dell'amministrazione comunale? 6. Quali sono i propositi di Andrea verso i poveri di Cisterna? 7. Di chi parla don Serafino e perché s'interessa di quest'uomo? 8. Perché fu condannato all'ergastolo Luca? 9. In che condizioni si trova l'accusato dopo quarant'anni d'ergastolo? 10. Quando Andrea indovina che l'accusato è Luca Sabatini, che dice?

B. *Explain in Italian the meaning of the following expressions:*

1. fare molta strada
2. cedere il passo a una persona
3. trovarsi tra i piedi
4. mancarvi da molto tempo
5. fare una smorfia
6. farsi aspettare
7. giurare a se stesso
8. rimanere fermo alle sue idee

Capitolo 5   I   pp. 81–86

A. *Conversation:*

1. Che rispose Luca quando Andrea disse: «Ti troveremo un rifugio più comodo?» 2. Si descriva l'abitazione di Luca. 3. Perché Luca sperava vedere Andrea all'ergastolo? 4. Chi aveva parlato a Luca di Andrea e sotto che circostanze? 5. Teresa era impiegata come domestica dal padre di Andrea? 6. A quei tempi com'era considerato l'insegnamento del leggere e scrivere alle donne? 7. Perché Teresa aveva scelto Andrea per leggere le lettere di Luca e scriverne la risposta? 8. Che effetto ebbe quella corrispondenza per Andrea? 9. Come spiegava Teresa il fatto che Luca era stato condannato malgrado la sua innocenza? 10. Secondo Andrea, che ragione aveva Teresa per confidarsi a un ragazzo piuttosto che a una persona adulta?

B. *Supply a synonym for each expression in italics:*

1. Sollevò un pietrone *per offrire da sedere.*   2. La notizia *m'è giunta imprevista.*   3. *Erano trascorsi* vari anni.   4. Fu *al termine* della segregazione.   5. Egli *riprese a dire.*   6. *Tieni conto* che a quell'età lo scrivere m'era molto difficile.   7. Gli altri *lo ritengono* colpevole.   8. Non c'erano *molti coetanei* di Luca.

Capitolo 5   II   pp. 87–91

A. *Conversation:*

1. Perché Andrea trascurò i doveri di scuola e gli amici?   2. A chi erano indirizzate le petizioni di Teresa e che cosa sperava ottenere?   3. Come firmava Teresa le lettere alle autorità? Perché firmava in questo modo?   4. Che tipo di ragazzo era Andrea di natura?   5. Che effetto ebbe il segreto su Andrea?   6. Che aveva sognato Andrea?   7. Perché aveva smesso di scrivere le lettere Andrea? Che gli era successo?   8. Quando morì Teresa e di che cosa morì?   9. Che cosa gli ricordò Luca?   10. Che favore voleva chiedere Andrea a Luca?

B. *Class Discussion*

1. Si faccia una discussione sull'effetto del segreto imposto da Teresa ad Andrea.   2. Andrea domandò a Luca perché non si difese al processo. Si faccia una discussione sulle ragioni se dovesse o non dovesse fare questa domanda.   3. Due studenti rappresenteranno in classe la conversazione fra Andrea e Luca senza riferirsi al libro.

Capitolo 6   pp. 91–98

A. *Conversation:*

1. Di che cosa faceva finta don Serafino?   2. Perché sono scoppiate molte risate quando il sindaco ha annunziato che un lieve incidente di viaggio aveva impedito l'arrivo d'Andrea?   3. Perché Andrea paragona lo studiolo di don Serafino a una grotta di pipistrelli?   4. Perché rifiutò Andrea di vedere la povera gente?   5. Per quale ragione si è congedata la domestica di don Serafino?   6. Con tanta miseria nel paese, perché era

difficile trovare una serva per un prete? 7. Chi era la visitatrice e per quale ragione era venuta? 8. Quando Andrea le ha detto che non poteva accettare l'invito perché doveva intrattenersi con un amico, che cosa ha suggerito zia Clarice? 9. Non appena ha saputo che l'amico era Luca Sabatini, che cosa ha fatto? 10. Perché sono rimaste impaurite le figlie di zia Clarice?

B. *Translate the English expressions into Italian:*

1. *I pulled a fast one*, esclamò Andrea. 2. Dove ha imparato *such manners?* 3. Dove sono andate a finire *the bottles of vermouth and the pastry?* 4. Puoi farli entrare *one by one.* 5. Scriverò *a letter of apology* alla zia Clarice. 6. La gente non cambiò tanto *in those few years.* 7. Voi preti ve ne servite ogni volta che volete *get out of an embarrassing situation.* 8. Il segreto di Luca *concerns me too.* 9. Zia Clarice *was dressed in black.* 10. Non posso venire perché *I have many commitments.* 11. Zia, *be careful* come parli. 12. Vostro cugino è *fit to be tied.*

Capitolo 7

I pp. 99–104

A. *Conversation:*

1. Che cosa aveva conservato il giudice benché non esercitasse più? 2. Chi aveva parlato di Andrea al giudice? 3. Che cosa fece leggere il giudice ad Andrea? 4. Il giudice riconosce l'innocenza di Luca? Secondo lui, qual'è la differenza fra graziato e riabilitato? 5. Secondo Andrea, perché Luca è stato graziato invece di essere riabilitato? 6. Dopo aver letto la deposizione del confessore, è convinto il giudice dell'innocenza di Luca? 7. Come spiega il giudice il fatto che gli oggetti derubati alla vittima furono trovati in un nascondiglio indicato dal confessore? 8. Per quali motivi avrà rifiutato Luca di dire dove aveva passato la notte del delitto? 9. Il giudice come trova la spiegazione d'Andrea? 10. Se si facesse un nuovo processo e se ci fosse lo stesso giudice, quale sarebbe la sentenza?

B. *Choose the expression that completes each sentence:*

1. Il presidente della Corte d'Appello aveva parlato di Andrea (al giudice, a don Serafino).
2. Il giudice fece leggere gli atti del processo Sabatini (alla domestica, ad Andrea).
3. Secondo il giudice, Luca è stato (graziato, riabilitato).
4. (Un uomo, una signora) di Perticara ha confessato la propria colpa.
5. Luca Sabatini era (un parente di Andrea, un amico del padre di Andrea).
6. Il giudice (è convinto, non è convinto) dell'innocenza di Luca.
7. Hanno trovato che Luca (aveva dei complici, non aveva rubato la vittima).
8. Andrea crede che Luca avrà taciuto (per motivo d'onore, per imbecillaggine).
9. (Don Serafino parlò, due passionisti parlarono) dal pulpito del dovere cristiano di testimoniare il vero.
10. Luca aveva passato (una trentina d'anni, dieci anni) all'ergastolo.

II pp. 104–109

A. *Conversation:*

1. Nel corso della storia quali furono i due innocenti taciturni? 2. Che cosa ha detto il giudice che ha tanto irritato Andrea? 3. Perché non sembra possibile al giudice che Andrea conosca Luca da una trentina d'anni? 4. Secondo il giudice, perché non s'inventò un alibi Luca? 5. Perché il giudice considera Luca un uomo primitivo e un violento? 6. Che cosa ignorava Andrea che lo sorprende tanto? 7. Su quale tema scrisse il vecchio giudice nelle sue memorie? 8. Qual'argomento a trattare dal pulpito propose il giudice a don Serafino? 9. Che cosa rispose il parroco a questo suggerimento? 10. I due padri passionisti riuscirono a fare testimoniare qualche persona?

B. *Give the Italian for the italicized English phrases:*

1. Sono disposto a difenderlo *tooth and nail.*
2. Scusate se *I in turn* vi faccio una domanda.
3. È un signore *about thirty years old.*

4. Gettò il libro nel *waste paper basket.*
5. «Signor Cipriani, *you are mocking me,*» disse il giudice.
6. Il vecchio parve *to make an effort* per ricordarsi.
7. *He pretended* to ascoltare.
8. Un vero cristiano deve *tell the truth* in corte.
9. Dovevo arrestare tutto il villaggio col parroco *at the head.*
10. Se sei d'accordo, *someone can testify* per te.

C. *Class Discussion*

1. Se consideriamo la conversazione fra il giudice ed Andrea: È giusto o ingiusto il giudice? Date le vostre ragioni. 2. Discussione generale su questo tema: Si doveva o non si doveva considerare colpevole Luca semplicemente perché nessuno volle testimoniare per lui?

4 Fiabe italiane

FIABE ITALIANE

LE TRE VECCHIE

I

C'era una volta tre sorelle, giovani tutte e tre: una aveva sessantasette anni, l'altra settantacinque e la terza novantaquattro. Dunque queste ragazze avevano una casa con un bel terrazzino, e questo terrazzino in mezzo aveva un
5 buco, per vedere la gente che passava in strada. Quella di novantaquattro anni vide passare un bel giovane; subito, prese il suo fazzolettino più fino e profumato e mentre il giovane passava sotto il terrazzino lo lasciò cadere. Il giovane raccolse il fazzolettino, sentì quell'odore soave e
10 pensò: «Dev'essere d'una bellissima fanciulla.» Fece qualche passo, poi tornò indietro, e suonò la campanella[1] di quella casa. Venne ad aprire una delle tre sorelle, e il giovane le chiese: — Per piacere, ci sarebbe una ragazza in questo palazzo[2]?
15 — Signorsì[3] e non una sola!
— Mi faccia un piacere: io vorrei vedere quella che ha perduto questo fazzoletto.
— No, sa, non è permesso, — rispose quella, — in questo palazzo si usa[4] che fin che[5] una non è sposata, non la si può
20 vedere.[6]
Il giovane s'era già tanto montato la testa[7] immaginandosi la bellezza di questa ragazza, che disse: — Tanto è, tanto basta.[8] La sposerò anche senza vederla. Ora andrò da mia madre a dirle che ho trovato una bellissima
25 giovane e la voglio sposare.
Andò a casa, e raccontò tutto a sua madre, che gli disse: — Caro figlio, sta' attento a quel che fai, ché non[9] t'abbiano a ingannare. Prima di fare una cosa così bisogna pensarci bene.

---

[1]campanella door bell. [2]palazzo = edificio. [3]signorsì = sì, signore. [4]si usa = l'usanza è. [5]fin che as long as. [6]non la si può vedere = non si può vederla. [7]s'era montato la testa = s'era eccitato. [8]Tanto è, tanto basta = Se così è, va bene. [9]ché non lest.

E lui: — Tanto è, tanto basta. Parola di Re non torna più indietro —. Perché quel giovane era un Re.

Torna a casa della sposa, suona il campanello e va su. Viene la solita vecchia e lui le domanda: — In grazia,[10] lei è sua nonna?

5 — E già, e già,[11] sua nonna.

— Dato che è sua nonna, mi faccia questo piacere: mi mostri almeno un dito di quella ragazza.

— Per ora no. Bisogna che venga domani.

10 Il giovane salutò[12] e andò via. Appena egli fu uscito, le vecchie fabbricarono un dito finto,[13] con un dito di guanto e un'unghia[14] posticcia.[15] Intanto lui dal desiderio di vedere questo dito, non riuscì a dormir la notte. Venne giorno, si vestì, corse alla casa.

15 — Padrona, — disse alla vecchia, son qui: sono venuto per vedere questo dito della mia sposa.

— Sì, sì, — disse lei, — subito, subito. Lo vedrà per questo buco della porta.

E la sposa mise fuori il finto dito dalla toppa.[16] Il giovane 20 vide che era un bellissimo dito; gli diede un bacio e gli mise un anello[17] di diamanti. Poi, innamorato furioso, disse alla vecchia: — Lei sa, nonna, che io voglio sposare al più presto, non posso più aspettare.

E lei: — Anche domani, se vuole.

25 — Bene! E io sposo domani, parola di Re!

Ricchi com'erano, potevano far apparecchiare le nozze da un giorno all'altro, tanto non gli mancava niente; e il giorno dopo la sposa si preparava aiutata dalle due sorelline. Arrivò il Re e disse: — Nonna, son qua.

30 — Aspetti qua un momento, che ora gliela accompagniamo.

E le due vecchie vennero tenendo sottobraccio la terza, coperta da sette veli. — Si ricordi bene, — dissero allo sposo, — che finché non sarete nella camera nuziale,[18] non è permesso vederla.

35 Andarono in chiesa e si sposarono. Poi il Re voleva che si

---

[10]in grazia = per favore. [11]e già, e già = sì, sì. [12]salutare to say good-bye [13]finto fake. [14]unghia fingernail. [15]posticcia = artificiale. [16]toppa door lock. [17]anello ring. [18]nuziale nuptial.

andasse a pranzo, ma le vecchie non lo permisero. — Sa, la
sposa a queste cose non è abituata —. E il Re dovette tacere.
Non vedeva l'ora[19] che venisse la sera, per restare solo con la
sposa. Ma le vecchie accompagnarono la sposa in camera e
5 non lo lasciarono entrare perché avevano da spogliarla[20] e da
metterla a letto. Finalmente lui entrò, sempre con le due
vecchie dietro, e la sposa era sotto le coperte.[21] Lui si
spogliò e le vecchie se ne andarono portandogli via il lume.
Ma lui s'era portato in tasca una candela, l'accese e chi si
10 trovò davanti? Una vecchia decrepita e grinzosa.[22]

II

Dapprima[23] restò immobile e senza parola dallo spavento[24];
poi gli pigliò una rabbia,[25] una rabbia, che afferrò la sposa di
violenza, la sollevò, e la fece volar dalla finestra.
    Sotto la finestra c'era il pergolato[26] d'una vigna. La
15 vecchia sfondò[27] il pergolato e rimase appesa[28] a un palo per
un lembo[29] della camicia da notte.[30]
    Quella notte tre Fate[31] andavano a passeggio pei
giardini: passando sotto il pergolato videro la vecchia
penzoloni.[32] A quello spettacolo inatteso, tutte e tre le Fate
20 scoppiarono a ridere,[33] a ridere, a ridere, che alla fine le
dolevano i fianchi.[34] Ma quando ebbero riso ben bene, una
di loro disse: — Adesso che abbiamo tanto riso alle sue
spalle,[35] bisogna che le diamo una ricompensa.[36]
    E una delle Fate fece: — Certo che gliela diamo.
25 Comando, comando, che tu diventi la più bella giovane che si
possa vedere con due occhi.
    — Comando, comando, — disse un'altra Fata, — che tu
abbia un bellissimo sposo che t'ami e ti voglia bene.

---

[19]**non vedeva l'ora** = era molto ansioso. [20]**spogliarla** to undress her.
[21]**coperte** coverlets, blankets. [22]**grinzosa** wrinkled. [23]**dapprima** =
prima. [24]**spavento** = paura. [25]**gli pigliò una rabbia** = si arrabbiò.
[26]**pergolato** vine trellis. [27]**sfondare** break through. [28]**appesa** = sospesa.
[29]**lembo** edge. [30]**camicia da notte** nightgown. [31]**fata** fairy. [32]**penzoloni**
dangling. [33]**scoppiare a ridere** burst out laughing. [34]**le dolevano i fianchi**
their sides hurt. [35]**alle sue spalle** at her expense. [36]**ricompensa**
compensation, reward.

— Comando, comando, — disse la terza, — che tu sia una gran signora per tutta la vita.

E le tre Fate se ne andarono.

Appena venne giorno, il Re si svegliò e si ricordò tutto.
5 A sincerarsi[37] che non fosse stato tutto un brutto sogno, aperse le finestre per vedere quel mostro che aveva buttato giù la sera prima. Ed ecco che vede, posata[38] sul pergolato della vigna, una bellissima giovane. Si mise le mani nei capelli.[39]

10 — Povero me, cos'ho fatto! — Non sapeva come fare a tirarla su; alla fine prese un lenzuolo dal letto, gliene lanciò un capo perché s'aggrappasse,[40] e la tirò su nella stanza. E quando l'ebbe vicina, felice e insieme[41] pieno di rimorso, cominciò a chiederle perdono. La sposa gli perdonò e così
15 stettero in buona compagnia.[42]

Dopo un po' si sentì bussare. — È la nonna, — disse il Re. — Avanti,[43] avanti!

La vecchia entrò e vide nel letto, al posto della sorella di novantaquattro anni, quella bellissima giovane. E questa
20 bellissima giovane, come niente fosse,[44] le disse: — Clementina, portami il caffè.

La vecchia si mise una mano sulla bocca per soffocare un grido di stupore[45]; fece finta di niente[46] e le portò il caffè. Ma appena il Re se ne uscì per i suoi affari, corse alla sposa e
25 le chiese: — Ma com'è, com'è che sei diventata così giovane?

E la sposa: — Zitta, zitta, per carità,[47] sapessi cos'ho fatto! Mi sono fatta piallare.[48]

— Piallare! Dimmi, dimmi! Da chi? Che mi voglio far piallare anch'io.
30 — Dal falegname[49]!

— La vecchia corse giù dal falegname. — Falegname, me la date una piallata?

---

[37]sincerarsi = essere sicuro. [38]posata perched. [39]si mise le mani nei capelli = si disperò. [40]aggrapparsi = afferrarsi. [41]insieme = allo stesso tempo. [42]stettero in buona compagnia = rimasero felici. [43]avanti = entri. [44]come niente fosse as if nothing had happened. [45]stupore = sorpresa. [46]far finta di niente to pretend nothing had happened. [47]per carità = per favore. [48]piallare to plane. [49]falegname carpenter.

E il falegname: Oh, perbacco: va bene che lei è secca come un asse,[50] ma se la piallo va all'altro mondo.

— Non stateci a pensare,[51] voi.

— E come: non ci penso? E quando l'avrò ammazzata?

5   — Non stateci a pensare, ho detto. Vi do un tallero.[52]

Quando sentì dire «tallero» il falegname cambiò idea. Prese il tallero e disse: — Si stenda[53] qui sul banco che di piallate gliene do tante quante ne vuole, — e cominciò a piallare una ganascia.[54]

10   La vecchia lanciò un urlo.

— E com'è? Se grida, non se ne fa niente.

Lei si voltò dall'altra parte, e il falegname le piallò l'altra ganascia. La vecchia non gridò più: era già morta stecchita.[55] Dell'altra non s'è mai saputo che fine abbia fatto. Se sia

15   annegata,[56] scannata,[57] morta nel suo letto o chissà[58] dove: non s'è riuscito a sapere.

E la sposa restò sola in casa col giovane Re, e sono stati sempre felici.

(Venezia)

LA SCOMMESSA[59] A CHI PRIMA S'ARRABBIA

I

Un poveruomo aveva tre figlioli: Giovanni, Fiore e Pírolo.

20   Gli venne da star male[60] e chiamò i figli attorno al letto.

— Come vedete, figli, son vicino a morire.[61] Non ho altro da lasciarvi che tre staia[62] di quattrini che ho messo da parte con le mie fatiche[63]; prendetene uno per uno e ingegnatevi[64] —. L'aveva appena detto, che gli venne su un

25   gran sospiro, e morì. I ragazzi si misero a piangere, ma ormai il loro povero padre era andato.

---

[50]**secca come un asse** thin as a rail.   [51]**non stateci a pensare** = **non vi preoccupate.**   [52]**tallero** thale (coin).   [53]**stendersi** to stretch out.   [54]**ganascia** jaw.   [55]**morta stecchita** stone dead.   [56]**annegata** drowned.   [57]**scannata** her throat slit.   [58]**chissà = chi sa.**   [59]**scommessa** bet.   [60]**gli venne da star male = si ammalò.**   [61]**son vicino a morire = sto per morire.**   [62]**staio** (*pl.* **staia**) measure.   [63]**fatiche = lavoro.**   [64]**ingegnatevi = cercate di far profitto.**

Si divisero⁶⁵ le tre staia di quattrini una per ciascuno; ma
Giovanni che era il più grande, disse: — Ragazzi, senza far
niente non si può stare. Qui ci mangiamo la paglia sotto⁶⁶
andremo a finire su una strada. Bisogna che qualcuno di noi
5 cominci a darsi attorno.⁶⁷ Saltò su il mezzano,⁶⁸ Fiore: — Hai ragione. Andrò via io a
vedere se trovo da far bene —. E l'indomani⁶⁹ s'alzò, si lavò
la faccia e i piedi, si lustrò⁷⁰ gli stivali, prese in spalla il suo
staio di quattrini, abbracciò i fratelli e se ne andò.
10 Gira gira, finalmente verso sera, passando davanti a una
chiesa vide l'Arciprete⁷¹ che stava fuori a godersi il fresco.
— Faccio riverenza,⁷² signor Arciprete, — disse Fiore
cavandosi il cappello.
— Addio, quel giovane, dove ve ne andate?
15 — Per il mondo, vado, a vedere se trovo fortuna.
— E in quel sacchetto cos'avete?
— Uno staio di quattrini che m'ha lasciato il mio povero⁷³
padre.
— Volete venire a star con me?
20 — Ben volentieri.⁷⁴
— Dovete sapere che anch'io ho uno staio di quattrini; e se
venite a star con me, faremo un patto;⁷⁵ il primo di noi due
che s'arrabbia perde il suo staio di quattrini.
Fiore accettò. L'Arciprete lo condusse a vedere il pezzo
25 di terra che doveva lavorare l'indomani, e gli disse:
— Quando sarete sul lavoro non c'è bisogno che perdiate
tempo avanti e indietro⁷⁶ per colazione e desinare; vi
manderò io da mangiare.
— Come volete, signor Arciprete, — rispose Fiore. E
30 andarono insieme a cena, fecero due chiacchiere,⁷⁷ e poi la
serva più vecchia lo accompagnò alla sua stanza.

---

⁶⁵si divisero they divided.   ⁶⁶ci mangiamo la paglia sotto = sprechiamo il
bene che abbiamo.   ⁶⁷darsi attorno = vedere cosa fare.   ⁶⁸mezzano the
middle one.   ⁶⁹l'indomani = il giorno dopo.   ⁷⁰lustrare to shine.
⁷¹Arciprete pastor (usually a monsignor).   ⁷²Faccio riverenza = La saluto.
⁷³povero here late.   ⁷⁴Ben volentieri = Con molto piacere.   ⁷⁵patto pact.
⁷⁶avanti e indietro = coll'andare e venire.   ⁷⁷fecero due chiacchiere =
parlarono di questo e di quello.

Alla mattina Fiore s'alzò di buonora,[78] andò al lavoro, e cominciò a vangare[79] come gli aveva detto l'Arciprete. E così continuò fino all'ora di colazione. Aspetta, aspetta, e non veniva nessuno. Fiore cominciò a inquietarsi,[80] a
5 imprecare.[81] E visto che il tempo passava, riprese la vanga e si rimise a lavorare a pancia vuota,[82] aspettando l'ora del desinare. Viene l'ora del desinare, e Fiore aguzzava gli occhi[83] sulla strada per vedere chi arrivava; se s'avvicinava qualcuno pensava subito che fosse la serva dell'Arciprete e
10 riprendeva coraggio, ma poi vedeva che non era lei e imprecava come un turco.

Quando fu verso sera, finalmente, arrivò la vecchia, con un mucchio[84] di scuse, che aveva fatto il bucato e non era potuto venire, e tante altre storie. Lui che scoppiava dalla
15 voglia di dirgliene di tutti i colori,[85] si trattenne,[86] perché se no perdeva lo staio di quattrini. Cacciò una mano nella sporta[87] della vecchia, e tirò fuori una pignatta[88] e un fiasco. Fece per aprire[89] la pignatta, ma il coperchio era chiuso che pareva murato[90] con la calce.[91] Fiore mandò all'aria pignatta
20 e tutto, gridando insolenze.[92] — Ma sapete? — diceva la serva con l'aria innocente, — l'abbiamo chiusa così perché non c'entrino le mosche.

Fiore pigliò il fiasco, ma era chiuso aruche quello alla stessa maniera. Lanciò imprecazioni[93] da far cascare[94] i
25 muri, poi disse: — Andate, andate dal signor Arciprete, che poi verrò io a dargli il resto! Gli farò vedere io se è questo il modo di trattare!

La serva tornò a casa. L'Arciprete l'aspettava sulla porta. — Com'è andata?[95] Com'è andata?

---

[78]**di buonora** = **presto.** [79]**vangare** to dig. [80]**inquietarsi = perdere la pazienza.** [81]**imprecare** to curse. [82]**a pancia vuota** on an empty stomach. [83]**aguzzava gli occhi = guardava fisso.** [84]**mucchio** pile. [85]**dirgliene di tutti i colori** to call her all nasty names. [86]**si trattenne** he controlled himself. [87]**sporta = cestino.** [88]**pignatta** pot. [89]**Fece per aprire** He went to open. [90]**murato** sealed. [91]**calce** mortar. [92]**insolenze** nasty things. [93]**imprecazioni** curses. [94]**cascare = cadere.** [95]**Com'è andata?** How did it go?

— Bene, bene, reverendo! Ha un diavolo per capello![96]
Dopo poco arrivò Fiore, con un grugno[97] così lungo che gli
si poteva metter la cavezza,[98] e non era ancora entrato e già
aveva cominciato a dirne di tutti i colori all'Arciprete.

5 — Ma non vi ricordate, — disse l'Arciprete, — che abbiamo
fatto il patto che il primo che s' arrabbia perde lo staio di
quattrini!

— Che vada al diavolo anche quello! — rispose Fiore;
fece fagotto[99] e se ne andò, lasciandoci lo staio. E
10 l'Arciprete con le sue due serve non si teneva più[1] dal ridere.

Mezzo morto di fame, di stanchezza e di dispetto,[2] Fiore
tornò a casa. I fratelli stavano alla finestra, e già a vederlo[3] in
faccia capirono che gli era andata male.

Quando Fiore, dopo aver mangiato e bevuto, raccontò tutto
15 ai fratelli, Giovanni disse: — Vuoi scommettere[4] che se ci
vado io, riporto indietro il mio staio di quattrini, più quello
dell'Arciprete, e più ancora quello che ci hai perso?
Insegnami dove sta e lascia fare a me.

II

Così anche Giovanni andò dall'Arciprete, ma anche lui, con
20 la fame e la sete e la storia di quella pignatta e quel fiasco, si
prese un'arrabbiatura[5] tale che non solo il suo staio, ma altre
dieci staia di quattrini ci avrebbe lasciato, se le avesse avute.
E tornò a casa affamato e disperato come un ladro.

Pírolo, che era il più piccino di tutti ma anche il più
25 furbo,[6] disse: — Sentite, fratelli, lasciatemi andare a me.
M'impegno a riportarvi i vostri quattrini con quelli
dell'Arciprete e tutto —. I fratelli non volevano, per paura
che anche l'ultimo staio di quattrini si perdesse, ma lui tanto
disse e tanto fece che lo lasciarono andare.

30 Si mise in viaggio, arrivò alla casa dell'Arciprete, ed entrò
al suo servizio. Fecero il solito patto di chi si arrabbia prima,

---

[96]Ha un diavolo per capello = È molto agitato.   [97]grugno = muso.
[98]cavezza halter.   [99]fece fagotto he packed his things.   [1]non si teneva più
he burst his sides.   [2]dispetto indignation.   [3]già a verderlo =
guardandolo.   [4]scommettere to bet.   [5]si prese un'arrabbiatura = si arrabbiò
molto.   [6]furbo = astuto.

e L'Arciprete disse: — Io di stai di quattrini ne ho tre, e ce ne metto tre contro il vostro staio —. Poi andarono a cena, e Pírolo badò a cacciarsi in tasca quanto più poté di pane, di carne, di prosciutto[7] e di formaggio.

5 Alla mattina, prima che s'alzasse il sole, Pírolo era al lavoro. Quando fu l'ora di colazione, e naturalmente non si vedeva venir nessuno, Pírolo tirò fuori di tasca pane e formaggio e cominciò a mangiare. Poi andò a una casa di contadini, si fece conoscere per servitore dell'Arciprete e domandò da
10 bere. I contadini gli fecero festa,[8] gli chiesero della salute dell'Arciprete e discorrendo[9] lo portarono in cantina, e gli spillarono[10] una scodella[11] del migliore; così ne ebbe abbastanza[12] fino all'ora del desinare.[13] Lui ringraziò, disse che sarebbe tornato più tardi, e tutto allegro se ne andò
15 a lavorare un altro poco. All'ora del desinare, non si vide ancora nessuno, ma Pírolo aveva con sé pane e companatico;[14] poi tornò a bere del vino, e si rimise a lavorare cantando. Verso sera, ecco che si vede arrivare da lontano una donnetta,[15] la serva vecchia del prete, che
20 portava il desinare. E Pírolo, a cantare.

— Scusatemi, quel giovane, se ho tardato.... — cominciò la vecchia.

— Oh, vi pare![16] — fece lui. — A mangiare c'è sempre tempo.

25 La vecchia, a sentir questa risposta, restò lì; e cominciò a tirar fuori dalla sporta la pignatta col coperchio murato. Lui si mise a ridere. — Oh, bravi,[17] avete pensato a non farci andar le mosche! — E col manico[18] della zappa sfondò il coperchio, e si mangiò la minestra. Poi prese il fiasco, col
30 manico della zappa fece saltare il collo[19] e bevve il vino. Quand'ebbe ben mangiato e ben bevuto disse alla vecchia:

— Andate pure, che a momenti ho bell'e finito il lavoro[20] e

---

[7]**prosciutto** ham. [8]**gli fecero festa** = l'accolsero cordialmente. [9]**discorrendo** = conversando. [10]**spillare** = versare. [11]**scodella** bowl. [12]**abbastanza** enough. [13]**desinare** = pranzo, *meal.* [14]**companatico** food (luncheon meats or cheese). [15]**donnetta** = piccola donna. [16]**vi pare** don't give it a thought. [17]**bravi** clever. [18]**manico** handle. [19]**fece saltare il collo** knocked open. [20]**ho bell'e finito il lavoro** I'll be quite finished with the work.

vengo anch'io. Ringraziate il signor Arciprete della premura.[21]

L'Arciprete aspettava la vecchia a braccia aperte.

— Ebbene? Cosa c'è di nuovo? — le chiese.

5   — Va male. — disse la serva. — Quello è allegro come una pasqua.[22]

— Sta' tranquilla, vedrai che gli passa,[23] — disse l'Arciprete.

Tornò Pírolo e si misero a cena. A cena Pírolo scherzava

10   con le due serve, e l'Arciprete friggeva.[24]

— E domani, che lavoro devo fare? — chiese Pírolo.

— Sta' a sentire, — disse l'Arciprete, — io ho cento maiali;[25]dovresti andarmeli a vendere[26] al mercato.[27]

La mattina dopo, Pírolo con i cento maiali andò al

15   mercato. Al primo mercante[28] che trovò li vendette tutti, tranne[29] una scrofa[30] grossa come una mucca;[31] ma prima di venderli tagliò il codino[32] a tutti, e si tenne novantanove codini di maiali. Si mise i quattrini in tasca e s'avviò[33] verso casa, ma a un certo punto si fermò in un campo, fece tanti

20   buchi con una zappetta e ci piantò i codini, lasciando fuori solo il ricciolo[34] che spuntava da terra. Poi scavò una gran buca e ci ficcò dentro la scrofa, anche a lei lasciando fuori solo il ricciolo del codino. Poi cominciò a gridare:

25   Corri corri, don Raimondo,
          Che i maiali vanno a fondo!
          Van giù tutti a precipizio,[35],
          Resta fuori solo il ricciolo!

30   L'Arciprete s'affacciò[36] alla finestra e Pírolo gli fece segni disperati di venire. L'Arciprete accorse.[37]

---

[21]premura concern.   [22]è allegro come una pasqua he is as happy as a lark.
[23]che gli passa he'll get over it.   [24]friggere to fry, stew (with anger).
[25]maiale pig.   [26]andarmeli a vendere to go to sell them for me.   [27]mercato
market.   [28]mercante merchant.   [29]tranne except for.   [30]scrofa sow.
[31]mucca = vacca.   [32]codino pigtail.   [33]avviarsi = andare.   [34]ricciolo curl.
[35]a precipizio headlong.   [36]affacciarsi alla finestra = guardare dalla finestra.
[37]accorrere = venire subito.

Guardate se si può essere più disgraziati! Ero qui con le
bestie, e tutt'a un tratto le ho visto tutte sprofondare sotto i
miei occhi! Ecco, vedete, hanno ancora il codino fuori!
Certo stanno calando nell'Inferno![38] Proviamo a tirare se
5   riusciamo a salvarne qualcuno!
L'Arciprete cominciò a tirare i codini ma gli restavano tutti
in mano; Pírolo invece, prese il codino della scrofa, e tira tira,
la fece saltar fuori, tutt'intera e viva, che gridava come fosse
indemoniata.[39]
10   L'Arciprete stava per saltar su dalla rabbia, ma pensò ai
quattrini, si trattenne, fece il disinvolto.[40] — Ebbene, cosa
vuoi fare? Eh, è andata così! — e s'avviò verso casa,
torcendosi[41] le mani.
Alla sera, Pírolo domandò, come al solito: — E domani,
15   cosa devo fare?
— Avrei cento pecore[42] da portare al mercato, — disse
l'Arciprete, — ma non vorrei che succedesse la seconda[43] di
quest'oggi.
— Diavolo![44] — disse Pírolo. — Non saremo mica[45]
20   sempre così disgraziati!

III

E l'indomani andò al mercato e vendette le pecore a un
mercante, tutte tranne una, che era zoppa.[45] Si mise in tasca
25   i quattrini e s'avviò a casa. Quando fu in quel campo del
giorno prima, prese una scala[46] lunga che era lì in terra, la
appoggiò a un pioppo,[47] salì portandosi su la pecora zoppa,
e la legò[48] in cima all'albero. Scese, tolse la scala e cominciò
a gridare:
30

Corri corri, don Carmelo
Che gli agnelli vanno in cielo,
C'è soltanto quello zoppo
Che è rimasto in cima al pioppo.

---

[38]**Inferno** Hell. [39]**indemoniata** = indiavolata. [40]**fece il disinvolto** acted
cool. [41]**torcere** to wring. [42]**pecora** sheep. [43]**la seconda** a second time.
[44]**Diavolo!** Goodness! [45]**mica** really. [45]**zoppa** lame. [46]**scala** ladder.
[47]**pioppo** poplar tree. [48]**legare** to tie.

Accorse l'Arciprete, e Pírolo: — Ero qua con le mie pecore,
quando tutt'a un tratto le vedo saltare tutte in aria come se
fossero state chiamate in Paradiso. Solo quella povera zoppa
là, ha saltato anche lei ma non ce l'ha fatta;[49] è rimasta là in
5 cima. L'Arciprete era rosso come un tacchino,[50] ma riuscì ancora
a fare il disinvolto, e dire: — Eh, cosa vuoi, non c'è rimedio, è
andata così....
    Quando furono a cena, Pírolo domandò ancora cosa doveva
10 fare. E l'Arciprete: — Figliolo, non ho più niente da darti da
fare. Domattina vado a dir la messa* a una parrocchia[51] qui
vicino. Puoi venire con me a servire messa.
    L'indomani Pírolo si levò di buonora, lustrò[52] le scarpe
all'Arciprete, si mise una camicia bianca, si lavò il viso e andò
15 a svegliare il padrone. Uscirono insieme; ma appena fuori
per via[53] cominciò a piovere,[54] e l'Arciprete disse: — Torna a
casa a prendermi gli zoccoli;[55] non voglio sporcarmi[56] le
scarpe che mi servono per dire la messa. Io t'aspetto sotto
quest'albero con l'ombrello.
20   Pírolo corse a casa, e disse alle serve: — Presto, dove siete?
Ha detto il signor Arciprete che vi devo baciare[57] tutte e
due!
    — Baciare a noi? Ma siete matto? Figuriamoci[58] se l'ha
detto l'Arciprete!
25   E lui: — Tutte e due! Certo! Non ci credete? Ve lo
faccio dire da lui![59] — e affacciandosi alla finestra gridò
all'Arciprete che aspettava fuori: — Signor Arciprete, una o
tutte e due?
    — Ma tutte e due, sicuro, tutte e due! — gridò l'Arciprete.
30   — Avete sentito? — fece Pírolo, e le baciò. Poi prese gli
zoccoli e corse dall'Arciprete, che gli disse: — Ma cosa volevi
che me ne facessi d'una ciabatta[60] sola?

---

[49]non ce l'ha fatta = non è riuscita. [50]tacchino turkey. [51]parrocchia
parish. [52]lustrare to polish. [53]per via = sulla strada. [54]piovere to rain.
[55]zoccoli = scarpe con la pianta e il tacco di legno. [56]sporcare to soil.
[57]baciare = dare un bacio. [58]figuriamoci imagine. [59]Ve lo faccio dire
da lui I'll have him tell you. [60]ciabatta = scarpa vecchia.

Quando tornò a casa, l'Arciprete s'accorse che le serve gli tenevano il muso.[61] — Cosa c'è? — cominciò a domandare.
— Cosa c'è? A noi chiedete cosa c'è? Sono ordini da dare, quelli? E non l'avessimo sentito coi nostri orecchi non
5 ci avremmo mai creduto! — E gli dissero del bacio.
— Basta, — disse l'Arciprete, — me ne ha fatte troppe; bisogna che lo licenzi[62] al più presto.
— Ma fino a che non canta il cuculo,[63] — gli dissero le serve, — non si possono licenziare i lavoranti.[64]
10 — E noi faremo finta[65] che canti il cucolo —. Chiamò Pírolo e gli disse: — Senti, per ora lavoro da darti non ne ho più. E così ti do buona licenza.[66]
— Come? — disse Pírolo. — Lo sa bene che finché non canta il cucolo non mi può mandar via.
15 — È giusto, — disse l'Arciprete, — aspettiamo che canti il cucolo.
Allora la serva vecchia ammazzò e spennò[67] un po' di galline,[68] e cucì[69] tutte le penne[70] su un corpetto[71] e su un paio di brache[72] dell'Arciprete. Si vestì tutta di
20 penne e la sera andò in cima al tetto,[73] a cantare: — Cu-cu! Cu-cu!
Pírolo era a cena con l'Arciprete. — To,[74] — disse l'Arciprete, — mi pare che canti il cucolo.
— Ma no, — disse Pírolo, — siamo appena a marzo, e fino a
25 maggio il cucolo non canta.
Eppure, si sentiva proprio cantare: — Cu-cu! Cu-Cu! — Pírolo corse a prendere lo schioppo[75] che era appeso[76] dietro al letto dell'Arciprete, aperse la finestra, e mirò[77] a quell'uccellaccio[78] che canta in cima al tetto. — Non
30 sparare! Non sparare! — gridò l'Arciprete, ma Pírolo sparò.
La serva pennuta[79] cadde giù dal tetto impallinata.[80]

---

[61]gli tenevano il muso they were peeved at him.   [62]licenziare = mandare via.   [63]cucolo cuckoo.   [64]lavorante = lavoratore.   [65]faremo finta we'll pretend.   [66]ti do buona licenza I'll have to let you go.   [67]spennare to pluck (feathers).   [68]un po' di galline a few chickens.   [69]cucire to sew.   [70]penna feather.   [71]corpetto undervest.   [72]brache = pantaloni larghi.   [73]tetto roof.   [74]To! Well, well!   [75]schioppo shotgun.   [76]appeso hanging.   [77]mirare to aim.   [78]uccellaccio = uccello spaventoso.   [79]pennuta feathered.   [80]impallinata full of pellets.

L'Arciprete stavolta perse il lume degli occhi:[81] — Pírolo! Levati d'intorno,[82] che non ti veda più!

— Perché? Siete arrabbiato, signor Arciprete?

— Sì, sì, che sono arrabbiato!

5   — Bene, allora datemi le tre staia di quattrini e poi me ne vado.

Così Pírolo tornò a casa con quattro staia di quattrini e in più tutti i quattrini guadagnati vendendo i maiali e le pecore. Restituì ai fratelli le loro staia e lui mise su una bottega da
10   straccivendolo,[83] prese moglie e visse sempre contento.

(Bologna)

LA CONTADINA FURBA

I

Un giorno, un contadino, zappando[84] la sua vigna, dà col ferro[85] nel duro.[86] Si china[87] e vede che ha zappato fuori un bel mortaio.[88] Lo solleva, si mette a stropicciarlo[89] e sotto la crosta di terra[90] s'accorge che è tutto d'oro.

15   — Questa è roba da Re! — dice. — Lo porto al Re e lui chissà cosa mi dà in regalo!

A casa lo aspettava sua figlia Caterina, e le mostrò il mortaio d'oro dicendole che lo voleva regalare al Re. Dice la Caterina: — Bello è bello, non si può dir di no. Ma se lo
20   porterete al Re, troverà da ridire[91] perché ci manca qualcosa, e magari ci andrete di mezzo[92] voi.

— E che cos'è che ci manca? Cosa può trovarci da ridire, anche un Re, mammalucca?[93]

E Caterina rispose: — Vedrete che il Re dirà:

---

[81]perse il lume degli occhi = diventò una furia.   [82]Levati d'intorno = Va' via di qua.   [83]straccivendolo rag dealer.   [84]zappare to hoe, dig.   [85]ferro tool.   [86]dà nel duro he strikes something hard.   [87]chinarsi to bend over.   [88]mortaio mortar.   [89]stropicciare to rub.   [90]crosta di terra layer of dirt.   [91]ridire to object.   [92]ci andrete di mezzo you'll get blamed.   [93]mammalucca = stupida.

Il mortaio è grande e bello,
Ma villanaccio,[94] dovè il pestello?[95]

Il contadino scrollò[96] le spalle: — Figuratevi se il Re parla
a questo modo! Ti credi che sia scemo[97] come te?
5   E preso il mortaio sottobraccio il contadino andò al palazzo
del Re. Le guardie non lo volevano far passare, ma lui disse
che portava un regalo meraviglioso, e lo condussero alla
presenza di Sua Maestà.[98] — Sacra Corona,[99] — disse il
contadino, — ho trovato nella mia vigna questo mortaio d'oro
10 massiccio,[1] e m'è parso che fosse degno di stare soltanto nel
suo palazzo; e perciò eccoglielo qui, perché intendo fargliene
regalo, se le garba[2] d'accettarlo.
Il Re prese il mortaio nelle sue mani e cominciò a
rigirarlo[3] e a sbirciarlo[4] da tutte le parti. Poi scosse il capo e
15 parlò. Disse:

Il mortaio è grande e bello,
Ma mi manca il suo pestello.

Tutto come aveva detto la Caterina, solo che non gli diede
del «villanaccio» perché i Re sono persone educate. Il
20 contadino si diè[5] una mano sulla fronte e gli scappò
detto:[6] — Proprio così! L'ha indovinata!
— Chi è che l'ha indovinata? — chiese il Re.
— Mi scusi, — disse il contadino, — ma è mia figlia, che
m'aveva detto che il Re mi avrebbe risposto così, e non le ho
25 voluto dar retta.
Disse il Re: — Questa vostra figlia dev'essere una ragazza
di cervello[7] fino.* Voglio provare quant'è brava. Tenete
questo lino.[8] Ditele che me ne faccia, ma presto, perché ne
ho bisogna subito, camicie per un reggimento* di soldati.

---

[94]**villanaccio** country bumpkin.   [95]**pestello** pestle.   [96]**scrollare** to shrug.
[97]**scemo = imbecille.**   [98]**maestà** majesty.   [99]**corona** crown.   [1]**oro massiccio**
solid gold.   [2]**garbare** to please.   [3]**rigirarlo** to turn it around.   [4]**sbirciarlo** to
inspect it closely.   [5]**diè = diede;** *here* mise.   [6]**gli scappò detto** he blurted
out.   [7]**cervello** brain.   [8]**lino** flax yarn.

A quel comando il contadino restò di sale:[9] ma comando di
Re non si discute;[10] pigliò l'involto, in cui non c'erano altro
che tre lucignolini[11] di lino, e fatta la riverenza a Sua Maestà
se n'andò a casa lasciando il mortaio e senza riceverne un
5 soldo di mancia.[12]
— Figlia mia, — disse a Caterina, — ti sei tirata in capo[13]
una bella disgrazia![14] — E le disse cos'aveva ordinato il Re.
— Voi vi sgomentate[15] di poco, — dice Caterina. — Date
qua —. Piglia il lino e comincia a scuoterlo.[16] Si sa che nel
10 lino ci sono sempre delle lische,[17] anche se è scardassato[18] da
un maestro; e le cascarono in terra tre lische, piccole che
quasi non si vedevano. La Caterina le raccattò[19] e disse a
suo padre: — Tenete qui: tornate subito dal Re e ditegli da
parte mia che la tela[20] per le camicie gliela faccio; ma
15 siccome mi manca il telaio,[21] lui me lo faccia fare con queste
tre lische, e poi sarà servito come vuole.
Il contadino dal Re non aveva coraggio di tornarci, con
quell'ambasciata;[22] ma la Caterina tante gliene disse, che
finalmente si decise.
20 Al Re, sentendo quant'era furba la Caterina, venne voglia
di vederla. Disse: — Brava, questa vostra figliola!
Mandatemela al palazzo, che ho piacere di discorrere[23] un
po' con lei. Ma si badi: che venga alla mia presenza né
nuda né vestita, né digiuna[24] né satolla,[25] né di giorno né di
25 notte, né a piedi né a cavallo.[26] Che obbedisca punto per
punto, pena la testa[27] a tutti e due.
Il contadino arrivò a casa più morto che vivo. Ma la sua
figliola, come fosse niente: — Babbo, so io quel che mi tocca
fare.[28] Basta che mi troviate una rete da pescatori.[29]

---

[9]restare di sale = restare sbalordito. [10]discutere to discuss. [11]lucignolini
strands. [12]mancia tip. [13]tirarsi in capo to get oneself into. [14]disgrazia
misfortune. [15]sgomentarsi to get bewildered. [16]scuotere to shake.
[17]lische gratings of flax yarn. [18]scardassato carded. [19]raccattò = raccolse.
[20]tela cloth. [21]telaio loom. [22]ambasciata message. [23]discorrere =
parlare. [24]digiuna = senza aver mangiato. [25]satolla = sazia.
[26]a cavallo on horseback. [27]pena la testa under penalty of death. [28]quel
che mi tocca fare = quel che devo fare. [29]rete da pescatori fishermen's net.

Alla mattina prima che albeggiasse,[30] la Caterina s'alza dal letto e si mette addosso la rete (così non era né nuda né vestita), mangia un lupino (così non era né digiuna né satolla), prende la capra[31] e le monta a cavalcioni[32] con un piede che toccava terra e uno no (così non era né a piedi né a cavallo), e conciata[33] in questa guisa[34] arrivò al palazzo del Re che schiariva[35] appena (non era né di giorno né di notte). Le guardie la presero per matta[36] e non volevano lasciarla passare; ma quando seppero che obbediva a un comando del Sovrano* la condussero alle stanze reali.[37]

— Maestà, io sono qui secondo il suo volere.[38]

Il Re non poté trattenersi dallo scoppiare a ridere, e disse:

— Brava Caterina! Sei proprio la ragazza che cercavo: ora ti sposo e ti faccio Regina. Però a una condizione, ricordatela: bada bene di non entrare mai nei fatti miei —. (Il Re aveva capito che la Caterina la sapeva più lunga di lui[39]).

Quando lo seppe, il contadino le disse: — Se il Re ti vuole in sposa, non c'è nulla da opporre. Però tu bada a quel che fai, perché il Re se fa presto a volere fa anche presto a disvolere.[40] A ogni modo lasciami questi tuoi panni di lendinella[41] che li terrò qui appesi a un cavicchio;[42] caso mai dovessi ritornartene a casa, li troverai al loro posto per rimettterteli.

II

Ma Caterina era tutta felice, e lo sposalizio[43] fu concluso dopo pochi giorni con feste per tutto il Regno,[44] e nella città si fece anche una gran fiera. I contadini che non potevano albergare al coperto,[45] dormivano per le piazze, fin sotto alle finestre del Re.

---

[30]**albeggiasse** = s'alzasse il sole.   [31]**capra** goat.   [32]**montare a cavalcioni** to mount astride.   [33]**conciata** fixed up.   [34]**guisa** = modo.   [35]**schiariva** it was twilight.   [36]**matta** crazy.   [37]**reale** royal.   [38]**volere** request.   [39]**la sapeva più lunga di lui** she was more clever than he.   [40]**disvolere** = non volere.   [41]**lendinella** sackcloth.   [42]**cavicchio** peg.   [43]**sposalizio** = matrimonio.   [44]**regno** kingdom.   [45]**albergare al coperto** to be housed indoors.

Un contadino venne a vendere una vacca pregna,[46] e non trovò una stalla per mettercela la notte. L'oste[47] gli disse che poteva alloggiarla[48] sotto il portico,* e che la legasse per la cavezza[49] al carro[50] d'un altro contadino. Ecco che nella
5 notte, la vacca fa un vitello,[51] e il padrone della vacca al mattino, tutto allegro, andò per condurre via le sue due bestie. Ma salta fuori il padrone del carro e comincia a sbraitare:[52] — La vacca sta bene, è vostra; ma il vitello lasciatelo pure, perché è mio.
10 — Come vostro? Se l'ha figliato[53] stanotte la mia vacca? — Eh, no? — replica quell'altro. — La vacca era legata al carro, il carro è mio, e il vitello è del padrone del carro.

Ne nacque un litigio[54] che non finiva più, dalle parole ai fatti ci corse poco,[55] agguantarono[56] il puntello[57] del carro, e
15 giù botte da ciechi.[58]   Al rumore si radunò[59] gente, corsero gli sbirri,[60] separarono i due e li portarono difilato[61] al tribunale* del Re.

Bisogna sapere che nella città reale una volta costumava[62] che nel tribunale anche la moglie del Re dicesse il suo
20 parere.[63]   Ma ora con Caterina regina, era accaduto che ogni volta che il Re sentenziava,[64] lei gli era sempre contraria e al Re la cosa venne subito a noia. E le disse: — T'avevo avvertita di non mettere bocca[65] negli interessi dello Stato: d'ora in avanti non entrerai più in tribunale —. E così ormai
25 facevano; dunque i contadini comparvero dinanzi al Re da solo.

Dopo aver sentito le ragioni dell'uno e dell'altro, il Re sentenziò così: — Il vitello è del carro.

Il padrone della vacca non poteva capacitarsi[66] d'una
30 sentenza tanto ingiusta,* ma non ci fu verso[67] di far rimostranza;[68] il Re disse che comandava lui e la sua parola

---

[46]**pregna** pregnant.   [47]**oste** innkeeper.   [48]**alloggiarla** to lodge it.   [49]**cavezza** halter.   [50]**carro** wagon, cart.   [51]**fa un vitello** gives birth to a calf. [52]**sbraitare = gridare.**   [53]**figliare** to give birth.   [54]**litigio** argument.   [55]**ci corse poco = ci volle poco tempo.**   [56]**agguantarono = presero.** [57]**puntello** prop.   [58]**botte da ciechi** fierce blows.   [59]**si radunò** gathered. [60]**sbirri** cops.   [61]**difilato = direttamente.**   [62]**costumava = c'era l'usanza.** [63]**parere = opinione.**   [64]**sentenziava** passed judgment.   [65]**mettere bocca** to interfere.   [66]**capacitarsi = convincersi.**   [67]**verso = modo.**   [68]**far rimostranza** to protest.

era sacra per tutti. L'oste, vedendo così confuso il contadino, lo consigliò d'andare a sentire la Regina, che forse un rimedio l'avrebbe trovato.

Il contadino andò al palazzo reale, s'accostò a un cameriere e gli domandò: — Galantuomo, mi sai dire se è possibile dire due parole alla Regina?

— È impossibile, — disse il cameriere, — perché il Re le ha proibito di dare udienza.

Il contadino allora prese a girare intorno al muro del giardino. Vide la Regina, saltò il muro, e scoppiò in singhiozzi[69] davanti a lei, dicendole l'ingiustizia che aveva subito[70] dal marito. Disse la Regina: — Il mio consiglio[71] è questo. Il Re domani va a caccia[72] fuori porta. Là c'è un lago che di questa stagione è secco, senza un filo[73] d'acqua. Voi fate così: mettetevi una zucca[74] da pescatore alla cintola,[75] tenete una rete in mano e fate le mosse[76] di pescare.[77] Il Re, a vedervi pescare in quel lago così arido,* prima riderà, poi vi domanderà perché pescate dove non c'è acqua. Allora voi dovete rispondergli: «Maestà, se può essere che un carro partorisca[78] un vitello, può anche darsi che io prenda pesci all'asciutto[79]».

La mattina dopo, il contadino con la zucca penzoloni[80] sulle reni[81] e la rete in mano se n'andò al lago senz'acqua, si sedé sulla sponda,[82] e buttava la rete e la ritirava come se dentro ci fossero dei pesci.[83] Appare il Re col suo seguito[84] e lo vede. Rise, e poi gli domandò se aveva perso il cervello. E il contadino gli rispose come la Regina gli aveva suggerito.

Esclamò il Re, al sentire quella risposta: — Galantuomo, questa non è farina del tuo sacco.[85] Tu sei stato a consiglio dalla Regina.

Il contadino non glilo negò, e il Re rifece la sentenza e gli assegnò[86] il vitello.

---

[69]**scoppiò in singhiozzi** burst into sobs.   [70]**subito = sofferto.**   [71]**consiglio** advice.   [72]**va a caccia** is going hunting.   [73]**filo** trace.   [74]**zucca** gourd, bag.   [75]**cintola** belt.   [76]**fate le mosse = fate finta.**   [77]**pescare** to fish.   [78]**partorire** to give birth to.   [79]**all'asciutto = dove non c'è acqua.**   [80]**penzoloni** hanging.   [81]**reni** back.   [82]**sponda** shore.   [83]**pesce** fish.   [84]**seguito** retinue.   [85]**farina del tuo sacco** your idea.   [86]**assegnare** to award.

Poi chiamò Caterina e le disse: — Tu hai messo bocca nei miei interessi, e lo sai che te l'avevo proibito. Dunque, puoi tornartene subito a casa da tuo padre. Prendi nel palazzo la cosa che più ti piace, e stasera tornatene a casa tua, al tuo
5 mestiere di contadina.

Rispose Caterina, tutta umile:[87] — Come vuole Sua Maestà; non ho che da obbedire. Le chiedo solo una grazia, di aspettare a domani per partirmene. Di sera sarebbe troppa vergogna per lei e per me, e nascerebbero molte
10 chiacchiere[88] nel popolo.

Dice il Re: — La grazia ti sia concessa. Ceneremo[89] per l'ultima volta insieme e domattina partirai.

Cosa fa quella furba di Caterina? Ordina ai cuochi[90] che praparino carni arrostite, prosciutti, tutta roba da caricar la
15 testa[91] e metter sete, e che servano in tavola il miglior aleatico[92] delle cantine reali. A cena il Re mangiò da non poterne più[93] e la Caterina gli faceva scolare[94] una bottiglia dopo l'altra. Prima gli s'annebbiò[95] la vista, poi cominciò a farfugliare,[96] e da ultimo s'addormentò come un maiale sulla
20 sua poltrona.

Allora Caterina disse ai servitori: — Pigliate la poltrona con quel che c'è sopra e venitemi dietro. Guai a chi di voi dice parola, — e uscì dal palazzo, si diresse fuori porta e non si fermò che a casa sua, a tarda notte.

25 — Apritemi, babbo, che son io, — gridò.

Il vecchio contadino, sentendo la voce della figliola, s'affacciò subito: — Tu a quest'ora? Ah, te l'avevo detto! Ho fatto bene a serbarti i panni di lendinella. Sono sempre qui, appesi al cavicchio in camera tua!

30 — Apritemi, via! — disse la Caterina, — meno discorsi![97]

Il contadino apre e vede i servitori che reggono[98] la poltrona col Re sopra; Caterina lo fa portare in camera, lo fa spogliare e mettere nel suo letto. Poi licenzia i servitori e va

---

[87]umile humble. [88]chiacchiere gossip. [89]ceneremo we'll have supper. [90]cuoco cook. [91]da caricar la testa to go to his head. [92]aleatico Tuscan wine. [93]da non poterne più excessively (he couldn't hold any more). [94]scolare to pour. [95]s'annebbiò became cloudy. [96]farfugliare to stutter. [97]discorsi = parole. [98]reggono = mantengono.

anche lei a letto accanto al Re. Verso mezzanotte il Re si
destò[99]: gli pareva che il materasso* fosse più duro del solito,
e le lenzuola più rustiche.*   Si mosse, e sentì la moglie
vicino.   Disse: — Caterina, non t'avevo detto d'andare a casa
5 tua?
 — Sì, Maestà, — rispose lei, — ma non è ancora giorno.
Dorma, dorma.
 Il Re si riaddormentò:[1] alla mattina si svegliò al
raglio[2] dell'asino e al belato[3] delle pecore,[4] e vide la luce del
10 sole attraverso il tetto.   Si scosse, e non riconosceva più la
camera reale.   Chiede alla moglie: — Caterina, ma dove
siamo?
 E lei: — Non m'aveva detto, Maestà, di tornarmene a casa
mia e di portarmi con me la cosa che più mi piaceva?   Io ho
15 preso lei e me lo tengo.
 Il Re si mise a ridere e fecero la pace.   Tornarono al
palazzo reale, e ancor oggi ci vivono, e da quel giorno il Re
non compare mai in tribunale senza la moglie.

(Montale Pistoiese)

GRÀTTULA-BEDDÀTULA[5]

I

Una volta c'era un mercante[6] con tre figlie grandicelle:[7] la
20 prima Rosa, la seconda Giovannina, e la terza Ninetta, la più
bella delle tre.
 Un giorno al mercante capitò un gran commercio[8] e tornò a
casa in pensieri.[9]   — Che avete, papà?   — chiesero le
ragazze.
25 — Niente, figlie mie: mi càpita una gran mercanzia,[10] e non
posso andarci per non lasciarvi sole.

---

[99]destarsi = svegliarsi.   [1]si riaddormentò = si addormentò di nuovo.
[2]raglio braying.   [3]belato bleating.   [4]pecora sheep.   [5]gràttula-beddàtula
date, beautiful date. In Sicilian: gràttula = dattero; beddàttula = bella:
bedda gràttula = bel dattero.   [6]mercante merchant.   [7]grandicelle pretty
grown-up.   [8]capitò un gran commercio he ran into a big business deal.
[9]in pensieri worried.   [10]mercanzia business deal.

— E vossignoria[11] si confonde?[12] — gli disse la grande.

— Vossignoria faccia la provvista[13] per tutto il tempo che avrà a stare lontano, faccia murare[14] le porte con noi dentro e ci vedremo quando piace a Dio.

5   Così fece il mercante: comprò provviste di cose da mangiare in quantità, e diede ordine a uno dei suoi servi che ogni mattina chiamasse dalla strada la figlia più grande e le facesse le commissioni.[15] Salutandole chiese: — Rosa, cosa vuoi che ti porti?

10   E lei: — Un vestito[16] color del cielo.

— E tu, Giovannina?

— Un vestito color dei diamanti.*

— E tu, Ninetta?

— Io voglio che vossignoria mi porti un bel ramo di 15   datteri[17] in un vaso d'argento.[18] E se non me lo porta, che il bastimento[19] non possa più andare né avanti né indietro.

— Ah, sciagurata,[20] — le dissero le sorelle, — ma non sai che puoi mandare a tuo padre un incantesimo.[21]

— Ma no, — disse il mercante, — non ve la prendete con 20   lei,[22] che è piccola e si deve lasciar dire.

Il mercante partì e sbarcò[23] al posto propizio.[24] Fece quel gran negozio,[25] e poi pensò a comprare il vestito per Rosa e il vestito per Giovanna, ma del ramo di datteri per Ninetta si dimenticò. Quando s'imbarca[26] e si trova in mezzo al mare, 25   gli arriva una terribile tempesta: saette,[27] lampi, tuoni,[28] acqua, marosi;[29] e il bastimento non poteva andare più avanti né indietro.

Il capitano si disperava.[30] — Ma da dov'è uscito questo temporale![31] — Allora il mercante che s'era ricordato l'incantesimo della figlia disse: — Capitano, mi son

---

[11]**vossignoria** = **vostra signoria.** [12]**si confonde?** you are upset?
[13]**provvista** provision. [14]**murare** to seal up. [15]**commissione** errand.
[16]**vestito** = **abito.** [17]**dattero** date. [18]**argento** silver. [19]**bastimento** ship.
[20]**sciagurata** foolish girl. [21]**incantesimo** spell. [22]**non ve la prendete con
lei** don't be angry with her. [23]**sbarcò** = **scese dal bastimento.** [24]**propizio**
= **favorevole.** [25]**fece quel gran negozio** he carried out that big business
deal. [26]**s'imbarca** = **sale sul bastimento.** [27]**saetta** thunderbolt.
[28]**tuono** thunder. [29]**marosi** billows. [30]**si disperava** was despairing.
[31]**temporale** = **tempesta.**

dimenticato di fare una commissione. Se vogliamo salvarci, voltiamo il timone.[32] Che è che non è,[33] appena voltarono il timone il tempo cambiò, e col vento in poppa[34] tornarono al porto. Il

5 mercante scese, comprò il ramo di datteri, lo piantò in un vaso d'argento e tornò a bordo. I marinai[35] alzan le vele[36] e in tre giorni di viaggio tranquillo il bastimento arrivò a destinazione.

Intanto, mentre il mercante era via, le tre ragazze stavano

10 nella casa dalle porte murate. Non mancava loro niente, avevano anche un pozzo[37] dentro il cortile,[38] cosicché potevan sempre prendere l'acqua. Accadde che un giorno, alla più grande delle sorelle cadde il ditale[39] nel pozzo. E Ninetta disse: — Non vi angustiate,[40] sorelle: calatemi nel

15 pozzo e vi ripiglio il ditale.

— Scendere nel pozzo: scherzi? — le disse la più grande.

— Sì, voglio scendere a pigliarlo, — e le sorelle la calarono. Il ditale galleggiava[41] sul pel[42] dell'acqua e Ninetta lo prese, ma rialzando il capo, vide un pertugio[43] nella parete

20 del pozzo, donde veniva la luce. Tolse un mattone e vide di là un bel giardino, con ogni sorta* di fiori, alberi e frutti. Si aperse un varco[44] spostando[45] i mattoni e s'infilò[46] dentro il giardino, e là i meglio[47] fiori e i meglio frutti erano tutti per lei. Se ne riempì il grembiule,[48] rifece capolino[49] in fondo al

25 pozzo, rimise[50] a posto i mattoni, gridò alle sorelle:

— Tiratemi! — E se ne tornò su fresca come una rosa.

Le sorelle la videro uscir dalla bocca del pozzo col grembiule pieno di gelsomini[51] e di ciliege.[52] — Dove hai preso tante belle cose?

30 — Che ve ne importa? Domani mi calate di nuovo e prendiamo il resto.

---

[32]**timone** rudder.   [33]**che è che non è** for whatever reason.   [34]**col vento in poppa** with a wind behind them.   [35]**marinaio** sailor.   [36]**vela** sail.   [37]**pozzo** well.   [38]**cortile** courtyard.   [39]**ditale** thimble.   [40]**Non vi angustiate** = Non vi disturbate tanto.   [41]**galleggiava** was floating.   [42]**pel dell'acqua** surface.   [43]**pertugio** = buco.   [44]**varco** path.   [45]**spostare** to move.   [46]**s'infilò** made her way.   [47]**i meglio** = i migliori.   [48]**grembiule** apron.   [49]**rifece capolino** = guardò di nuovo.   [50]**rimise** put back.   [51]**gelsomino** jasmin.   [52]**ciliegia** cherry.

Quel giardino era il giardino del Reuzzo[53] del Portogallo. Quando vide saccheggiate[54] le sue aiole,[55] il Reuzzo cominciò a far lampi e saette[56] contro il povero giardiniere.[57]

5 — Non so niente, come può essere? — badava a dire[58] il giardiniere ma il Reuzzo gli ordinò di stare più in guardia d'ora in poi, sennò[59] guai per lui.

L'indomani Ninetta era già pronta per scendere nel giardino. Disse alle sorelle: — Ragazze, calatemi!

10 — Ma hai le traveggole,[60] o hai bevuto?

— Non sono né pazza né ubriaca:[61] calatemi —. E la dovettero calare.

Spostò i mattoni e scese nel giardino: fiori, frutti, una bella grembiulata[62] e poi: — Tiratemi su! — Ma mentre se ne

15 andava, il Reuzzo s'era affacciato alla finestra e la vide saltar via come un leprotto;[63] corse in giardino ma era già scappata. Chiamò il giardiniere: — Quella ragazza, per dov'è passata?

— Che ragazza, Maestà?

— Quella che coglie i fiori e i frutti nel mio giardino.

20 — Io non ho visto niente, Maestà, glielo giuro.

— Bene, domani, mi metterò alla posta[64] io.

Difatti, l'indomani,[65] nascosto dietro una siepe,[66] vide la ragazza far capolino tra i mattoni, entrare, riempirsi il grembiule di fiori e frutti fino al petto. Salta fuori e fa per

25 afferrarla, ma lei, svelta come un gatto, salta nel buco del muro, lo chiude con i mattoni ed è sparita.[67] Il Reuzzo guarda il muro da tutte le parti ma non riesce a trovare un punto coi mattoni che si muovono. Aspetta l'indomani, aspetta un altro giorno, ma Ninetta, spaventata d'esser stata

30 scoperta, non si fece calare più nel pozzo. Al Reuzzo quella ragazza era parsa bella come una fata: non ebbe più pace, cadde ammalato e nessuno dei medici del Regno ci capiva niente. Il Re fece un consulto[68] con tutti i medici, i sapienti[69]

---

[53]Reuzzo = Principie.   [54]saccheggiate ransacked.   [55]aiole flower beds.
[56]cominciò a far lampi e saette he began to rant.   [57]giardiniere gardener.
[58]badava a dire = continuava a dire.   [59]sennò = se no, altrimenti.
[60]traveggola bad vision.   [61]ubriaca drunk.   [62]grembiulata apronful.   [63]leprotto little hare.   [64]alla posta on guard.   [65]indomani = il giorno dopo.
[66]siepe hedge.   [67]è sparita she disappeared.   [68]fece un consulto had a consultation.   [69]sapienti wise men.

e i filosofi. Parla questo e parla quello, all'ultimo fu data la
parola a un Barbasavio. — Maestà, — disse il Barbasavio,
— chiedete a vostro figlio se ha una qualche simpatia[70] per
una giovane. Perché allora tutto si spiega.

5   Il Re fa chiamare[71] il figlio e gli domanda: il figlio gli
racconta tutto: che se non si sposa questa ragazza non può
trovare pace. Dice il Barbasavio: — Maestà, fate tre giorni di
feste a palazzo, e fate gridare un bando[72] che tutti i padri e le
madri d'ogni condizione vi portino le figlie, pena la vita —.
10 Il Re approvò e proclamò* il bando.

II

Intanto, il mercante era tornato dal viaggio, aveva fatto
smurare[73] le porte, e aveva dato i vestiti a Rosa e a Giovanna,
e a Ninetta il ramo di datteri nel vaso d'argento. Rosa e
Giovanna non vedevano l'ora che ci fosse un ballo e si misero
15 a cucire i loro vestiti. Ninetta invece se ne stava chiusa col
suo ramo di datteri e non pensava a feste né a balli. Il padre
e le sorelle dicevano che era matta.

Quando fu gridato il bando, il mercante va a casa e lo
dice alle figlie. — Che bello! Che bello! — dissero Rosa e
20 Giovanna; ma Ninetta alzò le spalle e disse: — Andateci
voialtri, che io non ho voglia.

— Eh, no, figlia mia, — disse il padre, — c'è la pena di
morte[74] e con la morte non si scherza.

— E io che c'entro? Chi volete che sappia che avete tre
25 figlie? Fate conto d'averne due.

E — Sì che devi venire! — e — No che non vengo, — la
sera della prima festa da ballo Ninetta restò a casa.

Appena le sorelle se ne furono uscite, Ninetta si rivolse[75] al
suo ramo di datteri e gli disse:

30   Gràttula-Beddàttula,
          Sali su e vesti Nina
          Falla più bella di com'era prima.

---

[70]**simpatia** liking.   [71]**fa chiamare** sends for.   [72]**bando** announcement, proclamation.   [73]**smurare** to unseal.   [74]**pena di morte** death penalty.   [75]**si
rivolse** she turned.

A quelle parole, dal ramo di dattero uscì una fata,[76] poi
un'altra fata, e tante altre fate ancora.   E tutte portavano vesti
e gioielli[77] senza uguale.   Si misero intorno a Nina e chi la
lavava, chi la strecciava,[78] chi la vestiva; in un momento
5 l'ebbero vestita di tutto punto,[79] con le sue collane, i suoi
brillanti e le sue pietre preziose.   Quando fu un pezzo
d'oro[80] dalla testa ai piedi, si mise in carrozza, andò al
palazzo, salì le scale, e fece restar tutti a bocca aperta.
   Il Reuzzo la vide e la riconobbe; corse subito dal Re a
10 dirglielo.   Poi venne da lei, le fece riverenza, le chiese:
   — Come state, signora?
   — Come estate così inverno.
   — Come vi chiamate?
   — Col mio nome.
15 — E dove state?
   — Nella casa con la porta.
   — In che strada?
   — Nella vanedda del polverone.[81]
   — Signora, voi mi fate morire!
20 — Fate pure![82]
   E così gentilmente conversando ballarono tutta la sera, fino
a lasciare il Reuzzo senza fiato, mentre lei era sempre fresca
come una rosa.   Finito il ballo, il Re, preoccupato per il
figlio, senza farsi accorgere diede ordine ai suoi servitori che
25 andassero dietro[83] alla signora per vedere dove stava.   Lei
salì in carrozza, ma, quando s'accorse d'esser seguita, si
sciolse[84] le trecce[85] e caddero sul selciato[86] perle e pietre
preziose.   I servitori, come galline[87] sul becchime,[88] si
buttarono sulle perle e, addio signora!   Fece frustare[89] i
30 cavalli e sparì.[90]

---

[76]fata fairy.   [77]gioielli jewels.   [78]strecciava braided her hair.   [79]di tutto
punto = completamente.   [80]un pezzo d'oro all decked out in gold.   [81]va-
nedda del polverone the dusty alley (the alley of the big wind).   [82]Fate
pure! Go right ahead.   [83]andassero dietro = seguissero.   [84]si sciolse she
loosened.   [85]trecce braids.   [86]selciato = pavimento.   [87]galline chickens.
[88]becchime = cibo per le galline.   [89]frustare to whip.   [90]sparì = non si vide
più.

Arrivò a casa prima delle sorelle; disse:

Gràttula-Beddàttula,
Scendi giù e spoglia Nina
Falla tal quale[91] com'era prima.

5   E si trovò spogliata e vestita con la solita roba da casa.[92]
Tornarono le sorelle: — Ninetta, Ninetta, sapessi che bella
festa. C'era una bella signora che un po' t'assomigliava![93]
Se non avessimo saputo che eri qua, l'avremmo scambiata[94]
per te....
10   — Sì, io ero qui con i miei datteri....
— Ma domani sera devi venire, sai....
Intanto i servi del Re tornarono a palazzo a mani vuote.   E
il Re — Anime infide![95]   Per un po' di quattrini tradite[96] gli
ordini.   Se domani sera non la seguite fino a casa, guai a voi.
15   Neanche la sera dopo, Ninetta volle andar al ballo con le
sorelle.   — Questa diventa matta col suo ramo di datteri!
Andiamo!   — e se ne andarono.   Ninetta si volse subito al
ramo:

Gràttula-Beddàttula,
20   Sali su e vesti Nina
Falla più bella di com'era prima.

E le fate la strecciarono, la vestirono con abiti di gala, la
coprirono di gioie.[97]
A palazzo tutti a guardarla con tanto d'occhi,[98]
25   specialmente le sorelle e il padre.   Il Reuzzo le fu subito
vicino.   — Signora, come state?
— Come estate, così inverno.
— Come vi chiamate?
— Col mio nome, — e così via.[99]

---

[91]**tal quale** exactly.   [92]**roba da casa** housedress.   [93]**assomigliare = somigliare, avere la stessa apparenza.**   [94]**scambiata** exchanged (taken for).
[95]**Anime infide!** Undependable fools!   [96]**tradite (gli ordini)** fail to carry
out.   [97]**gioie = gioielli.**   [98]**tutti a guardarla con tanto d'occhi** everyone was
staring at her.   [99]**e così via = eccetera.**

Il Reuzzo non se la prendeva,[1] e la invitò a ballare. Ballarono tutta la sera.
— Madonna mia! — diceva una sorella all'altra, — quella signora è Ninetta sputata![2]

5   Mentre il Reuzzo l'accompagnava alla carrozza, il Re fece segno ai servi. Quando si vide seguita, Ninetta tirò una manciata[3] di monete[4] d'oro: ma stavolta tirò in faccia ai servitori, e a chi ammaccò[5] il naso, a chi tappò un occhio;[6] così fece perdere le tracce della carrozza e li fece
10 tornare a palazzo come cani bastonati,[7] tanto che anche il Re n'ebbe pietà.[8] Ma disse: — Domani sera è l'ultimo ballo: in un modo o nell'altro bisogna saper qualcosa.

Intanto Ninetta diceva al suo ramo:

     Gràttula-Beddàttula,
15   Scendi giù e spoglia Nina
     Falla tal quale com'era prima.

In un batter d'occhio[9] era cambiata e le sorelle arrivando le dissero ancora di come le assomigliava quella signora così ben vestita e ingioiellata.[10]

20 La terza sera, tutto come prima. Nina andò a palazzo così bella e splendente come non era mai stata. Il Reuzzo ballò con lei ancora più a lungo, e si squagliava d'amore[11] come una candela.[12]

A una cert'ora Ninetta voleva andarsene, quando viene
25 chiamata al cospetto[13] del Re. Tutta tremante, va e gli fa l'inchino.[14]

— Ragazza, — dice il Re, — m'hai preso in giro per due sere, alla terza non ci riuscirai.

— Ma cosa ho mai fatto, Maestà?

---

[1]**Non se la prendeva (a male)** he wasn't offended. [2]**Ninetta sputata** the spitting image of Ninetta. [3]**manciata** handful. [4]**monete** coins. [5]**ammaccare** to flatten. [6]**tappò un occhio** hit in the eye. [7]**bastonati** beaten, flogged with a cane. [8]**n'ebbe pietà** took pity. [9]**in un batter d'occhio** in the blinking of an eye. [10]**ingioiellata = piena di gioielli**. [11]**si squagliava d'amore** he was consumed with love. [12]**candela** candle. [13]**cospetto = presenza**. [14]**gli fa l'inchino** bows to him.

— Hai fatto che mio figlio si consuma[15] per te. Non credere di sfuggire.[16]

— E quale sentenza mi aspetta?

— La sentenza che diventerai la moglie del Reuzzo.

5 — Maestà, io non ho la mia libertà: ho padre e due sorelle maggiori.

— Sia chiamato[17] il padre.

Il povero mercante, quando si sentì chiamare dal Re, pensò: «Chiamata[18] di Re, tanto buona non è»,[19] e gli venne
10 la pelle d'oca[20] perché aveva parecchi imbrogli[21] sulla coscienza. Ma il Re gli fece grazia d'ogni sua mancanza e gli chiese la mano di Ninetta per suo figlio. L'indomani aprirono la cappella reale, per le nozze del Reuzzo e di Ninetta.

15   Loro restarono felici e contenti
      E noi siam qui che ci freghiamo i denti.[22]

(Palermo)

Giulio Einaudi Editore

EXERCISES

Le tre vecchie

I pp. 117–119

A. *Answer the following questions in complete Italian sentences:*

1. Che etè avevano le tre sorelle? 2. Che cosa fece cadere dal terrazzino la vecchia di 94 anni? 3. Quando sarà permesso vedere la sposa? 4. Che cosa farà il giovane anche senza vederla? 5. Che consiglio diede la mamma al Re, suo figlio?

---

[15]**si consuma** is wasting away. [16]**sfuggire** escape. [17]**sia chiamato** = fate venire. [18]**chiamata** call. [19]*Proverbio siciliano.* [20]**gli venne la pelle d'oca** he began to get goose pimples. [21]**imbrogli** shady deals. [22]**ci freghiamo i denti** we are twiddling our thumbs (or we are grinding our teeth.)

6. Com'era il dito che vide il Re? 7. Perché le vecchie non permisero che si andasse a pranzo dopo le nozze? 8. Dov'era la sposa quando il Re entrò in camera? 9. Che si portò in tasca il Re per vederla? 10. Chi si trovò davanti quando accese la candela?

B. *Complete the following sentences by giving the Italian for the English words:*

1. La casa aveva *a beautiful terrace.*
2. La vecchia vide passare *a handsome young man.*
3. Le vecchie fabbricarono *an artificial finger.*
4. Io voglio sposarla *as soon as possible.*
5. Le sorelle arrivano *to undress her.*
6. Si trovò davanti *a wrinkled old lady.*

C. *Change the following sentences from the present time to past time (past definite):*

1. La vecchia vede passare un giovane e lascia cadere un fazzoletto.
2. Il giovane raccoglie il fazzoletto e va al palazzo.
3. Racconta tutto a sua madre che gli dice: — Sta attento!
4. Il giovane saluta e va via.
5. Le vecchie spogliano la sposa e la mettono a letto.
6. Il Re accende la candela, e chi si trova davanti?

II   pp. 119–121

A. *Choose the expression that best completes each sentence:*

1. Restò immobile (dalla bellezza della vecchia, dallo spavento).
2. Il Re sollevò la sposa e (la fece volare dalla finestra, la mise sotto il letto).
3. Le tre Fate videro (la vecchia penzoloni, il Re sul terrazzino).
4. Una Fata comanda che la sposa (diventi più brutta di prima, abbia un bellissimo sposo).
5. Il Re vuole sincerarsi che (non fosse stato un cattivo sogno, che non fosse morta).
6. L'indomani la sorella vide nel letto (la vecchia sorella, una bellissima giovane).
7. (Il falegname, la Fata) ha piallato la sorella.
8. La sposa restò in casa (con le due sorelle, con il giovane Re).

B. *Complete the following sentences by supplying the Italian for the English words:*

1. *I brought her* un caffè.
2. *He asked him for* un favore
3. *They gave her* molti gioielli.
4. Cominciò a *to speak to her.*
5. Vuole *to see her.*
6. Al Re *likes her.*
7. *He told her* di stare a letto.
8. La sposa *forgave him* tutto.
9. *She answered him* di sì.
10. *He gave her* un bacio.

C. *Choose a word or expression in column B that parallels the expression in column A:*

A	B
1. Si mise le mani nei capelli.	a. Si arrabbiò.
2. Per carità.	b. Si misero a ridere.
3. Dapprima.	c. Non vi preoccupate.
4. Avanti!	d. Morirà.
5. Scoppiarono a ridere.	e. Per favore.
6. Andrà all'altro mondo.	f. Entri!
7. Gli pigliò una rabbia.	g. Si disperò.
8. Non state a pensare.	h. Al principio.

La scommessa a chi prima s'arrabbia

I   pp. 121–124

A. *Complete the following statements according to the facts in the story:*

1. Il padre stava per _____ .
2. Il padre lasciò _____ ai suoi figli.
3. _____ disse: — Ragazzi, senza far niente non si può stare.
4. Fiore, _____ , fu il primo a cercare da fare.
5. L'Arciprete disse: — Il primo che _____ perde il suo staio di quattrini.

6. Verso sera arrivò _____ con una pignatta e un fiasco di vino.
7. Fiore s'arrabbiò e perse il suo _____ di quattrini.
8. _____ non si teneva più dal ridere.

B. *Complete the following sentences by supplying the Italian for the English words:*

1. L'Arciprete ha due *flasks*.
2. Pírolo imprecava *the Turks*.
3. Il padre aveva messo a parte i quattrini con *his labors*.
4. Si portò sulle spalle tre *sacks* di grano.
5. Chiuse la pignatta per non far entrare *the flies*.
6. I vini si mantengono *fresh* nel fiasco.

C. *Answer the following questions in complete Italian sentences:*

1. Come si chiamavano i figli del pover'uomo? 2. Che cosa ha messo a parte il padre con le sue fatiche? 3. Che doveva fare ognuno con il suo staio di quattrini? 4. Che cosa faceva l'Arciprete davanti alla chiesa? 5. Che patto fece l'Arciprete con Fiore? 6. Quando arrivò la serva con la pignatta e il fiasco di vino? 7. Perché perse la pazienza Fiore? 8. Chi si prese tutte e due le staia di quattrini?

II   pp. 124–127

A. *Complete the sentences below by giving the Italian for the English words:*

1. *The next morning* con i cento *pigs* andò *to the market*.
2. Tirò *out of his pocket* pane e companatico e chiese *something to drink* dai *peasants*.
3. Lo portarono in *the wine cellar* e gli *poured* una scodella *of the best wine*.
4. Scavò *a big hole* e ci mise dentro *the sow*, lasciando fuori *the tail*.
5. L'Arciprete *looked out* alla finestra e *saw* solo *the curls* dei codini.
6. Pírolo domandò *as usual:* — E domani, che *must I do* con *the sheep*?

B. *Choose a statement in column B that completes the statement in column A:*

A

1. Con la storia della pignatta e del fiasco
2. L'Arciprete disse:
3. Pírolo badò di mettere in tasca
4. I contadini gli fecero festa
5. Primi di vendere i maiali
6. L'Arciprete stava per arrabbiarsi

a. pane, prosciutto e formaggio.
b. tagliò il codino a tutti.
c. Io metto tre staia contro il vostro.
d. col miglior vino in cantina.
e. ma pensò ai quattrini e si trattenne.
f. si prese un'arrabbiatura.

III   pp. 127–130

A. *Mark the following statements* **T** *(true) or* **F** *(false):*

1. Al mercato Pírolo vendette tutte le pecore.
2. Legò la pecora zoppa in cima all'albero.
3. L'Arciprete s'arrabbiò quando vide saltare tutte le pecore.
4. L'Arciprete disse a Pírolo di andare a prendergli gli zoccoli.
5. Pírolo baciò le due serve.
6. L'Arciprete non può licenziare Pírolo prima che canti il cucolo.
7. Il cucolo cantava in cima al tetto.
8. L'Arciprete prese lo schioppo e sparò l'uccellaccio.
9. Finalmente l'Arciprete perse il lume degli occhi.
10. Anche Pírolo perse il suo staio.

B. *Answer the following questions in complete Italian sentences:*

1. Quante pecore vendette Pírolo?   2. Pírolo perché appoggiò la scala al pioppo?   3. Che spiegazione diede Pírolo all'Arciprete?   4. Che cosa disse l'Arciprete?   5. Dove andrà a dire la messa l'Arciprete?   6. Perché tornò a casa Pírolo a prendere gli zoccoli?   7. Finalmente, chi perse il lume degli occhi?   8. Con che cosa tornò a casa Pírolo?

La contadina furba

I pp. 130–133

A. *Complete each sentence by giving the Italian for the English words:*

1. Un contadino *hoeing* la sua vigna *strikes something hard.*
2. Vede un bel *mortar* tutto *gold,* ma senza *the pestle.*
3. Che cos'è che *is missing?* Cosa troverà *to object, stupid girl.*
4. Prese il mortaio *under his arm* e andò *to the palace* del Re.
5. Il Re cominciò a *to turn it* e a *to inspect it.*
6. Mia figlia *had told me* che il Re *would have answered* così.
7. *Tell him* che ho bisogno di *a loom* per fare *the cloth.*
8. Il Re, *hearing* quant'era *shrewd,* volle *to see her.*
9. Caterina si mette *the fishermen's net* e monta sopra la capra *astride.*
10. Il Re *burst out laughing* e disse: — *Good for you,* Caterina.

B. *Choose the expression that parallels the italicized one:*

1. *Sei scema,* figlia mia. (Sei furba, Sei mammalucca).
2. *Lo condussero* dal Re. (Lo portarono, Lo videro).
3. *Le garba* accettarlo. (Le piace, Le dispiace).
4. *Ha un cervello fino.* (È stupida. È intelligente).
5. Ho piacere di *discorrere con lei.* (Conversare con lei, Correre con lei).
6. So che *mi tocca fare.* (devo fare, voglio fare).
7. *Bada* a quel che fai. (Non pensare, Attenzione).
8. Non entrare *nei fatti miei.* (negli affari miei, nella mia vigna).

II pp. 133–137

A. *Answer the following questions in Italian:*

1. Di chi è il vitello, del padrone della vacca o del padrone del carro? (Date le vostre ragioni.) 2. È giusta o ingiusta la sentenza del Re? 3. Che consiglio diede la Regina al padrone della vacca? 4. Quando il Re sentì la risposta del contadino, che cosa gli disse? 5. Che cosa decise di fare il Re con Caterina? 6. Cosa ordina ai cuochi quella furba di Caterina? 7. Quando il Re s'addormentò, Caterina dove lo fece portare?

8. La mattina quando il Re si svegliò, che chiese alla moglie?
9. Che spiegazione diede Caterina? 10. Come finisce questo racconto?

B. *Use the following expressions in complete Italian sentences, then translate your sentences into English:*

1. montare a cavalcioni
2. botte da ciechi
3. scoppiare in singhiozzi
4. per la cavezza

5. fare finta di
6. mettersi a ridere
7. fare un vitello
8. dire il suo parere

Gràttula-Beddàttula

I   pp. 137–141

A. *Complete the following dialogue based on the story:*

PADRE: Mi càpita un gran _____ , ma non vado per non _____ sole.

ROSA: Perché no? Faccia _____ per il viaggio e _____ le porte con noi dentro.

PADRE: Rosa, che vuoi che ti _____ ?

ROSA: Un _____ color _____ .

PADRE: E tu, Giovannina?

GIOVANNINA: Un vestito _____ .

PADRE: E tu Ninetta?

NINETTA: Un bel ramo _____ in un _____ .

PADRE: E se non _____ porto?

NINETTA: Che il _____ non possa andare né _____ né _____ .

B. *Answer the following questions in complete Italian sentences:*

1. Il mercante che dimenticò di comprare prima di tornare a casa? 2. Che specie di tempo arrivò sul mare? 3. Quando si calmò il tempo? 4. Un giorno che cosa cadde nel pozzo? 5. Quando Ninetta scese nel pozzo, cosa vide nella parete del pozzo? 6. Che cosa portò nel grembiule dal giardino del Reuzzo? 7. La seconda volta chi la vide saltar via? 8. Quante volte si fece calare nel pozzo Ninetta? 9. Che accadde al Reuzzo? 10. Che cosa suggerì di fare Barbasavio?

II   pp. 141–145

A. *Mark the following statements* **T** *(true) or* **F** *(false):*

1. Appena tornato a casa il mercante fece smurare le porte.
2. Il padre non portò niente alle figlie.
3. Solo una sorella andò al ballo.
4. Il Reuzzo e Ninetta ballarono tutta la sera.
5. I servitori si buttarono sulle perle e non seguirono Ninetta.
6. Una sorella diceva all'altra: — Quella signora è Ninetta sputata.
7. Il Re diede l'ordine di seguire le tre sorelle.
8. La terza sera del ballo Ninetta andò con la solita roba da casa.
9. Il Re disse a Ninetta che diventerà la moglie del Reuzzo.
10. L'indomani aprirono la cappella reale per le nozze di Ninetta.

B. *Supply the word that will complete each sentence:*

1. Il mercante aveva _____ i vestiti a Rosa e a Giovanna.
2. Le sorelle non vedevano l'ora di andare al _____ .
3. C'è la pena di morte e con _____ non si scherza.
4. Le Fate la vestirono con _____ .
5. Nemmeno la seconda sera la _____ a casa.
6. La terza sera fu chiamata _____ del Re.
7. La tua sentenza è di _____ mio figlio, disse il Re.
8. Nella cappella reale fecero _____ del Reuzzo e di Ninetta.

5 Italian Operatic Arias

VERDI	*La Traviata*
MOZART	*Don Giovanni*
PONCHIELLI	*La Gioconda*
PUCCINI	*Tosca*
PUCCINI	*La Bohème*
ROSSINI	*Il barbiere di Siviglia*
BELLINI	*Norma*

LA TRAVIATA
Giuseppe Verdi

ARGUMENT: Violetta, having lost her parents in childhood, leads a voluptuous life. At one of her elaborate parties, among those who come to admire her is Alfredo Germont. He declares his love for her in the beautiful "Love Duet."
5 After much resistance, she yields to his love and decides to abandon her former life.

In Act II we find the lovers dwelling in a country house near Paris. After a while Alfredo discovers that Violetta has been selling her property to maintain this happy home.
10 Humiliated, he goes to Paris to find a remedy. While he is away Giorgio Germont, his father, arrives and implores Violetta to leave Alfredo because her connections with his son are ruining his daughter's chances for a happy marriage. She generously promises to renounce Alfredo and returns to
15 Paris. Alfredo discovers her flight and follows her.

At a party given by Flora, Alfredo, who is unaware of the circumstances that caused Violetta to flee, insults her in the presence of her guests. Overwhelmed with grief Violetta returns home to die. When Alfredo learns the truth he rushes
20 to her bedside and offers her his hand in marriage, but it is too late. Violetta passes on, leaving Alfredo disconsolate and full of remorse.

Di Provenza il Mar (Act II)

SETTING: *Giorgio Germont arrives at the moment Alfredo is reading Violetta's note telling him that she has left him. In this aria the father tries to convince his son to return to his fair Provence.*

GIORGIO GERMONT: Di Provenza il mar, il suol[1]
(Baritone)   chi dal cor[2] ti cancellò[3]?
                     chi dal cor ti cancellò
                     di Provenza il mar, il suol?

---

[1]**suol** soil. [2]**cor** heart. [3]**cancellò** erased.

Al natio[4] fulgente[5] sol
qual destino *ti furò*[6]
qual destino ti furò
al natio fulgente sol?

Oh rammenta[7] pur nel duol[8]
ch'ivi[9] gioia[10] a te brillò,[11]
e che pace[12] colà[13]
sol[14] per te splender[15] ancor può,
e che pace colà
sol per te splender ancor può.
Dio mi guidò!   Dio mi guidò!   Dio mi
guidò!

Ah! il tuo vecchio genitor[16]
tu non sai quanto soffrì,[17]
tu non sai quanto soffrì,
il tuo vecchio genitor!
Te lontano, di squallor[18]
il suo tetto[19] si coprì;[20]
il suo tetto si coprì
di squallor, di squallor.
Ma se infin[21] ti trovo ancor,
se in me speme[22] non fallì,[23]
se la voce dell'onor
in te appien[24] non amutì,[25]
ma se infin ti trovo ancor,
se in me speme non fallì,
Dio m'esaudì![26]   Dio m'esaudì!
Dio m'esaudì!   Dio m'esaudì!
Ma se alfin ti trovo ancor,
ti trovo ancor, Dio m'esaudì!   Dio
m'esaudì!
Né rispondi d'un padre all'affetto?[27]

---

[4]**natio** native. [5]**fulgente** brilliant. [6]**ti furò** took you away (from). [7]**rammenta** remember. [8]**duol** grief. [9]**ivi** there. [10]**gioia** joy. [11]**brillò** shone. [12]**pace** peace. [13]**colà** there. [14]**sol** only. [15]**splender** shine. [16]**genitor** parent. [17]**soffrì** suffered. [18]**squallor** sadness. [19]**tetto** roof (house). [20]**si coprì** was covered. [21]**infin** finally. [22]**speme** hope. [23]**fallì** failed. [24]**appien** entirely. [25]**amutì** has become silent. [26]**m'esaudì** heard my prayers. [27]**affetto** affection.

DON GIOVANNI
Wolfgang Amadeus Mozart

ARGUMENT: One night Don Giovanni enters the home of
Donna Anna, who is betrothed to Don Ottavio.   In the midst
of the confusion created by this bold act Don Pedro, father of
Donna Anna, is mortally wounded by Don Giovanni.   Donna
Anna and Don Ottavio vow that they will seek vengeance on
the murderer, whom they do not know.

Don Giovanni continues his escapades.   Elvira, whom he
has jilted after a promise of marriage, seeks to expose him, although she still loves him.   Leporello, the Don's servant,
tries to console her by telling her that he is not worth the
trouble.   The escapades continue, first with Zerlina, who is
engaged to Masetto, then at a ball given at the house of Don
Giovanni, then with Elvira's maid.

Finally Don Giovanni is exposed and, to escape pursuit, he
enters the cemetery where Don Pedro is buried.   The statue
of Don Pedro utters a warning to the libertine, but the latter
jeeringly asks the statue to supper.   A fine dinner is spread
and suddenly the statue enters and invites Don Giovanni to
be his guest.   He accepts and is carried off to Hell amid fire,
thunder, and lightning.

Là ci darem la mano. Duet (ACT I)

SETTING: *Don Giovanni makes love to Zerlina, a peasant girl,*
while Leporello leads away Masetto, her fiancé.

DON GIOVANNI: Là ci darem la mano, là mi dirai di sì[1];
(Baritone)   vedi, non è lontano, partiam, mio ben[2] da
                 qui

ZERLINA: Vorrei e non vorrei; mi trema[3] un poco il
(Soprano)   cor;

---

[1]**sì** yes.   [2]**mio ben** my love.   [3]**trema** flutters.

157

felice,[4] è ver, sarei, — ma può burlarmi[5] ancor,

ma può burlarmi ancor!

DON GIOVANNI: Vieni, mio bel diletto.[6]

5   ZERLINA: Mi fa pietà[7] Masetto.

DON GIOVANNI: Io cangerò[8] tua sorte.[9]

ZERLINA: Presto, non son più forte.[10]

DON GIOVANNI
AND ZERLINA: Andiam, andiam, mio bene

10   a ristorar[11] le pene[12] d'un innocente amor.

Deh, vieni alla finestra.   Serenata (ACT II)

SETTING: *Don Giovanni has sent Leporello, disguised as the Don, to get Elvira out of the house so that he can make love to her maid. As soon as they are out of sight he picks up his mandolin and begins the «Serenata.»*

15   DON GIOVANNI: Deh,[1] vieni alla finestra, o mio tesoro![2]

Deh, vieni a consolar il pianto[3] mio!

Se neghi[4] a me di dar[5] qualche ristoro,[6]

davanti agli occhi tuoi morir vogl'io!

Tu ch'hai la bocca dolce più che il miele,[7]

20   tu che il zucchero porti in mezzo il core!

Non esser, gioia[8] mia, con me crudele,[9]

lasciati almen[10] veder, mio bell'amore!

---

[4]**felice** happy.   [5]**burlarmi** deceive me.   [6]**diletto** delight.   [7]**Mi fa pietà** I'm sorry for.   [8]**Io cangerò** I'll change.   [9]**sorte** fate.   [10]**forte** strong.   [11]**ristorar** to comfort.   [12]**pene** suffering.

[1]**Deh** Oh.   [2]**tesoro** treasure.   [3]**pianto** grief.   [4]**Se neghi** you deny.   [5]**a me di dar** to give me.   [6]**ristoro** comfort.   [7]**miele** honey.   [8]**gioia** darling.   [9]**crudele** cruel.   [10]**almen** at least.

LA GIOCONDA
Amilcare Ponchielli

ARGUMENT: Gioconda met and fell in love with Enzo
Grimaldo, a Genoese nobleman. He had come to Venice to
see Laura, the former fiancée, now married to Alvise, a chief
of the State Inquisition. Barnaba, a spy of the Inquisition,
spurned by Gioconda, accuses La Cieca, mother of Gioconda,
of being a sorceress. As the crowd seizes La Cieca to burn
her at the stake, Enzo tries to save her, but is powerless. The
commotion brings Alvise and Laura out of the Palace and
Laura intercedes for La Cieca. She, in gratitude, gives Laura
her rosary beads. Barnaba recognizes Enzo and tells him he
will arrange for Laura to be on his ship that evening. Later
he dictates a letter to Isepo for Alvise, informing him that
Laura will be on Enzo's ship that evening. Gioconda over-
hears the dictation and resolves to kill Laura on the ship. As
she is about to stab Laura, she remembers that she owes her
mother's life to her; so, instead, she helps her to flee. Enzo
orders the «Hecate,» his ship, burned.

At the Palace Alvise orders Laura to take poison. After he
leaves Gioconda appears and gives Laura a sleeping potion
which makes her appear dead. Enzo, believing her dead,
rushes forward to denounce Alvise and is seized by the
guards. To free Enzo, Gioconda promises to marry Barnaba.
The sleeping Laura is brought to Gioconda's home. Here
Enzo and Laura are reunited and sail away together. Soon
afterwards Barnaba arrives to claim his bride, but she stabs
herself, preferring to die rather than become his wife.

Cielo e mar (ACT II)

SETTING: *Enzo standing on deck sings of the beauty of the sky
and the sea, while he is impatiently waiting for Laura.*

ENZO GRIMALDO: Cielo e mar! — l'etereo[1] velo[2]
(Tenor)   splende[3] come un santo altar.

---

[1]**etereo** ethereal. [2]**velo** veil. [3]**splende** shines.

L'angiol[4] mio verrà dal cielo?
L'angiol mio verrà dal mar?
Qui l'attendo;[5] ardente spira[6]
oggi il vento dell'amor.
Oh! quell'uom che vi sospira[7]
vi conquide,[8] o sogni d'or![9]

Cielo e mar — per l'aura[10] fonda[11]
non appar[12] né suol[13] né monte.
L'orizzonte bacia[14] l'onda,[15]
l'onda bacia l'orizzonte!
Qui nell'ombra[16] ov'io mi giacio[17]
coll'anelito[18] del cor.
Vieni, o donna, vieni al bacio
della vita e dell'amor.

---

[4]angiol angel. [5]l'attendo I wait for her. [6]spira blows. [7]sospira sighs.
[8]conquide conquers. [9]sogni d'or golden dreams. [10]aura mist. [11]fonda
thick. [12]appar appears. [13]suol land. [14]bacia kisses. [15]onda wave.
[16]ombra darkness. [17]io mi giacio I lie waiting. [18]anelito pounding.

TOSCA

Giacomo Puccini

ARGUMENT: The Marchioness Attavanti is praying in the church of Sant'Andrea della Valle for the release of her brother, Angelotti, an escaped political offender. Unknowingly she is serving as the model for the painter Mario
5   Cavaradossi for his painting of the Magdalen. As Mario continues to paint, Angelotti comes out of the Attavanti chapel, where he has been hiding. Mario recognizes his old friend and offers to help him. At that moment Tosca's voice is heard. Mario pushes Angelotti back into the chapel and then
10 opens the door for Tosca. Annoyed at being kept waiting, she becomes suspicious, especially when she sees the portrait of the beautiful lady. Mario insists that she is the only one he loves and then asks her to leave him to his work. As soon as Tosca departs, Mario gives Angelotti the key to his
15 cottage, which has a secret passage to his cellar. At this point several cannon shots are heard and Mario fears the escape has been discovered. He decides to accompany Angelotti to his cottage.

To celebrate the defeat of Bonaparte there will be a «Te
20 Deum» cantata, sung by Tosca. Suddenly Scarpia, the chief of police, comes on the scene, searching for Angelotti. From some information that the Sacristan unwittingly reveals, Scarpia becomes suspicious of the painter. As Tosca arrives Scarpia, who is passionately in love with her, arouses her jealousy
25 by producing a fan that the Marchioness had left in the church. He invites Tosca to have supper with him after the cantata. With evidence in the church that Mario has in fact helped Angelotti to escape, Scarpia orders his arrest.

In the Farnese Palace, while Scarpia is waiting for Tosca's
30 arrival, Spoletta, his agent, enters with Mario under arrest. He is questioned, but he reveals nothing. When Tosca arrives the two of them embrace, and in an aside he warns her not to reveal any information about his cottage. Mario is cast into the torment chamber and poor Tosca cannot bear her
35 lover's cries. When Scarpia demands her love for Mario's

freedom, she accepts in exchange for a mock execution and a
safe-conduct for herself and Mario to leave the country. As
soon as Scarpia has written the necessary order, she stabs him
and flees to her lover, explaining the plan of the mock execu-
5 tion. However, Scarpia has deceived her and the execution
is real. As Tosca realizes the tragedy, Spoletta enters and de-
nounces her as a murderess; but as he comes forth to seize
her, she leaps to her death from the parapet of Castel
Sant'Angelo.

Vissi d'arte (ACT II)

10 SETTING: *(in the Farnese Palace in Rome) As Scarpia is pressing*
Tosca for an answer to his offer, she asks the Heavenly Father why,
in her hour of need, He has forsaken her when she has led such a
good Christian life.

TOSCA: Vissi[1] d'arte, vissi d'amore,
15 (Soprano) non feci mai male[2]
ad anima[3] viva!
Con man furtiva[4]
quante pene[5] conobbi, alleviai.[6]
Sempre con fe'[7] sincera
20 la mia preghiera[8]
ai santi[9] tabernacoli salì.[10]
Sempre con fe' sincera,
died'i[11] fiori agli altar.
Nell'ora del dolor[12]
25 perché, perché Signore,
perché me ne rimuneri[13] così?
Died'i gioielli[14] della Madonna al manto[15]

---

[1]**vissi** I lived. [2]**non feci mai male** I never harmed. [3]**anima** soul. [4]**furtiva**
furtive. [5]**pene** sufferings. [6]**alleviai** alleviated. [7]**fe'** faith. [8]**preghiera**
prayer. [9]**santi** holy. [10]**salì** went forth. [11]**died'** I gave. [12]**dolor** grief.
[13]**rimuneri** reward. [14]**gioielli** jewels. [15]**manto** cloak.

e diedi il canto[16] agli astri[17]
che ne ridean[18] più belli.
Nell'ora del dolor
perché, perché Signor,
Ah, perché me ne rimuneri così.

E lucevan le stelle (ACT III)

SETTING: *(dungeon in Castel Sant'Angelo) Mario sits down to write a farewell note to Tosca. After a few lines he stops, completely engrossed in memories of happy days together.*

MARIO: E lucevan[1] le stelle,[2] e olezzava[3]
(Tenor)   la terra, stridea[4] l'uscio[5]
dell'orto[6] — e un passo[7] sfiorava[8] la rena,[9]
Entrava ella, fragrante,
mi cadea[10] fra[11] le braccia.
O dolci baci, languide carezze,[12]
mentr'io fremente,[13]
le belle forme disciogliea[14] dai veli!
Svanì[15] per sempre il sogno[16] mio d'amore.
L'ora è fuggita,[17]
e muoio disperato!
E non ho amato mai tanto la vita,
tanto la vita!

---

[16]**canto** song.   [17]**astri** stars.   [18]**ridean** were smiling.

[1]**lucevan** were shining.   [2]**stelle** stars.   [3]**olezzava** was fragrant.   [4]**stridea** creaked.   [5]**uscio** gate.   [6]**orto** garden.   [7]**passo** step.   [8]**sfiorava** gently touched.   [9]**rena** sand.   [10]**cadea** she fell.   [11]**fra** into.   [12]**carezze** caresses.   [13]**fremente** trembling.   [14]**disciogliea** I loosened.   [15]**svanì** vanished.   [16]**sogno** dream.   [17]**fuggita** gone.

LA BOHÈME

Giacomo Puccini

ARGUMENT: In a garret in the Latin Quarter of Paris live four Bohemians: Rodolfo, Colline, Schaunard and Marcello. One day, while the poet Rodolfo is alone writing, Mimi comes to ask him to light her candle, which has blown out.
5   She departs, but returns soon after, saying that she has lost her key. While they are searching for the key, both candles go out. As the two grope in the dark, their hands meet. It is at this point that Rodolfo sings the aria «Che gelida manina.»
     Later they go to a café with their friends. While they are
10   dining Musetta, Marcello's girlfriend, arrives with her rich admirer, Alcindoro. In order to get rid of Alcindoro Musetta feigns to be suffering from a tight shoe, and sends him to the cobbler for a new pair. As soon as he is gone, Musetta and Marcello fall into each other's arms. They all dine, make
15   merry, and leave the bill for Alcindoro to pay.
     For some time Mimi and Rodolfo have been living together. One evening Mimi, coughing violently, comes to the inn where Marcello is painting a sign. She confides in him about her hard life with Rodolfo, who has abandoned her that
20   evening. Rodolfo, who has been sleeping at that inn, asks to speak to Marcello. Mimi hides, at Marcello's suggestion. Rodolfo speaks of Mimi's fatal illness, while Marcello tries to silence him out of charity. Mimi is discovered by her coughing. The two lovers are reconciled, but decide to separate
25   without rancor.
     One day while Marcello and Rodolfo are at work in their apartment, Musetta suddenly appears. She has brought Mimi, who was scarcely able to climb the stairs. Rodolfo and Marcello help her into the room and place her on the bed.
30   They all try to help her, but it's too late; Mimi dies in Rodolfo's arms.

Che gelida manina (ACT I)

SETTING: *While Rodolfo and Mimi are searching in the dark for*
her key, their hands touch and Rodolfo remarks: «What a cold tiny
hand.» He goes on to tell her about himself and asks her who she
is.

RODOLFO: Che gelida[1] manina![2]
(Tenor)   Se la lasci riscaldar.[3]
              Cercar che giova?[4] al buio[5] non si trova.
              Ma per fortuna — è una notte di luna;[6]
5   e qui la luna, l'abbiamo vicina.
              Aspetti,[7] signorina,
              e intanto le dirò con due parole
              chi son, che faccio, e come vivo. Vuole?
              Chi son? — Sono un poeta.
10   Che cosa faccio? — Scrivo.
              E come vivo? — Vivo.
              In povertà mia lieta[8]
              scialo[9] da gran signore
              rime ed inni d'amore.
15   Per sogni, per chimere[10]
              e per castelli in aria
              l'anima[11] ho milionaria.
              Talor[12] dal mio forziere[13]
               ruban tutti i gioielli
20   due ladri: gli occhi belli,
              v'entrar[14] con voi pur ora;
              ed i miei sogni usati[15]
              tosto[16] son dileguati.[17]
              Ma il furto[18] non m'accora,[19]
25   poiché[20] vi ha preso stanza[21]

[1]**gelida** cold. [2]**manina** little hand. [3]**riscaldar** to warm. [4]**che giova?**
What is the use? [5]**al buio** in the dark. [6]**luna** moonlight. [7]**aspetti** wait.
[8]**lieta** happy. [9]**scialo** I squander. [10]**chimere** fantasy. [11]**anima** spirit.
[12]**talor** sometimes. [13]**forziere** treasure chest. [14]**v'entrar** came in. [15]**usati**
usual. [16]**tosto** immediately. [17]**dileguati** vanished. [18]**furto** theft.
[19]**non m'accora** doesn't grieve me. [20]**poiché** since. [21]**vi ha preso stanza**
there took its place.

una dolce speranza.[22]
Or che mi conoscete
parlate voi.   Chi siete?
Vi piaccia dir![23]

---

[22]**speranza** hope.   [23]**Vi piaccia dir!** Won't you please say!

IL BARBIERE DI SIVIGLIA

Gioacchino Rossini

ARGUMENT: Count Almaviva confesses his love for Rosina
to Figaro, the barber do-it-all, and together they plot to bring
about an introduction. Dr. Bartolo intends to marry his ward,
Rosina, and keeps a strict watch over her, aided by Basilio.
5   One day Basilio sees the Count in the neighborhood; he re-
ports this to Dr. Bartolo and implies that the count is wooing
Rosina. To dispose of the Count, Basilio suggests slander,
but Bartolo prefers his own strategy. He asks Basilio to draw
up the marriage contract for him and Rosina. In the mean-
10 time Figaro delivers a letter from Rosina to the Count. He
suggests that the Count gain entrance to Bartolo's house disguised as a drunken soldier. Unfortunately the plan fails and
he is apprehended and placed under arrest.

    In Act II the Count is more successful. Pretending to be a
15 music teacher sent by Basilio, and by means of a letter written in Rosina's own hand, he obtains the confidence of Dr.
Bartolo. Figaro meanwhile obtains the key to Rosina's balcony for the elopement, which is to take place that evening.
However, Basilio's appearance upsets their plans. Rosina
20 confesses all to Bartolo, promising to marry him. Much confusion ensues, but the lovers are finally united by the notary
with the contract that Basilio had obtained for Dr. Bartolo.
The Count tells Bartolo he may keep Rosina's dowry, so he
happily gives them his blessing.

La calunnia (ACT I)

SETTING: *Basilio tells Dr. Bartolo that Rosina's secret lover is
Count Almaviva. In order to disgrace him in the eyes of the public
Basilio suggests «La calunnia» — slander.*

25 BASILIO: No? — Uditemi e tacete![1]
(Bass)   La calunnia[2] è un venticello,[3]

---

[1]**tacete** be silent. [2]**calunnia** slander. [3]**venticello** slight breeze.

Un'auretta[4] assai gentile;
Che insensibile,[5] sottile[6]
Leggermente, dolcemente
Incomincia a sussurrar.[7]
5   Piano, piano,[8] terra terra,[9]
Sotto voce[10] sibillando[11]
Va scorrendo,[12] va ronzando[13]
Nelle orecchie della gente,
S'introduce destramente;[14]
10 E le teste ed i cervelli[15]
Fa stordire[16] e fa gonfiar.[17]
Dalla bocca fuori uscendo,
Lo schiamazzo[18] va crescendo;[19]
Prende forza[20] a poco a poco,
15 Scorre già di loco in loco.[21]
Sembra il tuono,[22] la tempesta,
Che nel sen[23] de la foresta
Va fischiando,[24] brontolando,[25]
E ti fa d'orror gelar.[26]
20 Alla fin trabocca[27] e scoppia,[28]
Si propaga,[29] si raddoppia,[30]
E produce un'esplosione,
Come un colpo[31] di cannone.
Un tremoto,[32] un temporale,[33]

---

[4]**auretta** gentle gust of wind.   [5]**insensibile** unfelt.   [6]**sottile** very slight.
[7]**sussurrar** to whisper.   [8]**piano piano** softly.   [9]**terra terra** close to the
ground.   [10]**sotto voce** in a whisper.   [11]**sibillando** hissing.   [12]**va scorrendo**
it keeps on flowing.   [13]**va ronzando** keeps on buzzing.   [14]**destramente** skill-
fully.   [15]**cervelli** brains.   [16]**fa stordire** stuns.   [17]**fa gonfiar** swells.
[18]**schiamazzo** noise.   [19]**va crescendo** keeps increasing.   [20]**prende forza** it
gains strength.   [21]**di loco in loco** from place to place.   [22]**tuono** thunder.
[23]**sen** center.   [24]**va fischiando** it keeps on whistling.   [25]**brontolando**
grumbling.   [26]**gelar** freeze.   [27]**trabocca** it overflows.   [28]**scoppia** it bursts.
[29]**propaga** it spreads.   [30]**raddoppia** it redoubles.   [31]**colpo** shot.   [32]**tremoto**
earthquake.   [33]**temporale** storm.

Un tremoto generale
Che fa l'aria rimbombar.[34]
E il meschino[35] calunniato,[36]
Avvilito,[37] calpestato,[38]
Sotto il pubblico flagello,[39]
Per gran sorte[40] va a crepar.[41]

5

---

[34]**rimbombar** resound. [35]**meschino** wretch. [36]**calunniato** slandered.
[37]**avvilito** discouraged. [38]**calpestato** stepped on. [39]**flagello** torture.
[40]**sorte** luck. [41]**crepar** to burst, "croak".

NORMA

Vincenzo Bellini

ARGUMENT: In the first century B.C. the Romans occupied
Gaul. Norma, the high priestess, fell in love with Pollione,
the Roman proconsul, and bore him two children, in violation
of her vows of chastity. When Oroveso, the arch-Druid and
5   father of Norma, entreats her to declare war against the
Romans she, because of her love for Pollione, responds that
the time is not ripe for the attack. Some day, she says, Rome
will crumble from within by its own vices; until that time
there must be peace. Pollione soon forgets Norma for Adal-
10   gisa, a young priestess. Adalgisa, oppressed by her conscience, reveals to Norma that she is in love and wishes to be
released from her vows. Norma consents to the request, but
asks the name of her lover. Adalgisa, ignorant of Norma's re-
lationship with Pollione, mentions his name; whereupon
15   Norma's love turns to hatred. Her first reaction is to kill her
children, but she does not have the courage to do so. She
sends for Adalgisa and asks her to take the children to Pollione, while she expiates her sacrilege on the funeral pyre.
When Adalgisa becomes aware of the situation between
20   Norma and Pollione she resolves never to leave the temple.
She begs Norma not to end her life and to think of her children. Norma summons the Druids and declares war against
the Romans. Pollione comes to the temple and tries to tear
Adalgisa away from there. Norma has Pollione arrested and
25   offers to release him if he will renounce Adalgisa. When he
refuses, she is overcome with pity and declares herself the
guilty one. Too late he realizes her worth. Together they
ascend the funeral pyre and its flames purge their earthly
crime.

Casta Diva (ACT I)

SETTING: *Norma tells Oroveso, her father, and her people that*
the time is not ripe for an attack against the Romans. There must

*be peace.   She cuts a few branches of mistletoe as a peace offering.
Norma prays to Casta Diva, the Moon in the heavens, to cleanse her
people of warlike emotions.*

NORMA: Casta[1] Diva,[2] che inargenti[3]
(Soprano)   queste sacre antiche piante,
             a noi volgi[4] il bel sembiante,[5]
             senza nube[6] e senza vel.[7]

             (Chorus repeats the lines as background music)

5   Tempra,[8] o Diva, tempra tu de' cori[9] ardenti[10]
             tempra ancora lo zelo[11] audace;[12]
             spargi[12] in terra ah! quella pace[14]
             che regnar tu fai nel ciel.
TUTTI: A noi volgi il bel sembiante
10   senza nube e senza vel.

Mira Norma, Duet (ACT II)

SETTING: *In this aria Adalgisa pleads with Norma not to forsake
her children, but to take pity on them.   Norma responds that when
you are so close to death you don't have any feelings.*

ADALGISA: Mira,[1] o Norma, ai tuoi ginocchi
(Soprano)   questi cari tuoi pargoletti.[2]
             Oh! pietà di lor ti tocchi,[3]
             se non hai di te[4] pietà.
15 NORMA: Ah! perché la mia costanza[5]
(Soprano)   vuoi scemar[6] con molli[7] affetti.[8]
             Più lusinghe,[9] ah più speranza[10]
             presso[11] a morte un cor non ha.

---

[1]**casta** chaste.   [2]**Diva** goddess.   [3]**che inargenti** clothe with silver light.
[4]**volgi** turn.   [5]**sembiante** face.   [6]**nube** cloud.   [7]**vel** veil.   [8]**tempra**
temper.   [9]**cori** hearts.   [10]**ardenti** burning.   [11]**zelo** zeal.   [12]**audace** bold.
[13]**spargi** bestow.   [14]**pace** peace.

[1]**mira** see.   [2]**pargoletti** little ones.   [3]**ti tocchi** may it move you.   [4]**di te** for
yourself.   [5]**costanza** resolve.   [6]**scemar** to weaken.   [7]**molli** soft.   [8]**affetti**
sentiments.   [9]**lusinghe** illusions.   [10]**speranza** hope.   [11]**presso** near.

Vocabulary

This vocabulary includes the ordinary translations of the personal object pronouns and the common prepositions. It omits cardinal numerals and proper names without English equivalents, unless indications for pronunciation are needed. Italicized *s* and *z* are voiced. Tonic open *e* is indicated by the symbol **ɛ**; tonic open *o* by the symbol **ɔ**; these two symbols, a dot under a vowel, and the written accent signify stress. In words in which the stress is not indicated, it comes on the next-to-the-last vowel. Irregular verb forms are given with the infinitive; also the present indicative when the tonic vowel is open or the stress unusual. When irregular verb forms are distant from the infinitive in alphabetical order, they are usually listed separately. Probable utility, rather than rigid system, has been the desired criterion.

Abbreviations are used as follows: *adv.* adverb; *art.* article; *cond.* conditional; *def.* definite; *f.* feminine; *m.* masculine; *part.* participle; *p.a.* past absolute; *p. descr.* past descriptive; *p.p.* past participle; *pl.* plural; *pres.* present; *prn.* pronoun; *pr.n.* proper name; *rel.* relative; *subj.* subjunctive.

abbandonare to abandon, forsake, leave
abbassare to lower
abbastanza enough
abbottonare to button (up)
abbracciare (abbrạccio) to embrace
abbrạccio *m.* embrace
abietto, –a abject, vile
abitante *m.* inhabitant
abitare (ạbito) to live
abitazione *f.* dwelling
ạbito *m.* suit, dress, garment; __ **di gala** party dress
abituarsi (abịtuo) to get used to

abituato, –a accustomed
abitụdine *f.* habit, custom
abominazione *f.* loathsomeness, disgust; **che** __ ! how horrible!
Abruzzi *m. pl. a region in central Italy*
accadere to happen
accampamento *m.* camp
accanto (a) beside, next to
accatastare to pile up
accɛndere (*p.a.* **accesi**) to light
accennare to beckon, make a sign, indicate by a gesture, hint
accɛnto *m.* accent

accertare to verify
accettare (accetto) to accept
accidente *m.* accident; **che __ è?** what in blazes is it?
accogliere (accolgo) to receive
accomodare (accomodo) to put in order, arrange, fix; **accomodarsi** to make oneself comfortable, sit down, arrange oneself; **si accomodò meglio** he made himself more comfortable
accompagnare to escort, accompany
acconsentire (acconsento) to consent
accontentarsi (mi accontento) to be satisfied
accordo *m.* agreement; **di comune __** , by common consent; **essere d'__**, to agree; **mettersi d'__**, to come to an agreement
accorgersi (mi accorgo) to perceive, be aware of, notice; **accorgersene,** to discover, take note of, notice; **farsi accorgere,** to let oneself be discovered or noticed
accorrere to hasten, come
accostare (accosto) to place near, approach; **accostarsi** to approach
accuratamente carefully
accusa *f.* accusation
accusare to accuse
accusato *m.* accused one
aceto *m.* vinegar
acqua *f.* water; **un filo d'__** , a speck of water
acquistare to acquire, buy
adatto, –a proper, suitable
addio good-bye
addirittura absolutely
addobbato, –a dressed, decorated

addobbo *m.* attire
addolorare to grieve
Addolorata *f.* Our Lady of Sorrows
addormentare to put to sleep; **addormentarsi** to fall asleep
addormentato, –a asleep
addossare (addosso) to lay
addosso on, on one's shoulder or back; **avere __** , to have on one's person
adesso now
adolescenza *f.* adolescence
adoperare (adopero) to make use of, employ, use
adorare to adore
adornato, –a adorned
adunare to gather
affacciarsi (mi affaccio) to appear, present oneself, lean out (of a window)
affare *m.* affair, business
affatto at all
affermare to affirm, confirm
afferrare (afferro) to seize, grab
affetto *m.* affection, tenderness
affettuosamente affectionately, tenderly
affettuoso, –a affectionate
affezionarsi to become attached, become close to
affidare to entrust
afflitto, –a afflicted, suffering
affloscire to get soft or flabby; **si affloscia una gomma** one gets a flat tire
affogare to drown; **o bere o __** , sink or swim
afoso, –a sultry
agevolmente easily
affrettarsi to hasten
affrontare to face; **che si trova ad __** , that he has to face
agente di polizia *m.* policeman

aggiungere to add
aggrapparsi to hold on tight
aggrovigliato, –a in disorder
agguantare to seize
agio *m.* comfort, ease
agire (agisco) to act; __ **da** to act as
agitare (**agito**) to disturb; **agitarsi** to move, become excited
agitato, –a disturbed, uneasy, excited
agitazione *f.* nervousness, uneasiness
agricolo, –a agricultural
aguzzare to sharpen; __ **gli occhi** to look closely
ahi! ouch!
aiutare to help
aiuto *m.* help
aizzare to incite
albeggiare (albeggia) to dawn
albergare (albergo) to put up at an inn
albero *m.* tree
alcuno, –a some, any; *substantive* **alcuno** somebody; *pl.* some people
alice *f.* anchovy
allargare to widen, extend; __ **le braccia** to open one's arms wide (in a gesture of innocence)
allegria *f.* joy
allegro, –a cheerful, jovial, happy
allievo *m.* pupil, student
alloggiare (alloggio) to lodge
alludere to allude, refer to
allontanarsi to withdraw, go away, go far away
allora then, at that time, well; **da __ ,** since then; **d'__ ,** at that time; **da __ in poi** from then on
allusione *f.* allusion, reference

almeno at least
alto, –a high, deep, loud; **ad alta voce** *or* **a voce alta** aloud; **alto** *adv.* high
altrimenti otherwise
altro, –a other, different; else; **senz'altro** right away, by all means
alzare to raise; __ **le spalle** to shrug one's shoulders; **alzarsi** to rise, get up
amare to love, be fond of, wish
amarezza *f.* bitterness
ambasciata *f.* message
ambiente *m.* circumstances
amicizia *f.* friendship; **per __ ,** because of our friendship
amico *m.* friend
ammaccare to bruise, flatten
ammaestrato, –a taught, trained
ammalato, –a ill
ammattonato *m.* brick floor
ammazzarsi to kill one another
ammettere (*p.p.* **ammesso**) to admit
ammirare to admire
ammirazione *f.* admiration
ammogliato married
amore *m.* love; **per __ di Dio** for heaven's sake
ampio, –a large, broad, ample
analfabeta *adj. or m. noun* illiterate
analfabetismo *m.* illiteracy
anarchico *m.* anarchist
anche also, too, even
ancora yet, still, again; **non è __ ,** it is not quite
andare to go; __ **a caccia** to go hunting; __ **a finire** to end up, result; __ **a legna** to run on wood (as fuel); __ **di mezzo** to get blamed; __ **dietro** to follow; **a tutt' __ ,** with all one's might, at full speed; **va bene**

all right; **andarsene** to go away

anello *m.* ring

angelo *m.* angel

angioletto *m.* little angel

angolo *m.* corner

angosciato, –a suffering, afflicted

angoscioso, –a grieved, sorrowful, painful

angustiarsi to get upset

anima *f.* soul, spirit; **anime infide!** undependable fools!

animarsi (mi animo) to become animated or excited

animato, –a motivated

animo *m.* mind

annebbiarsi (si annebbia) to become cloudy, become hazy

annegato, –a drowned

anno *m.* year; **d'anni** in age; **l'__ scorso** last year

annoiare (annoio) to bother, annoy

annuire to nod

annunziare (annunzio) to announce

ansimare (ansimo) to breathe heavily

ansioso, –a anxious, eager

anta *f.* shutter

antico, –a ancient; **gli antichi** *m. pl.* men of centuries ago

antipatico, –a distasteful, disagreeable

antiquato, –a old fashioned, antiquated

anzi rather, in fact, on the contrary, moreover

anziano, –a elderly; **anziana** *f.* elderly woman

aperto (*p.p.* of **aprire**) opened, open

apparecchiare (apparecchio) to prepare, make ready, arrange

apparire to appear, seem

appartamento *m.* apartment

appartenere to belong

appena hardly, scarcely, as soon as

appeso, –a suspended, hung

appoggiare (appoggio) to lean out; **__ a** to lean against; **appoggiarsi a** to lean on

appoggio *m.* support

appressare (appresso) to go near

apprezzare (apprezzo) to appreciate, value

appropriazione indebita *f.* illegal usurpation of property

approvare (approvo) to approve

appunto precisely, exactly

appurare to find out

aprire to open; **andare ad __ ,** to open the door; **aprirsi** to open

Aquila *city in Abruzzi*

aratro *m.* plow

arciprete *m.* pastor (usually a monsignor)

ardere to burn

argento *m.* silver

aria *f.* air, look, manner, importance; **assumere le arie** to put on airs, assume importance

Ariberto proper name

arido, –a arid, dry

arnese *m.* object, contraption; **arnesino** *m.* little object

arrabbiarsi (mi arrabbio) to become angry

arrabbiato, –a angry

arrabbiatura *f.* fit of anger; **prendersi un' __ ,** to get good and angry

arrivare to arrive, reach

arrivo *m.* arrival, delivery

arrossire to be ashamed, blush

arrostito, –a roast

arte *f.* art; **opera d' __ ,**

work of art, masterpiece; __ in sé   art for art's sake
asciugare   to dry, wipe
asciutto, –a   dry; **all'asciutto** in a dry spot
ascoltare   to listen to
asino *m.*   donkey
aspettare (aspɛtto)   to expect, wait, wait for, await; to be due; **aspettarsi**   to expect
aspɛtto *m.*   appearance
aspirare   to hope for
assai   much, very, very much
asse   *m.*   axle;   **secco come un __ ,**   thin as a rail
assegnare   to assign
assembrare   to assemble
asserzione *f.*   assertion
assicurare   to assure
assiɛme (a)   together (with)
assistɛnza *f.*   assistance
assolutamente   absolutely
assomigliare   (assomiglio)   to resemble
assɔrto, –a   absorbed
assumere   to assume, hire, employ
astrattamente   abstractedly, in the abstract
astruso, –a   abstruse
atɛo *m.*   atheist
atrɔce   atrocious
attaccare   to attach, join
attɛnto, –a   attentive; **stare __ ,** to pay attention
atteggiamento *m.*   pose, attitude, manner
attɛndere   to wait, await
atteso, –a   expected
attinɛnte   concerning
attitudine *f.*   attitude
atto *m.*   act, sign, gesture, action, transaction, document, documentary evidence
attorno   around; **darsi __ ,**   to get going
attravɛrso   through, across

attribuire   to attribute
attuale   actual
aumentare   to increase
autɛntico, –a   authentic, veritable
autocontrɔllo *m.*   self-control
automɔbile *f.*   automobile, car
autotrɛno *m.*   trailer-truck
avanti   ahead, come in, forward; __ **e indiɛtro**   back and forth
avanzarsi   to advance
avere   to   have,   possess; __ **addɔsso**   to have on one's person; __ **bisogno di**   to need; __ **buɔn giɔco**   to be lucky, have a good hand; __ **ragione**   to be   right; __ **tɔrto**   to   be   wrong; __ **vɔglia di**   to feel like; **avɛrcela con uno**   to bear someone a grudge; **che hai?** what is the matter with you? *noun m.*   property, fortune, possessions
avvalorare   to strengthen
avvelenare   to poison
avvenimento *m.*   event, occurrence
avvenire (avviɛne)   to happen, take place; *noun m.* future
avventarsi   (mi   avvɛnto)   to hurl oneself; **mi si avventò contro**   he came right for me
avvertire   (avvɛrto)   to warn, inform, forewarn
avvertimento *m.*   warning
avviarsi   to set out, start off
avvicinare   to approach, bring near, put near; **avvicinarsi** to approach, draw near
avvitato, –a   screwed, bolted
avvizzito, –a   faded, wilted
azione *f.*   action, deed, act
azzurro, –a   blue

babbo *m.*   papa, dad

baccano *m.* noise, racket
baciare (bacio) to kiss
bacio *m.* kiss; **darsi un __ ,** to kiss each other
badare to mind, pay attention to, watch, listen carefully; **__ a** to continue
baffi *m. pl.* mustache
bagnato, –a wet
balbettare to stammer, stutter
balcone *m.* balcony
ballare to dance
ballo *m.* ball, dance
balocco *m.* plaything, toy
balzo *m.* leap
bambina *f.* child, young girl
bambinata *f.* childlike action
bambino *m.* little boy
bambola *f.* doll
banale common, vulgar, ordinary
banco *m.* bench
bando *m.* announcement
barba *f.* beard
barbiere *m.* barber
base *f.* base, bottom, base of operations; **in __ a** on the basis of
basso, –a low; **__ di sotto** with a low ceiling
bastare to suffice, be enough; **basta** enough of that
bastimento *m.* ship
bastonare to beat
bastoncino *m.* cane, walking stick
battente beating, sounding
battere to beat, strike; **in un __ d'occhio** in the blinking of an eye
battezzare to baptize
battuta *f.* beat
baule *m.* trunk; **__ posteriore** trunk (of a car)
beato, –a happy
becchime *m.* food (for chickens)

beffa *f.* jest; **farsi beffe** to make fun of
beffardo, –a mocking, derisive
bel, bello, bella beautiful, handsome, fine; **o bella!** of all things! can you imagine! **che bello!** how nice!
belato *m.* bleating
bellezza *f.* beauty
bellino, –a pretty
benché although
ben, bene *adv.* well, good, fine, rather, quite; **sta __ ,** it's all right; **va __ ,** fine, all right
bene *m.* welfare, good, benefit; **volere __ a** to love, be fond of
benedetto, –a darn, confounded
benedire to bless
benedizione *f.* benediction
benevolo, –a benevolent, kind
benissimo very well
bere (*p. a.* **bevvi**) to drink
berretto *m.* beret, cap
bestia *f.* animal, beast
betoniera *f.* cement mixer
bianco, –a white; **capelli bianchi** grey hair
bicicletta *f.* bicycle
biglietto *m.* note; **__ di scusa** letter of apology
bigodino *m.* curler
biondo, –a fair, blond
birbante *m.* scoundrel
bisbigliare to whisper
bisognare to be necessary, must
bisogno *m.* need, necessity; **aver __ di** to need
bloccare (**blocco**) to block, stop; **__ il motore** to stop moving, come to a stop
blocco *m.* block; **__ volante di controllo** road block of revenue officers

bluff *m.* bluffing; **fa del** __ ,
he is bluffing
bocca *f.* mouth, opening; a
__ ap**e**rta gaping; **m**ettere
bocca to interfere
boccetta *f.* small bottle, vial
boccettina *f.* little bottle,
small vial
bocchino *m.* (cigarette) holder
bollare to stamp; **carta bollata**
f. legal document
boll**e**nte boiling, very hot
bontà *f.* goodness, kindness
borbottare to mutter; **col** __ ,
by muttering
borghese *m.* middle class person
borsa *f.* bag, pouch
B**ɔ**sforo *m.* Bosphorus
b**ɔ**tta *f.* blow; **b**ɔtte da ci**e**chi
fierce blows
bottega *f.* shop, store
bottiglia *f.* bottle
bottone *m.* button
br**a**ccio *m.* (*pl.* br**a**ccia *f.*) arm;
a braccia aperte with open
arms; **allargare le br**accia to
open   one's   arms   wide;
spalancare   le   braccia to
open one's arms; **sottobr**accio
under one's arms
brache *f. pl.* trousers
bramare to long for, be anxious to
bravo, **–a** good, clever, fine,
smart, capable; **bravo!** fine!
bravura *f.* skill
br**e**ve brief, short, small
brillante *m.* diamond
br**i**vido *m.* chill
brontolone, **–a** grumbling
bruciato, **–a** burned, parched
bruciore   *m.*   inflammation;
__ **di st**ɔmaco heartburn
bruscamente brusquely
brutto, **–a** ugly; **brutta figura**
bad showing

buco, *m.* hole, opening
buffo, **–a** funny
bugia *f.* lie, falsehood
bugiardo *m.* liar
b**u**io *m.* darkness, dark
bu**ɔ**n(o), **–a** good, kind; **bu**ɔna
n**ɔ**tte (*fig.*) that's all, good-
bye
b**u**rbero, **–a** crabby, ill-tem-
pered
burla *f.* joke, jest, mockery;
per __ , in jest
burlare to mock; **burlarsi di**
to make fun of
bussare to knock
busta *f.* envelope, case; __ **dei**
f**e**rri tool box
busto *m.* shirtwaist, blouse,
bust
buttare to throw; **buttarsi** to
throw oneself

c.s. = come sopra as above
c**a**ccia *f.* hunting
cacciare   (c**a**ccio)   to   blow
away, turn away; __ **una**
mano to put out one's hand;
cacciarsi in tasca to stuff
one's pocket
cacciatore *m.* hunter
cadere to fall; __ **ammalato**
to become ill
caff**è** *m.* coffee; cup of coffee
caffelatte *m.* coffee with milk
cafone *m.* uncouth person
calare to fall, lower, be low-
ered
calce *f.* mortar
caldo *or* calore *m.* heat
calma *f.* calm
calmarsi to calm oneself
calzoncini *m. pl.* shorts
cambiare (c**a**mbio) to change;
__ **id**ɛa to change one's
mind
cami**ɔ**n *m.* (motor) truck
c**a**mera *f.* room

camicia *f.* shirt; __ **da notte** nightgown
camminare to walk
campagna *f.* country, country-side
campanella *f. or* **campanello** *m.* door-bell
campo *m.* field
capace apt, capable
cancelliere *m.* court clerk
cancello *m.* gate (of a villa)
candela *f.* candle
cane *m.* dog
canna *f.* barrel (of a gun)
cantare to sing
cantina *f.* cellar, wine cellar
capace capable
capacitarsi to be convinced
capello *m.* hair; **capelli** *m. pl.* hair; **capelli bianchi** gray hair; **farsi tagliare i capelli** to get a haircut
capezzale *m.* sickbed
capire to understand; **capirci niente** to figure it out; **si capisce** it's understood, of course
capitare to come upon, happen to get
capitolo *m.* chapter
capo *m.* head, end (of sheet); **mettersi in** __ , to get it into one's head
capolavoro *m.* masterpiece
capolino: far __ , to peep through
cappella *f.* chapel
capra *f.* goat
capriccio *m.* whim, caprice
captare to intercept
carabiniere *m.* police
carattere *m.* character, disposition
carcere *m.* prison; __ **a vita** life imprisonment
carica *f.* assignment, work, task

caricare to load, make heavy
carico, –a full, loaded
carino, –a nice, charming
carità *f.* charity; **per** __ , for goodness sake
carne *f.* meat
caro, –a dear; **i cari** the dear ones
carriera *f.* career
carro *m.* wagon
carrozza *f.* carriage; **si mise in** __ , she got into the carriage
carta *f.* paper; __ **bollata** legal document; __ **straccia** waste paper; **carte** *f. pl.* playing cards
cartella *f.* briefcase
casa *f.* house, home
cascare to fall; __ **dalle nuvole** to be amazed
casco *m.* helmet
caso *m.* case, situation, chance; **far** __ , to mind, pay attention; **per** __ , by any chance; __ **mai** in case, if by chance
cassa *f.* box; __ **da imballaggio** crate
cassetto *m.* drawer
castello *m.* castle
cataclismo *m.* cataclysm, upheaval
catasta *f.* pile
cattiveria *f.* meanness
cattivo, –a bad, wicked
causa *f.* cause, reason, case (legal); **a** __ **di** because of; **per** __ **di** because of; **per** __ **tua** in your behalf
causare to cause
cautamente cautiously
cautela *f.* caution
cauto, –a cautious
cavaliere *m.* knight, gentleman; **far** __ **a qualcuno** to dub someone a knight; **un**

cafone __ , an upstart peasant
cavalleresco, –a chivalrous
cavallone m. breaker, big
wave
cavare to take out, dig, produce; cavarsela to get out of
it; cavarsi to take off, get out
of; cavarsi d'imbarazzo to
get out of an embarrassing
situation
cavezza f. halter
cavicchio m. peg
cavolo m. cabbage; un __ ,
like fun, certainly not
cedere to yield; __ il passo
to make way
celeste heavenly, sky blue
cena f. supper
cenare to dine, have supper
ceneri f. pl. ashes
cenno. sign, gesture; far __ ,
to nod
centesimo m. 1/5 of a cent
centinaio m. (pl. centinaia)
about a hundred
centro m. center
ceppo m. log
cercare to seek, try, look for;
__ di to try to
cerimonia f. ceremony, for-
mality; far cerimonie to
stand on ceremony
certezza f. certainty
certo, --a certain; adv. certainly, of course; di certo certainly; certo che no! certainly not
cervello m. brain, reason
cessare to stop
cestino m. basket, little basket
che that, which, who, what;
__ c'è? what is the matter?
__ cosa? what? non che
only
chi who, whom; one who

chiacchiera f. chatter, gossip
(used mostly in the plural)
chiamare to call; fare __ , to
send for; chiamarsi to be
called
chiamata f. call
chiaramente clearly, frankly
chiaro, –a clear
chiedere to ask (for), request
chiesa f. church
chilogramma/chilogrammo m.
kilogram
china f. slope; siamo su
una __ , we are on the way
down
chinare to nod, incline;
chinarsi to bend down
chiodo m. nail
chissà = chi sa who knows
chiudere (p.p. chiuso) to
close, shut
chiunque anyone who, who-
ever
ci there, here, to us, us, of it,
of them
ciabatta f. old shoe
ciascuno, –a each, everyone
cieco, –a blind; botte da
ciechi fierce blows; essere
cieco da tutti e due gli occhi
to be as blind as a bat
cielo m. sky
ciglio m. eyelash; fig. edge
cigolio m. creaking, squeak
ciliegia f. cherry
cinema m. movies
cintola f. belt
ciò this, that, who; a ciò in
that, to that; cioè that is,
namely
cipolla f. onion
circa about, concerning
città f. city
cittadinanza f. townspeople
civiltà f. civilization
Clarice Clarissa

codesto, –a that (near the person spoken to); pl. those

codino m. pigtail

coetaneo m. contemporary

cofano m. hood (of a car)

cogliere (p.p. colto) caught, seized

cognome m. surname

coinvolto, –a involved

colei she, the one who

collana f. necklace

collegio m. boarding school

collo m. neck

colloquio m. conversation, interview, conference

colpa f. fault, guilt, blame, sin

colpevole guilty

colpevolezza f. guilt

colpo m. slap, blow, surprise

coltivare to cultivate

colto (p.p. of cogliere) caught, seized

colui he, the one who

combinare to perpetrate, arrange

come as, like, how; __ se as if; ma __ ? but how can that be?

cominciare to begin

commedia f. play

commercio m. business deal

commettere to commit, make

commissione f. errand

commisurato, –a commensurate

commosso, –a moved

commozione f. emotion

commuovere (p.p. commosso) to become emotional, be moved

comodità f. comfort, convenience; con tutta __ , leisurely

comodo, –a comfortable, convenient

compaesano m. townsman

compagna f. mate, wife, companion

compagno m. companion

companatico m. food (like luncheon meats or cheese) eaten with bread

comparire to appear

compatto, –a compact

compiacersi to take pleasure in, delight

compiacimento m. delight

compiere to fulfill, accomplish

compito m. task, assignment

complice m. accomplice

complotto m. plot

comportamento m. behavior

comportarsi to behave

comprare to buy

comprendere to understand

comunale communal, of the town

comune m. community, town hall, town

comune common, strange

comunicare to communicate, inform

comunque however, in any case

con with

conca f. basin

concedere to grant, concede, allow

concezione f. idea

conciare to treat, fix up

conciabolo m. secret meeting

conciliante conciliatory

concime m. fertilizer

concitato, –a excited

concludere (p.p. concluso) to conclude

condannare to condemn, sentence, convict

condanna f. conviction, sentence

condividere to share
condizione *f.* walk of life
condotta *f.* conduct
condurre to conduct, accompany, draw, lead, bring
confabulare to chat
conferma *f.* confirmation
confermare to confirm
confessare (**confesso**) to confess
confessione *f.* confession
conficcato, –a fixed
confidare to confide
confondere to confuse; **confondersi** to be confused, to become confused, to deceive oneself
conforto *m.* comfort, relief
confortato, –a comforted
confronto   *m.* comparison; **in __ a,** as compared to
confuso (*p.p.* of **confondere**) confused, abashed
congedarsi to quit, take leave
congratularsi to congratulate
conoscere to know, be acquainted with
conquista *f.* conquest, acquisition
consacrare to ordain
consenso *m.* consent, agreement; **un sacco di consensi** general agreement
conservare (**conservo**) to preserve, keep
conservatore *m.* conservative
considerare to consider, contemplate
consigliare to advise
consiglio   *m.* advice; **stare a __ ,** to be advised
consolare to console oneself, comfort
consono, -a conformable, consonant with
consueto, –a usual, customary

consulto *m.* consultation; **fare un __ ,** to have a consultation, have a conference
consumare to waste away
contadino *m.* peasant, farmer; **contadina** *f.* peasant; **fare il contadino** to be a farmer
contegno   *m.* behavior, attitude
contenente containing
contentare (**contento**) to satisfy, gratify; **contentarsi** to be satisfied
contento, –a content, pleased, happy
continuare to continue
conto   *m.* calculation, figure, account, tale; **fare il __ ,** to reckon, figure out; **fate __ ,** pretend; **in fin dei conti** after all; **per conto mio** as far as I am concerned; **rendersi conto di** to realize; **tener __ ,** to note
contorno *m.* outline
contradire (*p.p.* **contradetto**) to contradict
contrario, –a contrary, opposite; **contrario** *noun m.* the contrary, the opposite; **al __ ,** on the contrary
contrarre to contract
contrattempo *m.* incident
contravvenzione   *f.* fine; **fare __ ,** to give a fine
contro (di) against
controllare to control, check
controllo *m.* control, check
convenienza   *f.* convenience; **matrimonio di __ ,** marriage of convenience
convincere (*p.p.* **convinto**) to convince
convinzione   *f.* conviction, certainty
cooperare (**coopero**) to co-

operate, contribute
coperchio *m.* cover, lid
coperta *f.* coverlet, blanket
coperto, –a covered; **al __ ,** inside, under cover
copiare to copy
copricapo *m.* head covering
coprire (*p.p.* **coperto**) to cover
coraggio *m.* courage, nerve; **far __ ,** to encourage
cornetto *m.* telephone receiver
corona *f.* crown
corpetto *m.* undervest
corpo *m.* body; **__ del reato** evidence
correggere to correct
correre to run; **ci corse per poco** it took a little time
corriere *m.* delivery boy, messenger
corrispondenza *f.* correspondence
Corte d'Appello *f.* Court of Appeals
corteccia *f.* bark, peel, crust
cortese courteous
cortile *m.* courtyard
corto, –a short, brief; **alle corte** let's get to the point
cosa *f.* thing, matter; what; **__ c'è di nuovo?** what's new? **che __ ?** or **cosa?** what? **che __ hai?** what is the matter? **cose da mangiare** things to eat
coscienza *f.* conscience
così so, this way, thus; **e __ via** et cetera; **__ che** or **cosicché** so that
cospetto *m.* presence
costare to cost
costituire to constitute, form
costoro these, those; these people
costruire to construct

costumare to be the custom
cravatta *f.* necktie
credere to believe, think
crepare to burst, die
crepitare (**crepita**) to crackle
crescente increasing
crescere to increase
creta *f.* clay
cretino *m.* idiot, imbecile
crick *m.* jack
criminoso, –a criminal
critica *f.* criticism
croce *f.* cross, an X; **a occhio e __ ,** roughly speaking
crocifisso *m.* crucifix
cromatura *f.* chrome plating
crosta *f.* crust, layer
crudele cruel
crudeltà *f.* cruelty
cucina *f.* kitchen
cucire (**cucio**) to sew
cucolo *m.* cuckoo
cugina *f.* cousin; **cugino** *m.* cousin
cui who, which, whom; **il (la) __ ,** whose
cuneo *m.* wedge
cuoco *m.* cook
cuoio *m.* leather
cuore *m.* heart; **col __ sospeso** in suspense; **mettersi una mano sul __ ,** to think it over carefully, examine one's conscience; **con tutto il __ ,** with the greatest pleasure, gladly
cupo, –a dark, somber, deep, ill-humored, gloomy; **cupo in viso** thoughtful
cura *f.* care
curioso, –a curious, inquisitive, peculiar
curvo, –a bent

da from, by as, since, to; **__ bere** something to drink;

___ **tre anni** for three years;
___ **vari anni** for several years

dannato, –a damned, condemned

danno *m.* harm

dappertutto everywhere

dapprima at first

dare to give, cause; ___ **a capire** to intimate; ___ **del tu** to use the familiar "you"; ___ **fuɔco** to set fire; ___ **importanza** to place importance; ___ **rɛtta** to pay attention (to); ___ **un'occhiata** to cast a glance; ___ **su** to face, open up; **dati i tɛmpi** considering the times; **darsi da fare** to get busy; **dato che** since

dattero *m.* date (fruit)

davanti before, in front of; ___ **a** considering, in front of

davvero indeed, really

dazio *m.* customs, duty or tax; **pagare** ___, to be taxable

dɛbito *m.* debt

decidere (*p.p.* **deciso**) to determine, decide; **decidersi (a)** to make up one's mind

decisivo, –a decisive

degnare to deign, condescend

degno, –a worthy

deliquio *m.* fainting spell

delitto *m.* crime

delusione *f.* disappointment

dɛnte *m.* tooth; **a dɛnti stretti** gnashing one's teeth (in rage); **fregare i dɛnti** to grind one's teeth

dentro inside, within, into

denunciare to denounce, charge *or* accuse before the law

deposizione *f.* testimony, deposition

deprɛsso, –a depressed

derubare to plunder, steal

descrizione *f.* description

desiderare (**desįdero**) to desire, wish, want

desidɛrio *m.* wish, desire

desinare *m.* dinner, meal

desolazione *f.* grief

destare to awaken, arouse, stimulate; **destarsi** to wake up

destino *m.* destiny, fate

dɛstra *f.* right hand; **a** ___, on the right side, to the right; **a** ___ **di** to the right of

dɛstro, –a right

detenuto *m.* prisoner

dettare to dictate

detto (*pp.* of **dire**) said, aforementioned

di of, from, to, by, about, over, with

diagnosticare to diagnose

dialetto *m.* dialect

diamante *m.* diamond

diavolerie *f. pl.* red tape

diavolo *m.* devil; **diavolo!** heavens! good heavens! damnation! **ha un diavolo per capello** he is very upset

dibattimento *m.* disputation

dichiarare to declare

diɛtro behind

difatti in fact

difɛndere to defend

differɛnte different

differɛnza *f.* difference

diffįcile difficult; **ɛssere** ___, to be discriminating

difficoltà *f.* difficulty

difilato *adv.* directly

digiuno, –a fasting

dilɛggio *m.* mockery

dilɛtto, –a beloved, dear

diluire to dilute, weaken

dimenticare (**dimɛntico**) to forget

dimɛttere to resign

dimɔra *f.* abode

dimostrare to demonstrate, prove, show

Dio *m.* God, heaven, goodness; **in nome di __** , for goodness sake, in heaven's name; **per __** , for heaven's sake

dipingere to paint

dire (*p.p.* **detto**) to say, tell, speak; **__ di tutti i colori** to say all kinds of nasty things; **__ su** to speak up; **non è da __** , there is no question about it; **per __** , as if to say; **vuol __** , it means

direttiva *f.* order, directive

direzione *f.* management, direction

dirigere to direct; **dirigersi fuori porta** to go outside

diritto *m.* right, law

disastro *m.* misfortune

discendere to descend

discorrere to converse

discorso *m.* discussion, speech

discreditare to discredit

discrezione *f.* discretion

discutere to discuss

disdire to deny, contradict; **disdirsi** to retract one's words

disgrazia *f.* misfortune, bad situation

disgraziato, —a wretched, unfortunate; **disgraziato** *noun m.* wretch

disgustato, —a displeased

disgusto *m.* disgust, displeasure

disinteressare to disinterest

disinvolto, —a self-possessed, cool; **fare il __** , to act cool

dismisura *f.* excess; **a __** , immeasurably

disonore *m.* dishonor

disordine *m.* disorder, con-

fusion

disotto under, below; **al __** , below

disparte: in __ , aside

disperarsi to despair

dispetto *m.* indignation

dispiacere to be sorry, regret, displease; **mi dispiace** I am sorry

disporre to arrange, be prepared, be disposed

disposizione *f.* disposition, disposal

dissuadere to dissuade

distaccato, —a detached

distendere to spread out

distrarre (*p.p.* **distratto**) to distract; **distrarsi** to be distracted

disturbare to inconvenience, bother; **disturbarsi** to bother

disturbo *m.* trouble

disvolere to be unwilling

ditale *m.* thimble

dito *m.* (*pl.* **dita** *f.*) finger

divano *m.* divan, couch

divenire to become

diventare to become, go (crazy)

diverbio *m.* argument

diverso, —a different

divertente amusing

divertire to amuse

dividersi to divide

dolce sweet, soft, kind

dolcemente sweetly, gently

dolcezza *f.* sweetness, gentleness

dolore *m.* grief, sorrow, pain, ache

dolere to ache, hurt

doloroso, —a painful

domanda *f.* question, request; **far __** , to make a formal request

domandare to ask (for)

domani   tomorrow
Domęnica del Corrięre   Sunday magazine section of the famous Milan daily *Corrięre della Sera*
domęstica *f.*   maid
domęstico, –a   domestic
dominare   to dominate, control
Don = signore   (title of respect used with first names only, usually with the clergy, and common in southern Italy)
donare   to bestow upon, give
donde   whence, from where
dondolare   to sway, dangle
dɔnna   *f.*   woman,   lady;   donnetta   a small woman
dono *m.*   gift
dopo   after, later, following
doppietta   *f.*   double-barreled shotgun
dǫppio, –a   double
doppiofondo *m.*   false bottom
dormire   to sleep
dɔte *f.*   quality, talent; dowry
dove   where, in which
dovere   *m.*   duty, task; __ di scuɔla   schoolwork
dovere   to owe, be obliged, be about to, should, ought, might, have to
droghięre   *m.*   seller of herbs, spices, extracts, condiments and confections
dųbbio *m.*   doubt
dubitare (dųbito)   to doubt, have doubts
dųnque   then,   well   then, therefore
durante   during
durare   to last
duro, –a   hard, strong, firm; dare nel duro   to strike something hard

ebbɛne   well
eccellɛnte   excellent
eccepire   to object
eccɛtera   et cetera
eccettuato, –a   except
eccezionale   exceptional
eccitato, –a   excited
ɛcco   here is, here are; look, well; ɛccomi   here I am; ɛccoglielo   here it is
edilįzio, –a   in construction
effɛtto *m.*   effect
eh!   oh!   well!   oh well;   eh via!   come now!
elegante   elegant, handsome
elementare   elementary; la tɛrza __ , the third grade
elemento   *m.*   element, evidence, proof
elɛttricamente   electrically, by electricity
eloquɛnte   eloquent
Emįlia   *region of Northern Italy*
emozione *f.*   emotion, feeling
empire   to fill
energicamente   resolutely
enigma *m.*   enigma, mystery
enigmątico,   –a   enigmatic, puzzling
enorme   enormous, great
entrare   to enter, enter into, come in; entrarci   to have to do with
entusiasmante   enthusiastically, exciting
entusiasmarsi   to become enthusiastic
entusiasmo *m.*   enthusiasm
ɛpoca *f.*   period, epoch
eppure   and yet
erɛde   *m. or f.*   heir
ergastolano *m.*   convict
ergastolo *m.*   penitentiary
ɛrpice *m.*   harrow
errore *m.*   mistake, error

esaltare to exalt
esame *m.* examination
esattezza *f.* exactness; **con** __ ,
exactly
esatto, –a exact
esaurito, –a exhausted, finished
esclamare to exclaim
escludere to exclude
esclusivamente exclusively
eseguire to perform, execute
esempio *m.* example; **ad** __ ,
for example
esercitare to practice (a pro-
fession)
esistente existing
esistenza *f.* existence
esistere to exist, live
esortare to exhort, urge
strongly
esperienza *f.* experience
espiazione *f.* expiation;
__ **dell'ergastolo** prison
term; **durante l'** __ **della pena**
while serving his sentence
espressione *f.* expression
esprimere to express
essere to be; **che c'è** what
is it? what's the matter?; __ **da**
to be worthy of; __ **d'accordo**
to be in agreement; __ **in**
grado di to be in a position
to; **può** __ , perhaps; **ci**
siamo! this is it! we are
ready
esso he, it
estate *f.* summer
estraneo, –a extraneous
estrarre to take out, pull out,
extract
età *f.* age
evasivo, –a evasive
evitare to avoid

fa ago; **poco** __ , a little
while ago

fabbricare (fabbrico) to build
faccenda *f.* business, contraption
faccia *f.* face; **in** __ **a** in front
of, before
faceto, –a facetious
facile easy
facilità *f.* facility, ease
fagotto *m.* bundle; **fece** __ ,
he packed his things
falegname *m.* carpenter
famiglia *f.* family
famigliarità *f.* familiarity, ac-
quaintance
fantasia *f.* imagination
fare to do, make, manage,
play; __ **a** to manage to;
__ **caso** to pay attention;
__ **cenno di sì** to nod in
agreement; __ **che** to do so
that; __ **il contadino** to be a
farmer; __ **conto** pretend;
__ **il conto** to figure out;
__ **contravvenzione** to give
a summons *or* fine; __ **da** to
serve as; __ **dire** to have
someone tell; __ **festa** to
give a royal welcome; __ **finta**
to pretend; __ **forza** to press
hard; __ **l'impressione** to
give the impression; __ **male**
to hurt, ache; __ **per** to start
to; __ **piacere** to please; __
presto to hurry; **farsi**
riconoscere to establish
oneself; __ **riverenza** to
take one's leave, bow; __
saltare to make jump; __
sapere to inform; __ **schifo**
to be disgusting; __ **segno**
to give the signal; __ **segno**
di sì to nod in agreement;
__ **una sorpresa** to surprise;
__ **molta strada** to travel a
great deal; __ **poca strada** to
make little headway; __

vedere to show; — **un viaggio** to take a trip; **niente da** —, it's useless; **farsi male** to get hurt; **darsi da** —, to get busy
farfugliare to stutter
farina *f.* flour; — **del sacco tuo** your idea, your thinking
fascicolo *m.* bundle (of papers), brief
fata *f.* fairy
fatica *f.* hard work
faticosamente laboriously
fatta *f.* sort
fatto *m.* affair, business; fact, deed, event; **fatti di sangue** bloody deeds
fattorino *m.* messenger boy, delivery boy
favore *m.* favor; **per** —, please; **in tuo** —, in your behalf
favorevole favorable
favorire to favor
fazzoletto *m.* handkerchief; **fazzolettino** dainty little handkerchief
febbre *f.* fever, temperature
febbrilmente feverishly
fede *f.* faith; **giurare** —, to promise to marry
fedele *m.* faithful one, parishioner
felice happy
felicità *f.* happiness
felicemente happily
fermare to stop, hold, capture
fermezza *f.* firmness; **con** —, resolutely
fermo, -a firm
feroce savage, fierce
ferro *m.* iron, tool; **un filo di** —, wire; **ferri** *m. pl.* iron bars
festa *f.* holiday, party, festivity; — **da ballo** ball

fiamma *f.* flame
fiammifero *m.* match
fianco *m.* side (of the body)
fiato *m.* breath; **senza** —, out of breath
fidanzarsi to get engaged
fidanzata *f.* fiancée
fidanzato *m.* fiancé; **fidanzati** engaged couple
fidarsi to trust in, rely on
fiducia *f.* confidence, trust
fierezza *f.* boldness
figlia *f.* daughter; — **da marito** marriageable daughter
figliare to give birth
figliale filial
figlio *m.* son
figliuola *or* **figliola** (*dim. of* **figlia**) daughter, child
figliuolo (*dim. of* **figlio**) son, child
figurarsi to imagine, think
filettatura *f.* wire, ornament
filo *m.* thread, clue; — **d'acqua** drop of water; **dare del** — **da torcere** to cause trouble; **ritrovare il** —, to find the clue; **fil di ferro** *m.* wire
filosofo *m.* philosopher
filtro *m.* filter
fin till, until
finalmente finally
Finanza Department of Internal Revenue
finché until, as long as
fine *f.* end; **alla** —, finally; **in fin dei conti** after all; **che** — **abbia fatto** how she ended up
fine *m.* end, object, aim, motive
finestra *f.* window; **finestrella** little window
fingere to feign, pretend; **fingersi** to pretend to be

finire to finish, to put an end, end, conclude; andare a __ , to result, to end up

fino (a) until, up to; fino allora until then; fin che until; fin da from; fin sotto a even under

finto, -a false, feigned

fiore m. flower

Fiorella girl's name

firma f. signature

firmare to sign

fissamente fixedly

fissare to stare

fisso, -a fixed, staring; adv. fixedly

flagrante flagrant; in __ , in the act, red handed

focolare m. fireplace, hearth

foglia f. leaf; a foglia morta like a falling leaf

foglio m. sheet (of paper)

folla f. crowd

fondo m. depth, bottom, background; a __ , thoroughly, down; in __ , after all, at the bottom

fontana f. fountain

forestiero m. stranger

forma f. form; in tutte le forme very formal; le forme legali legal terms

formare to form, arrange, constitute, shape

formicaio m. ant hill

formidabile powerful, formidable

fornire to furnish

forse perhaps

forte strong, loud; adv. strongly, loudly, hard, heavily

fortuna f. fortune, luck

forza f. force, strength; con __ , forcefully, emphatically; fare __ , to press hard

forzare (forzo) to force

fra between, among; __ poco in a little while; __ sé to himself

fragile fragile

franare to slide down

francamente frankly

frangere to break

frantumare to shatter

fratello m. brother

frattempo m. interval; nel __ , meanwhile

freddezza f. coldness, indifference

fregare to rub; __ i denti to grind one's teeth

frequentare to frequent, go with

frequente frequent

fresco, -a cool, fresh; fresco noun m. cool air

fretta f. haste, hurry; in __ , hurriedly

friggere to fry, stew (with anger)

frivolezza f. frivolity

fronte f. forehead; a __ alta honorably; di __ a before, faced with; in __ , on the forehead

frustare to whip

frutto m. fruit

fuggire to run away, flee

fumare to smoke; noun m. smoking

fumo m. smoke

funzionamento m. function, operation

funzionare to work, function

fuoco m. fire; dare __ , to set fire

fuori out, outside; __ luogo out of place; saltare __ , to come forth; tirare __ , to rough out

furbo, -a shrewd

furibondo, -a furious

furiosamente furiously
furto *m.* theft; **di __** furtively, on the sly

galantuɔmo   *m.* gentleman, young man
galleggiare to float
gallina *f.* chicken
ganascia *f.* jaw
garantire to guarantee
garbare to please
garbo *m.* grace, courtesy; **con __ ,** gracefully
Garibaldi, Giuseppe, *general during the unification of Italy in 1860*
gatto *m.* cat; **con un __ vivo nello stɔmaco** boiling with rage
gelsomino *m.* jasmin
gɛmere to groan
generalmente generally
gɛnere *m.* kind, sort
genitore *m.* parent; **genitori** *m. pl.* parents
Gɛnova *f.* Genoa
gɛnte *f.* people
gentile polite; strange, kind, delicate, nice; **pɔco __ ,** not polite
gentiluɔmo *m.* gentleman
gɛsto *m.* gesture
gettare (gɛtto) to throw, cast
ghenga *f.* gang
già already, yes, indeed, in fact
giacca *f.* jacket, coat
giacché since
giacere to lie, rest
giallo,-a yellow; **giallɔgnolo,-a** sallow-looking
giardiniɛre *m.* gardener
giardino *m.* garden
gigantesco, -a gigantic; __ **prɛte** *the powerful anti-communist priest, Don Camillo,*

main character of Giovanni Guareschi's famous book Don Camillo, Mondo piccolo
ginɔcchio   *m.* knee   (*pl.* **ginɔcchia** *f.*)
giocare (giɔco) to play; **__ a** to play at
giɔco *m.* game, trick; **avɛr buɔn __ ,** to have a good hand, be lucky; **prɛndersi di** to make fun of
giɔia *f.* joy, jewel
gioiɛllo *m.* jewel
giornale *m.* newspaper
giornata *f.* day (a full day)
giorno *m.* day, daytime; **ai nɔstri giorni** at the present day; **buɔn giorno** good day, good morning, hello; **gli ɔtto giorni** a week's notice
giɔvane *adj.* young; **giɔvane** *or* **giɔvine** *m. or f.* youth, young man, young woman, fellow, young girl
Giovanni John; **Giovannino** Johnny
giovanɔtto *m.* young man, fellow
gioventù *f.* youth
girare to turn, go around; **far __ la tɛsta a** to make one's head spin; **girarsi** to turn around
giro *m.* turn; **fare il __ ,** to go around; **fece il __ ,** he made the rounds; **in __ ,** around; **prɛndere in __ ,** to fool
girobacchino *m.* wrench (used to raise jack to remove wheel)
giù down; **su per __ ,** more or less
giudicare to judge
giudice *m.* judge
giudiziario, -a judiciary
giudizio *m.* good judgment,

common sense, judgment;
mettere ___ , to get some
sense
giungere (*p.p.* **giunto**) to
reach, succeed
giuoco *m.* play, game
giurare to swear
giurato *m.* juryman, member
of the jury; **i giurati** the jury
giuridico, -a judiciary
Giuseppina Josephine
giustamente justly, appropri-
ately
giustificare (giustifico) to justify
giustificazione *f.* justification,
explanation
Giustino Justin
giustizia *f.* justice, law
giusto, -a just, right
godere (godo) to enjoy
goffaggine *f.* awkwardness
goffo, -a awkward
Goffredo Godfrey
gola *f.* throat
gomma *f.* rubber, tire;
afflosciare (una ___) to get a
flat tire
grado *m.* position, grade,
degree
graffio *m.* scratch
grammo *m.* gram
grande (gran) great, large, tall,
big
grandicello, -a pretty grown
up
granitico, -a granite, solid
granturco *m.* corn
grata *f.* grating
grato, -a grateful
gratuito, -a gratuitous, free
grave grave, serious
gravità *f.* seriousness
gravoso, -a serious, difficult
grazia *f.* grace, request, pardon; **con** ___ , gracefully;

fare ___ , to pardon; **grazie**
thanks
graziato, -a pardoned
grazioso, -a nice, pleasing
grembiulata *f.* apronful
grembiule *m.* apron
gridare to cry, cry out, shout
grinzoso, -a wrinkled
grosso, -a big, large, thick,
heavy; **l'hai fatta grossa** you
sure goofed
grossolano, -a uncouth
grotta *f.* grotto
gruppo *m.* group
grugno *m.* snout, face
guadagnare to gain, earn
guaio *m.* woe, calamity, trouble; **guai a...** ! woe to . . . !
trovarsi nei guai to be in a
jam
guantone *m.* large glove
guardare to look at; ___ **con**
tanto d'occhi to stare at
guardia *f.* guard, officer; **in**
___ , on the watch
guastatori d'assalto *m. pl.*
demolition squad
guasto *m.* breakdown
guerra *f.* war
guidare to drive
guisa *f.* way, manner

Iddio God
idea *f.* idea
ideale *m.* ideal
identico, -a identical
identificare to identify
ieri yesterday; **ierisera** yesterday evening
ignorare to be ignorant of, not
to know
illudersi to deceive oneself
illegalmente illegally
illuminare (illumino) to light
(up), illuminate

imballaggio *m.*   crate, packing;
  cassa da __ ,   crate
imballato, -a   wrapped   up,
  packaged
imbandire   to prepare
imbarazzare   to embarrass
imbarazzato, -a   embarrassed
imbarazzo *m.*   embarrassment
imbarcarsi   to embark
imbecillaggine *f.*   silly action
imbecille *m.*   imbecile
imbevuto, -a   saturated
imbroglio *m.*   shady deal
imitare   to imitate
immaginare (immagino)   to
  imagine
immergersi   to immerse oneself, disappear into
immobile   immovable,   mo-
  tionless
impacciato, -a   embarrassed,
  perplexed
impaccio   *m.*   obstacle;   per
  trarsi d' __ ,   to get (something) out of the way
impallidito, -a   pale
impallinato, -a   full of pellets
impappinarsi   to get confused
imparare   to learn
impastare   to mix
impaurirsi   to be frightened
impazienza *f.*   impatience
impedire   to prevent
impegno *m.*   commitment, task
impenetrabile   impenetrable
impercettibile   imperceptible
impertinente   impudent
impeto *m.*   force
imporre   to impose, demand,
  oblige
importanza *f.*   importance
importare (importa)   to import,
  matter, be important;   né
  m'importa   neither would I
  care
impossibile   impossible
impostare   to begin, settle

imprecare   to curse
imprecazione *f.*   curse
impressionabile   sensitive, im-
  pressionable
impressionante   impressive,
  extraordinary
impressione *f.*   impression
imprevisto, -a   unforeseen, unexpected; *adv.* unexpectedly
improvvisamente   suddenly
improvvisare   to improvise
improvviso, -a   sudden;
  d'__ ,   suddenly
imputato *m.*   accused, prisoner
inaspettato, -a   unexpected
inatteso, -a   unexpected
incalzare   to pursue, continue
incantesimo   *m.*   spell;   mandare un __ ,   to cast a spell
incaricarsi (di)   to entrust with
incavare   to hollow out
inceppare (in)   to fall into, run
  into
inchino *m.*   bow
inchiostro di Cina *m.*   India
  ink
incidente *m.*   incident
incirca   about;   all' __ ,   ap-
  proximately
incolto, -a   in disorder, untidy
incominciare   to begin
incontrare   to meet;
  incontrarsi   to meet
incontro *m.*   meeting
incontrollato, -a   unobserved,
  unnoticed
incoraggiato, -a   encouraged
incremento   *m.*   increment,
  increase
incrociati, -e   crisscross
indagine   *f.*   investigation;   le
  indagini   investigation
indegno, -a   unworthy
indemoniato, -a   possessed by
  the devil
indennità *f.*   indemnity, compensation

indicare (indico) to point out
indietro back, behind, backwards
indifferente indifferent
indifferenza f. indifference
indignato, -a indignant
indirizzare to direct, address
indirizzo m. address
indistintamente without exception
indizio m. evidence
indolenzire to be sore, numb
indomani the next day, the day after
indovinare to guess
indurre to induce
infanzia f. childhood
infatti in fact
infelice unhappy; noun m. or f. unhappy person
Inferno m. Hell
infetto, -a infected
infiammazione f. inflammation
infido, -a untrustworthy, undependable
infilare to insert; __ in to slip into
infine finally, after all
informare to inform
informazione f. information
ingannare to deceive; ingannarsi to be mistaken
ingegnarsi to use one's ingenuity
ingioiellato, -a decked out in jewels
ingiustizia f. injustice
ingiusto, -a unfair, unjust
inglese m. English language
ingrandire to magnify, increase
ingrato, -a ungrateful; ingrato noun m. ungrateful one
iniziare to begin
inizio m. beginning
innamorato, -a in love, en-

amoured
innocente naive, innocent
innocenza f. innocence
inorgoglire to make proud, grow proud
inquietarsi to lose one's patience, become restless
inquieto, -a uneasy, restless
insaputa: all' __ di without the knowledge of
insediarsi to install onself (in office)
insegnamento m. teaching
insegnare to teach, show, point out
inserire to insert, introduce
insidia f. deception
insieme (a) together (with), at the same time; tutto l'__ , the whole affair
insistere to insist
insolenza f. insolence, nasty thing
insomma in short, really
insospettire to become suspicious
insostenibile untenable
intanto meanwhile
intavolare to begin (a discussion)
integrante integral
intelligente intelligent
intelligenza f. intelligence
intendere (p.a. intesi) to understand, intend; __ dire to hear it said; s'intende of course; intendersi to come to an understanding
intenso, -a intense
intenzione f. intention, purpose; che __ hai? what do you plan to do?
interessamento m. interest
interessante interesting
interessare to interest, care about; interessarsi di to be interested in, to become in-

terested

interesse *m.* interest, advantage; *pl.* affairs

interno, -a interior

intero, -a entire, whole, in one piece; **tutt'** __ , completely whole

interrogatorio *m.* cross-examination

interrompere to interrupt

intervenire to intervene

intestato, -a headed, entitled

intestazione *f.* heading, title

intimo, -a intimate

intontimento *m.* amazement, shock

intoppo *m.* obstacle, hindrance

intorno (a) about, around

intrattenere to stop, to discuss something

introdurre to insert, introduce

inutile useless

invece (di) on the other hand, instead

inventare (invento) to invent

inverno *m.* winter

invertire to invert, turn around; __ **il senso della marcia** to turn right around

investire to assail

invidia *f.* envy

invidiare (invidio) to envy

invitare to invite, request

involontariamente unwittingly

involto *m.* package

inzeppare to stuff

iperbole *f.* exaggeration

ipotesi *f.* hypothesis

Irma *proper name*

ironicamente ironically

ironico, -a ironic

irritare to irritate

irritato, -a angry

isolamento *m.* seclusion

ispezionare to inspect

ispirare to inspire

istante *m.* instant, moment

istinto *m.* instinct; **d'__** , by instinct

istruttoria *f.* summation (of evidence)

istruzione *f.* education; __ **obbligatoria** compulsory education

Italia Italy

là there; **di __** , there, over there

labbro *m.* (*pl.* **labbra** *f.*) lip

laboriosità *f.* willingness to work

laborioso, -a diligent, industrious

lagnarsi to complain

lago *m.* lake

lagrima *f.* tear

lamentare to complain; **lamentarsi** to groan, complain

lampo *m.* lightning flash; **fare lampi e saetti** to make quite a scene

lancetta *f.* dial

lanciare to throw, cast; __ **uno sguardo** to give a look; __ **un urlo** to let out a scream

larghezza *f.* width

largo, -a wide, broad; a **gambe larghe** squarely

lasciare (lascio) to leave, let, allow; __ **dire** to disregard; __ **perdere** to put aside, disregard; __ **stare** to leave alone

lato *m.* side

latta *f.* can; **lattina** little can

lavare to wash; **lavarsi** to get washed

lavorante *m.* worker

lavorare to work, shape, model

lavoratore *m.* worker
lavoro *m.* work; **al** __ , at work
leale loyal
legale legal; **forme legali** legal terms
legare to tie; **matto da** __ , fit to be tied
legazione *f.* legation
legge *f.* law
leggere to read
leggero, –a *or* **leggiero, –a** light
legionario *m.* Roman soldier
legna *f.* wood, firewood
legno *m.* wood; **di** __ , wooden
lei she, her, you
lembo *m.* edge
lendinella *f.* sackcloth
lenzuolo *m.* sheet (bed); *pl.* **lenzuola** *f.*
leprotto *m.* little hare
lettera *f.* letter; __ **di presentazione** letter of introduction; __ **di raccomandazione** letter of recommendation
letto *m.* bed; **a** __ , in bed; **camera da** __ , bedroom; **rifare il** __ , to make up the bed
lettura *f.* reading
leva *f.* lever
levare (levo) to raise, take away, lift; **levarsi d'intorno** to get out of one's sight
levatrice *f.* midwife
lì there
liberamente freely, frankly
liberato, –a freed
libero, –a free
libertà *f.* freedom
libro *m.* book
licenza *f.* furlough, leave, dismissal, license
licenziare to dismiss

lieto, –a happy, joyful
lieve minor; **lievissimamente** very gently
limpido, –a clear
lingua *f.* tongue; **sciogliergli la** __ , to make him talk
lino *m.* flax, yarn, fiber
lira *f.* lira (*unit of Italian money*)
lisca *f.* gratings of flax, yarn
lite *f.* dispute, lawsuit
litigio *m.* argument
livello *m.* level
logico, –a logical
lontananza *f.* absence, distance, separation
lontano, –a far, distant, away; __ **da** far from
Luca Luke
luccicare to sparkle
luce *f.* light; **fare** __ **completa** to get the complete truth
lucignolino *m.* length, strand
luglio *m.* July
lunghezza *f.* length
lungo, –a long; **a lungo** at length
luogo *m.* place; **fuori** __ , out of place
lustrare to shine, polish

ma but, however
macchina *f.* car, machine, tool, motor vehicle; __ **fotografica** camera
maceria *f.* ruin
madonna *f.* lady; __ **mia!** good heavens!
madre *f.* mother
maestà *f.* majesty
maestro *m.* teacher, master; __ **di scuola** schoolmaster
magari possibly, even, even if
maggioranza *f.* majority; **in** __ , for the most part
maggior(e) greater, elder, older, larger

magistrato *m.* magistrate, judge
magistratura *f.* magistracy, the Bench
magnifico, –a magnificent
mai never, ever
maiale *m.* pig
malafede *f.* disloyalty, bad faith
malamente badly
malattia *f.* illness
male bad; *adv.* badly
male *m.* harm; **far __** , to hurt, bother; **farsi __** , to get hurt; **mal di stomaco** stomachache; **meno __** , thank goodness, it wouldn't be so bad; **non c'è __** , it is not so bad
maledetto, –a confounded, cursed, damned
maledire to curse
maleducato, –a ill-mannered, ill-bred
maleducazione *f.* bad manners
malgrado in spite of
malinconicamente sadly
malinconico, –a melancholy
malvagità *f.* wickedness
mammalucca *f.* fool
mancanza *f.* lack, infraction
mancare to lack, be missing, fail, be lacking, be away; **non __** , to have plenty
mancia *f.* tip
manciata *f.* fistful
mandante *m.* agent
mandare to send; **__ via** to dismiss
manette *f. pl.* handcuffs
mangiaprete *m.* priest hater
mangiare to eat; **da __** , something to eat; **__ da non poterne più** to eat excessively; **mangiarsi** to eat up; **mangiarsi la paglia sotto** to

waste one's wealth
manica *f.* sleeve; **in maniche di camicia** in shirt sleeves
manico *m.* handle
maniera *f.* manner, way
manifestare to manifest, let know
manifestazione *f.* manifestation, display
mano *f.* hand; **fra le mani** in his hands
manometro *m.* gauge; **__ dell'olio** oil gauge
manovra *f.* turn (with car)
mantenere to keep, maintain, hold
Marcello *proper name*
marcia *f.* motion
mare *m.* sea, ocean
maresciallo *m.* police officer
Margherita Margaret
marina *f.* navy, marine
marinaio *m.* sailor
maritare to marry; **maritarsi** to marry, get married
marito *m.* husband
maroso *m.* billow, high wave
martello *m.* hammer
mascalzonata *f.* mean trick
mascalzone *m.* rascal, scoundrel
massiccio, –a thick, solid
massimo *m.* (the) most
masticare to chew
materasso *m.* mattress
matita *f.* pencil
matrimonio *m.* marriage, wedding
mattina *f.* morning
matto, –a mad, insane, crazy
mattone *m.* brick
mazzo *m.* bouquet, bunch
meccanico *m.* mechanic
meccanismo *m.* mechanism
medesimo, –a same, self
media *f.* average
mediante by means of

medico m. doctor
megera f. fury
meglio better, best, rather; alla __ , as well as possible
memoria f. memory; pl. memoirs; sapere a memoria to know by heart
menare to lead
meno less; di __ , less; il __ , the least; __ male thank goodness, it wouldn't be so bad; per lo __ , at least
mensile monthly
mente f. mind
mentire to lie
mentre while, as
meraviglia f. surprise, wonder, marvel, something wonderful
meravigliarsi to wonder, be surprised
meravigliato, –a astonished, surprised
meraviglioso, –a marvelous
mercante m. merchant
mercanzia f. merchandise
mercato m. market
meritare (merito) to merit, deserve; meritarsi to bring upon oneself
meritevole worthy
merito m. worth
meschino, –a miserable
mese m. month
messa f. mass
mestiere m. work, trade, art
metà f. half, middle; a __ strada halfway home or to a place
metallico, –a metallic
metro m. meter
mettere to put, place, set; __ bocca to interfere; __ fuori to stick out; __ giudizio to get some sense; __ in pensiero to worry; __ sete to make thirsty;

mettersi to put on; mettersi in carrozza to get into the carriage; mettersi a to begin to; mettersi in viaggio to begin one's trip; mettersi le mani nei capelli to despair; mettersi intorno to gather around; mettersi a ridere to start laughing
mezzano m. the middle one
mezzanotte f. midnight
mezzo, –a half, middle; andare di __ , to get blamed
mica hardly, by chance, really
miglior(e) better, best
milione m. million
mille thousand
millimetro m. millimeter
minestra f. soup
minimo m. minimum
minuto, –a minute, diminutive
miracolo m. miracle
mirare to look at, contemplate, aim
miserabile wretched
miserevole wretched
miseria f. extreme poverty
misterioso, –a mysterious
mistero m. mystery
mistico, –a mystical, religious
misura f. measure
modellare to shape, mold
modello m. model, example
moderare (modero) to moderate
moderazione f. moderation
moderno, –a modern
modestia f. modesty
modo m. manner, way; ad or in ogni __ , in any case; a quel __ , that way
moglie f. wife; dar __ , to marry off; prendere __ , to marry
moltitudine f. crowd
molto, –a much; pl. many;

molto *adv.* very, a great deal
momento *m.* moment, opportunity; **così sul __ ,** all of a sudden, suddenly; **da un __ all'altro** at any moment; **a momenti** in a few minutes
mondo *m.* world
moneta *f.* coin
montare to climb, rise; **__ a cavalcioni** to mount astride; **__ la testa** to get excited
monumento *m.* monument; **__ funerario** gravestone
mordere to bite
morire (*p.p.* **morto**) to die
mormorare to whisper, murmur
morso *m.* bite; **con le unghie e i morsi** with tooth and nail
mortaio *m.* mortar
morte *f.* death
morto, –a dead
mosca *f.* fly
mossa *f.* movement, motion; **fare le mosse** to go through the motions, pretend
mostrare to show; **mostrarsi** to appear
motivo *m.* motive, reason
moto = motocicletta *f.* motorcycle
motore *m.* motor, engine
movere *or* **muovere** (**muovo**) to move; **moversi** *or* **muoversi** to move
mucca *f.* cow (milk-producing)
mucchio *m.* pile
muffa *f.* mould; anger, pride
municipio *m.* town hall
muovere *see* **movere**
murare to wall up, seal
murato, –a walled up, sealed
muro *m.* (*pl.* **mura** *f. or* **muri** *m.*) wall; **al muro** against the wall

muso *m.* face, snout; **tenere il __ ,** to be angry, peeved
mutande *f. pl.* underpants
mutare to change, alter, change one's mind

narice *f.* nostril
nascere (*p.p.* **nato**) to be born, arise
nascita *f.* birth
nascondere (*p.p.* **nascosto**) to hide, conceal
nascondiglio *m.* hiding place
naso *m.* nose
nato, –a born
naturalezza *f.* naturalness; **con __ ,** plainly, naturally
naturalmente naturally
navigare (**navigo**) to sail
ne some, of it, of them
né neither; **né...né** neither . . . nor
neanche not even, even
nebbia *f.* fog; **le nebbie della sua memoria** the cobwebs from his memory
necessità *f.* necessity
necessario, –a necessary
negare to deny, disown
negoziante *m.* businessman, shopkeeper
negozio *m.* business
nemico *m.* enemy
nemmeno not even
nenia *f.* plaintive tune, lullaby
neppure not even, even
nero, –a black
nervo *m.* nerve
nervosamente nervously
nessun(o), –a no, any; *pr.* nobody, no one
nicchia *f.* niche
niente nothing; **__ da fare** it's no use; **__ di** nothing at all

nipote *m.* nephew; *f.* niece

nɔ no, not; **dir di** ___ , to say no

nɔdo *m.* knot; **strịngere i nɔdi** to marry (*lit.* to tie the knots)

nɔia *f.* annoyance, trouble; **dar** ___ , to bother, be bothersome; **venire a** ___ , to annoy

nɔmade *m.* nomad

nome *m.* name

non not; no; ___ **che** only

nɔnna *f.* grandmother

nɔta *f.* note

notare to notice, take note of

notịzia *f.* news, report; *pl.* news

nɔtte *f.* night; **buɔna** ___ , that's all, good-bye; **a tarda** ___ , late at night; **la** ___ , at night

novɛmbre November

novità *f.* novelty; *pl.* news

nɔzze *f. pl.* wedding, marriage

nudo, –a bare, nude

nulla nothing, anything; ___ **di male** no harm done; **per** ___ , not at all, not in the least

nụmero *m.* number

numeroso, –a numerous, many

nuɔcere to harm

nuovamente again

nuɔvo, –a new; **di nuɔvo** again, once more; **nuɔvo** *noun m.* newness

nutrirsi to nourish oneself

nụvola *f.* cloud; **nuvoletta** *f.* little cloud

nuziale nuptial, wedding (*adj.*)

o or, either

obbediɛnza *f.* obedience

obbedire to obey

obbligare (ɔbbligo) to oblige, compel, demand

obbligatɔrio, –a compulsory

obiettare to object

ɔca *f.* goose; **pɛlle d'** ___ , goose pimples, goose flesh

occasione *f.* occasion, opportunity

occhialoni *m. pl.* goggles

occhiata *f.* glance, look; **dare un'** ___ , to glance, cast a glance

occhietto *m.* little eye

ɔcchio *m.* eye; **a** ___ **e croce** roughly speaking, estimating roughly; **a quattr'ɔcchi** in private, face to face

occupare (ɔccupo) to occupy, concern; **occuparsi di** to pay attention to, concern oneself with

occupazione abusiva del suɔlo pụbblico illegal trespassing on public property

ɔdio *m.* hate, hatred

odore *m.* odor, smell

offɛrta *f.* offer

offesa *f.* offense

offeso, –a offended

offrire (*p.p.* offɛrto) to offer

oggɛtto *m.* object, thing

ɔggi today

ogni every, all, each; ___ **tanto** every so often

ognuno, –a every (one)

ɔlio *m.* oil

oltrạggio *m.* insult, outrage

oltre besides, beyond

ombra *f.* shade

omertà *f.* gangster-like solidarity

omicịdio *m.* homicide

onestà *f.* honesty

onɛsto, –a honest, honorable, good

onore *m.* honor

ɔpera *f.* work, achievement;

__ d'arte   work of art, masterpiece

opporre   to oppose

opportuno, –a   proper, opportune

opposto, –a   opposite, opposed

opprimente   oppressive, suffocating

opprimere   to overwhelm, hamper, oppress

oppure   or, or else

ɔra f.   hour; time; che __ ɛ? or che ɔre sono?   what time is it?; di buɔn'ɔra   early; ɔra adv.   now; d' __ in pɔi   from now on; d' __ in avanti   from now on; ɔr ɔra   just now; ɔr sono   ago

oramai or ormai   at last, by now

ordinare (ɔrdino)   to order

ɔrdine m.   order; pɔco __ , untidiness

orecchiare   to eavesdrop, listen

orɛcchio m. (pl. orecchi m. or orɛcchia f.)   ear

ɔrfana f.   orphan

orgasmo m.   agitation

orgɔglio m.   pride

orgoglioso, –a   proud

originale   original, queer, peculiar; m.   eccentric fellow, sketch; un vero __ , a real sketch

origine f.   origin

ɔro m.   gold

orolɔgio m.   watch; __ da polso   wrist watch

ɔrto m.   garden (vegetable or fruit)

osare   to dare

oscuro, –a   dark

ospitalità f.   hospitality

ospitare   to give lodging to; fig. to place

ɔspite m.   guest

ospizio m.   hospice, almshouse

osservare (ossɛrvo)   to observe, remark, look at

ɔsso m. (pl. ɔssa f.)   bone; pl. bone structure

ostacolo m.   obstacle

ɔste m.   innkeeper

ostinato, –a   obstinate

ottenere (ottɛngo)   to obtain

ɔttimo, –a   excellent, best

ɔvvio, –a   obvious

pace f.   peace

pacchetto m.   package, little package

pacco m.   package

padre m.   father; pl. forefathers; padre passionista   Passionist Father

padrone m.   master, proprietor, employer, owner

paese m.   country, town

paesano m.   fellow townsman; adj. of the town

paglia f.   straw

pagare   to pay, pay for; __ dazio   to be taxable

pagina f.   page; paginetta   little page

pagnotta f.   round loaf of bread

paio m. (pl. paia f.)   pair, couple

palazzo m.   building, palace

paletɔ m.   overcoat

pallido, -a   pale

palo m.   pole

panca f.   bench, stool

pancia f.   belly; a __ vuɔta   on an empty stomach

panno m.   cloth, rag; pl. clothes; ɛssere nei panni di qualcuno   to be in somebody else's shoes

pannɔcchia f.   ear (of corn)

papa m.   pope

papà m.   father, dad

parafango m.   fender

paraggi *m. pl.* surrounding parts
parecchi, parecchie several
parecchio, -a some, much
parente *m.* relative
parere (*p.p.* **parso**) to appear, seem
parere *m.* opinion
parete *f.* wall
parlare to speak, talk
parlottare to whisper
parola *f.* word; **in __ d'onore** on my word of honor; **__ mia** upon my word
parroco *m.* parish priest, pastor
parrocchia *f.* parish
parte *f.* part, share; **d'altra** *or* **dall'altra __ ,** on the other hand; **da ogni __ ,** in every direction; **da una __ ,** on the one hand; **da __ ,** aside; **da __ di** on the part of; **da __ mia** for me; **in __ ,** partly
particolarmente particularly
partire to leave; **partirsene** to leave, go away
partito *m.* decision; **prendere il __ ,** to make one's decision
partorire to give birth
pasqua *f.* Easter; **essere allegro come una __ ,** to be as happy as a lark
passaggio *m.* passage, excerpt
passare to pass, exceed, go by, spend, pass on
passare *m.* the passing
passato *m.* past
passeggiare (passeggio) to walk, pace up and down
passetto *m.* short step
passione *f.* passion, love
passionista *m.* Passionist (religious order)
pasta dolce *f.* pastry
pasticcio *m.* mess, trouble

patria *f.* country, fatherland
patrocinio *m.* counsel
patto *m.* pact
paura *f.* fear; **aver __ ,** to be afraid; **far __ ,** to frighten
pavimento *m.* pavement, floor
pazienza *f.* patience
pazzia *f.* madness, folly, nonsense
pazzo, -a crazy; *noun m.* lunatic; **__ da legare** fit to be tied
peccato *m.* sin; **peccato!** too bad!
pecora *f.* sheep
peggio worse, worst
peggiore *adj.* worse
pel: __ d'acqua surface
pelle *f.* leather, skin; **__d'oca** goose pimples, goose flesh
pena *f.* penalty, trouble; **__di morte** death penalty; **__ la testa** *or* **la vita** with the penalty of losing one's life; **__ di segregazione** solitary confinement
pendere to hang
penna *f.* feather
pennuto, -a feathered
penombra *f.* faint light
pensare (penso) to think, imagine, remember; **non stateci a __ ,** don't worry; **pensarci a** to concern oneself with
pensiero *m.* thought; **mettere in __ ,** to worry; **sotto __ ,** thinking
pensieroso, -a thoughtful
pensoso, -a anxious, worried
pentirsi (mi pento) to repent, regret
penzoloni dangling
peperone *m.* pepper
per for, by, through, to, in order to
perbacco! by heavens! by Jove! indeed!

perché why, because, in order that; *noun m.* the reason why
perciò therefore, for that reason
percossa *f.* blow
perdere to lose; __ **il lume degli occhi** to get very angry; __ **tempo** to waste time
perdonare to pardon, forgive
perdono *m.* pardon, forgiveness
perfettamente perfectly
perfino even
pergamo *m.* pulpit
pergolato *m.* vine-trellis
periferia *f.* periphery, outskirts
perimetro *m.* perimeter
periodo *m.* period, time
perla *f.* pearl
permesso *m.* permission
permettere to permit, allow
però but, however, therefore, rather
perseguitato, -a persecuted
persona *f.* person; stature
pertugio *m.* hole
pescare to fish
pescatore *m.* fisherman
pesce *m.* fish
personaggio *m.* personage, character
persuadere to persuade, convince; **persuadersi** to become convinced
peso *m.* weight
pessimo, -a very bad
pestare to stamp, pound
pestello *m.* pestle
petizione *f.* petition
pettinato, -a combed
pezzo *m.* piece; **un __ d'oro** decked out in gold
piacere *m.* pleasure, delight; **fare __ ,** to please

piacere to please, like, care for
piacevole pleasant, pleasing
piallare to plane
piangere to weep, cry
piano *m.* floor, story
piano softly, gently
pianta *f.* plant, tree
piantare to plant
pianterreno *m.* ground floor, first floor
pianto *m.* tears, weeping
piccante sharp, spicy
picchiare to knock
piccolo, -a little, young; **più __ ,** younger
piede *m.* foot, footing; **a piedi** on foot; **a piè di** at the bottom of; **in piedi** standing
piedistallo *m.* pedestal
piega *f.* fold, pleat
pieno, -a full; **in piena regola** full-fledged; **pieno zeppo** filled to capacity, crammed
pietà *f.* pity; **avere __ ,** to take pity
pietoso, -a pitiful, sad
pietra *f.* stone
pietrone *m.* big stone
pigliare (piglio) to take, seize, want; __ **una rabbia** to get angry
pignatta *f.* pot
pina *f.* pine cone
piombino stampato *m.* lead seal
pioppo *m.* poplar tree
piovere to rain
pipa *f.* pipe
pipistrello *m.* bat
pittore *m.* painter
pitturare to paint; administer
più more, also, most; **di __ ,** more, also; **il __ ,** the most; **in __ ,** in addition; __ **ancora** plus; **non __ ,** not any

longer; **sempre** __ , more and more

piuttosto rather, instead

pochi, -e a few

poco, -a little; *pl.* **a few; poco (po')** little, sparse; **un po'** a little, a while; __ **dopo** a little later; __ **prima** shortly before; __ **fa** a little while ago; *adv.* not very; **tra** *or* **fra** __ , shortly, in a little while; **a __ a __** , little by little, gradually; **un altro __** , a little longer

podere *m.* farm

poi then, afterwards; at least; however

poiché since, as

politica *f.* politics

politico, -a political

polmonite *f.* pneumonia

polso *m.* pulse; **orologio da __** , wrist watch

poltrona *f.* easy chair, armchair

polverone *m.* dust storm

polveroso, -a dusty

pomeriggio *m.* afternoon

pomodoro *m.* tomato

ponderato, -a serious

popolazione *f.* people, townspeople, population

popolo *m.* people; **del __** , common people, lower class

poppa *f.* stern (of ship); **avere il vento in __** , to have a favorable wind

porcheria *f.* filth

porta *f.* door, gate; **dalla __ murata** with the sealed door

portabagaglio *m.* baggage rack

portacenere *m.* ash tray

portafoglio *m.* wallet

portapenne *m.* penholder

portare to bring, bear, wear, take, carry; __ **di dentro** to

keep inside; __ **via** to take away

portasigarette *m.* cigarette case

portata *f.* importance, caliber

porto *m.* port, harbor

posare to place, lay down, perch

possesso *m.* possession

posta *f.* mail; **alla __** , on watch

posteriore rear

posticcio, -a artificial, false

posto, -a placed; *noun m.* place; **al __ di** in place of

potente *m.* powerful person

potere to be able, can, may; **può darsi** it's possible

poveraccio *m.* wretched person

poverina *f.* poor girl, poor creature

poverino *m.* poor fellow, poor creature

povero, -a poor, wretched; deceased; **povero me!** woe is me!

pozzo *m.* well

pratica *f.* practice; **pratiche personali** personal favors

pratico, -a practical

preannunziare to preannounce

preavviso *m.* warning

precedente preceding

precipitare to precipitate; **precipitarsi** to rush headlong

precipizio: a __ , headlong

precisamente precisely

precisione *f.* precision; **con __** , precisely

preciso, -a precise

precoce precocious, premature, early

preconcetto *m.* preconceived notion

preda *f.* prey
predicare to preach
preferire to prefer
pregare (prego) to pray, beg,
ask, implore
preghiera *f.* prayer
pregna pregnant
premere to press
premura *f.* concern
premuroso, -a solicitous; *adv.*
anxiously
prendere (*p.p.* **preso**) to take,
seize, take on, assume, get;
__ **in giro** to put one over
on; __ **nota di** to take note
of; __ **a** to begin; __ **atto di**
una cosa to acknowledge,
take note of something;
prendersela con to get
angry with (someone);
prendersi gioco di to mock,
laugh at
preoccupare to worry;
preoccuparsi (mi preoccupo)
to worry
preoccupato, -a worried, in
thought
prepotenza *f.* tyranny; **di** __ ,
arrogant
presa *f.* seizure; **alle prese**
struggling
prescindere to set aside
presentabile presentable
presentarsi to present oneself
presentazione *f.* presentation,
introduction
presente present; *noun* *m.*
one who is present
prestare to lend
presto quick, ready; *adv.*
quickly, soon; **al più presto**
possibile as soon as possible
prete *m.* priest
pretendere to claim, expect,
want
prevedere to foresee

prezioso, -a nice, precious
prima before, first, sooner;
__ **che** before; __ **di** before; **poco** __ , shortly before
primavera *f.* spring
primitivo *m.* primitive person
primo, -a first
principalmente principally
principio *m.* beginning; prin-
ciple; **da** __ , at first
privare to deprive
privilegio *m.* privilege
problema *m.* problem
procacciare to procure
processo *m.* trial, lawsuit
proclamare; __ **il bando** to
make the proclamation
procurare to obtain, bring
about, cause
procuratore *m.* public prosecutor, district attorney
produrre to produce
profondo, -a deep, profound;
noun *m.* depth, bottom
profumo *m.* perfume
progetto *m.* plan, purpose;
per __ , on purpose
progresso *m.* progress, headway
proibire to prohibit
promessa *f.* promise
promettere to promise
pronipote *f.* grandniece
pronto, -a ready, prompt
pronunziare to pronounce
propizio, -a favorable
proporre to propose
proposito *m.* purpose, prin-
ciple; **in** __ , in this regard
proposta *f.* proposition
proprietà *f.* propriety
proprio, -a own, proper; *adv.*
truly, just, really, indeed, precisely, very, actually, exactly
prosciutto *m.* ham
proseguire (proseguo) to con-

tinue, go on
prossimo, -a   near, next
proteggere   to protect
protestare   to protest
prova *f.*   proof, trial
provare (provo)   to prove, try, find out, experience; **provarsi** to try
provenire   to originate
provvista *f.*   provision
prudenza *f.*   prudence, wisdom, care
pubblico *m.*   audience
pubblico, -a   public
pugno *m.*   (fist) blow
pulpito *m.*   pulpit
punire   to punish
puntello *m.*   prop
punto *m.*   point, instant, place; __ **per** __ , exactly; **a buon punto** at a spot; **a tal** __ , to such an extent; **di tutto** __ , completely
pupilla *f.*   pupil; (female) ward
pur(e)   also, likewise, if you wish, and still, even
purché   provided that
pur troppo *or* **purtroppo**   unfortunately

qua   here; **di** __ , here
quaderno *m.*   notebook
quadro *m.*   painting, picture
qualche   some, any, a few; __ **cosa** *or* **qualcosa** something; __ **volta** sometimes
qualcheduno   somebody, anybody
qualcuno   somebody, anybody; some, someone
quale   which, what; whom; **il** __ , who
qualsiasi   any . . . whatever
quando   when, whenever, if
quantità *f.*   quantity
quanto, -a   how much, as much

as, all that; *pl.* how many, as many as; **quanto** *adv.* as, as far as, as long as, how much, whatever; **in** __ , as far as; **per** __ , as far as; __ **a me** as for me; __ **più** as much as
quaresimale *m.*   Lenten sermon
quarta *f.*   fourth grade (in elementary school)
quartiere *m.*   neighborhood
quarto *m.*   quarter
quasi   almost
quattrino *m.*   farthing; *pl.* money
quello (quel), quella   that; *pl.* those; **quello (quel) che** what
questi   the latter
questione *f.*   question, matter
questo, -a   this; *pl.* these; *pr.* this one
questuante *m.*   solicitor, one who asks for favors
qui   here
quindi   therefore
quotidiano, -a   daily

rabbia *f.*   anger; **che** __ **mi prende** how angry I get
raccattare   to gather up
racchiudere   to contain
raccogliere   to gather, collect, accept
raccomandare   to recommend, entrust
raccontare   to tell, relate
radunarsi   to gather
ragazzaglia *f.*   crowd of children
ragazzo *m.*   boy
ragionamento *m.*   reasoning, explanation, argument; **nonè un** __ **che funziona** it is not a reasonable explanation

ragione *f.* reason, motive, cause; **aver __ ,** to be right
ragionevole reasonable
raglio *m.* braying
rallegrarsi to become happy
rammentare to remember, remind
ramo *m.* branch
rapido, -a rapid
rapina *f.* theft
rapporto *m.* report
raro, -a rare; **rare volte** rarely
raschiare (raschio) to scrape
rassegnato, -a resigned
rassicurare to reassure
rattrappire to paralyze
ravviare to adjust, tidy
re *m.* king
reale royal
realmente really
realtà *f.* reality
reato *m.* crime; **corpo del __ ,** evidence
recipiente *m.* container
recitare to act
recluso *m.* inmate
redatto drawn up
redigere to draw up; **__ le mie memorie** to write up my memoirs
regalare to present with, give
regalo *m.* gift
reggere to bear, carry
registro *m.* register
regno *m.* kingdom
regola *f.* rule; **in pura** *or* **piena __ ,** full-fledged
regolare to adjust, regulate
relazione *f.* relation, contact
religioso, -a religious
remoto, -a remote
rendere to render, make, give, give back; **rendersi conto (di)** to realize
reni *f. pl.* back
reparto *m.* detail (military)

replicare to answer
requisitoria *f.* speech of public prosecutor at a trial, summation
respirare to breathe
respiro *m.* breath
restare **(resto)** to remain, stay, be left; **__ di sale** to be bewildered
restituire to give back, return
resto *m.* remainder, rest; **del __ ,** and besides
rete *f.* net
reticenza *f.* reticence
retrovie *f. pl.* back areas, back
retta *f.* attention; **dar __ ,** pay attention, give heed
Reuzzo *m.* (the young king) the prince
revisione *f.* review
riabilitato, -a rehabilitated, absolved
riaccendere to light again
riaccompagnare to accompany (again)
riaddormentarsi to fall asleep again
rialzare to raise (again)
rianimarsi to revive oneself
riattaccare to resume (a conversation)
ribadire to add
ribattere to insist
ricadere to revert; fall again
ricaricare to reload
ricciolo *m.* curl
ricco, -a rich, wealthy, luxurious
ricercatezza *f.* affectation
ricevere to receive
ricevitore *m.* receiver
richiedere to require
richiesta *f.* request
richiudere to close again
ricompensa *f.* reward
riconoscere to recognize, acknowledge

ricoprire to cover up
ricordare (ricordo) to remember, remind
ricordo *m.* recollection, memory; **vivo di ricordi** I live with my memories
ricorrere to have recourse to, turn to
ricostruire to reconstruct
ricoverare to shelter, store away
ricuperare to recover
ridacchiare to snicker, giggle
ridere (*p.p.* **riso**) to laugh; **non c'è da __**, it's not a laughing matter
ridire to object
ridiventare to become again
ridotto, -a (*p.p.* of **ridurre**) reduced
ridurre to reduce
riempire to fill
rientrare to reenter, return
riescire *see* **riuscire**
rifare to make again; **__ il letto** to make up the bed; **__ la sentenza** to change the sentence
riferire to report; **riferirsi** to refer
rifiutare to refuse; **rifiutarsi (di)** to refuse
rifiuto *m.* refusal
riflessione *f.* thought
riflettere to reflect (upon), consider, think over
rifugio *m.* shelter
rigido, -a rigid, severe
rigirare to turn around
riguardante concerning, regarding
riguardare to concern
rimanere (*p.p.* **rimasto**) to stay, remain, be; **__ d'accordo** to be in agreement; **__ in soggezione** to be in awe

rimedio *m.* remedy, way out
rimessa *f.* garage
rimettersi (a) to return, do (something) again, put on again, replace
rimorso *m.* remorse
rimostranza *f.* disapproval; **fare __**, to remonstrate, show disapproval
rimpiangere to lament over
rimpianto *m.* regret
rimpicciolire to belittle
rimproverare to reprove, rebuke
rinchiudere to shut in
rincorare to cheer, encourage
rincrescere to be sorry, regret; **mi rincresce** I am sorry
rinfresco *m.* refreshment
rinfusa: alla __, any old way, helter-skelter
ringraziare (ringrazio) to thank
rintracciare (rintraccio) to retrace, find again
riparo *m.* shelter; **mettere al __**, to shield
ripartire to return, depart again
ripensare to think over
ripetere to repeat
ripigliare to get back
riporre to replace
riposare to rest
riprendere to take back, take again, begin, resume; **__ moglie** to get married again; **riprendersi** to regain one's composure
ripugnante disgusting
risalire to get on again, go up again
risata *f.* laugh, laughter
riscaldarsi to get warm
riscontrare to find, discover
risentirsi to resent
riserva *f.* reserve
riservare to reserve

riservatezza *f.*   reservation
riso (*p.p.* of **ridere**)   laughed
risoluto, -a   resolute
risolvere   to resolve, determine, solve; **risolversi** to make up one's mind
risonanza *f.*   effect
risparmiare (**risparmio**) to save, spare
rispettare (**rispetto**)   to respect, keep
rispetto *m.*   respect
rispondere (*p.p.* **risposto**) to answer
risposta *f.*   answer, reply
risultare   to result
risultato *m.*   result, effect
risuscitato *m.*   resurrected person
ritardo *m.*   delay; **in __**, late
ritenere   to retain, consider
ritirare   to withdraw; **ritirarsi** to withdraw
ritmo *m.*   rhythm, routine
ritornare   to return
ritorno *m.*   return
ritratto *m.*   portrait
ritrovare   to find again, recover
riuscire (*or* **riescire**)   to succeed in, turn out, manage; **__ di**   to succeed in, manage to
rivedere   to see again
rivelare   to reveal
rivestire   to cover, line
rivolgersi   to turn
rivolto, -a   turned
rivoluzionario, -a   revolutionary
roba *f.*   stuff, things; **__ da casa** house dress
rompere (*p.p.* **rotto**)   to break
rosa *f.*   rose
rosso, -a   red, blushing, flushed
rotolo *m.*   roll
rotondo, -a   round
rottura *f.*   break

ruga *f.*   wrinkle
ruggire   to roar
rumore *m.*   noise, sound
ruota *f.*   wheel; **__ di scarta** spare wheel

saccheggiare   to ransack
sacco *m.*   bag; **un __ di**   a lot of; **un __ di consensi** general agreement; **farina del tuo __**, your idea
saccone *m.*   big sack
sacerdote *m.*   priest
sacrificare (**sacrifico**)   to sacrifice
sacrificio *m.*   sacrifice
sacro, -a   sacred
saetta *f.*   thunderbolt
saggio, -a   wise, prudent; *noun m.*   wise man
sala *f.*   room
salire   to go up, get on, come up
salotto *m.*   living room
saltare   to jump (over), skip; **__ su**   to interject, exclaim; **__ fuori**   to come forth
salutare   to say good-bye
salute *f.*   health
saluto *m.*   greeting
salvarsi   to be saved
salvo   except; **__ il rispetto per voi**   with all due respect to you
sangue *m.*   blood; **di __**, bloody
sanguinoso, -a   bloody
sano, -a   sound
santo, -a (**San**)   holy, sacred, saint
Santo Tribunale *m.*   Holy Tribunal
sapere   to know, know how, can; **saperla lunga**   to be clever; **non sa capire** (he) just doesn't understand; **lo si sa**   one knows

sapiɛnte *m.* wise man, sage
sassata *f.* throwing of a stone, blow struck with a stone
sasso *m.* stone
satollo, -a satisfied, sufficiently fed
sbagliare *f.* to make a mistake, be mistaken
sbagliato, -a mistaken
sbaglio *m.* mistake
sbalordito, -a amazed, bewildered
sbandarsi to disperse
sbarcare to disembark
sbarrato, -a barricaded
sbatacchiare to rattle
sbirciare to inspect closely
sbirro *m.* cop
sbocciare to blossom, burst out
sbracalato, -a shabby
sbraitare to shout
sbrigarsi to hurry, get to the point
scafandro *m.* jacket (windbreaker)
scaffale *m.* bookcase
scagionare to exonerate
scala *f.* ladder; *pl.* stairs
scaldarsi to get warm
scalino *m.* step, rung
scalmanarsi to get upset
scambiare to exchange, take for
scandalo *m.* scandal
scannato, -a (throat) slit
scapato *m.* irresponsible fellow
scappare to run away, slip out
scappatoia *f.* escape
scardassare to card (wool, fibers)
scaricare to unload
scarso, -a scant
scartocciare to remove the husks
scatenato, -a violent, un-

chained
scattare to blurt out
scatto *m.* outburst, start
scavare to dig, excavate
scɛgliere (*p.p.* **scelto**) to choose
scellerato *m.* scoundrel, rascal
scemo *m.* fool
scɛna *f.* scene
scɛndere to come down, descend, get off
scherzare to joke, jest, fool, play jokes, be a joking matter
scherzo *m.* jest, pleasantry, joke
schiamazzare to shout, screech
schiarire to clear, be twilight
schiettezza *f.* genuineness
schifo *m.* disgust, revulsion; **che __ ,** how disgusting; **fare __ ,** to be disgusting
schiɔppo *m.* rifle
sciagurato *m.* wretch
scintilla *f.* spark, sparkle
scintillante sparkling
scintillare to shine, sparkle
sciocchezza *f.* foolishness, nonsense
sciɔgliere to undo, loosen
scodella *f.* bowl
scolare to pour
scommessa *f.* bet
scommɛttere to wager, bet
scomparire (*p.p.* **scomparso**) to disappear
scomporsi to be upset, disturbed
sconfortato, -a discouraged, downcast
sconosciuto, -a unknown
sconturbo *m.* perturbation
sconvɔlto, -a upset, disturbed
scopɛrta *f.* discovery
scopɛrto, -a uncovered, discovered

scɔpo *m.* purpose
scoppiare to burst out; __ **a**
  rịdere to burst out laughing;
  __ **in singhiozzi** to burst into
  sobs
scoprire (*p.p.* **scopɛrto**) to
  discover, uncover
scoraggiare to become discouraged, to discourage
scordare (**scɔrdo**) to forget
scorsa *f.* rapid reading
screanzato, -a ill-bred, uncouth
scrittura *f.* writing, handwrit-
  ing
scrivanɛllo *m.* little scribe,
  insignificant scribe
scrivano *m.* scribe, writer
scrịvere (*p.p.* **scritto**) to write
scrɔfa *f.* sow
sculacciata *f.* spanking, slap
  on the seat
scultore *m.* sculptor
scultura *f.* sculpture
scuɔla *f.* school
scuɔtere to shake (*p.a.* **scosse**,
  he shook)
scuro, -a dark
scusa *f.* excuse
scusare to excuse, pardon
se if; **come** __ , as if
se *or* **sé** oneself, itself, himself
seccare to annoy
seccato, -a annoyed
secco, -a dry, thin; __ **come un**
  asse thin as a rail
secondo, -a second; **secondo**
  it depends, according to
sedere *m.* seat
sedere (**siɛdo** *or* **sɛggo**) to sit
  (down); **sedersi** to sit, sit
  down
sɛdia *f.* chair
segato, -a sawed
segnare to mark
segregazione *f.* segregation;

__ **assoluta** solitary confinement
segno *m.* sign, indication
segretamente secretly, steal-
  thily
segreto *m.* secret
seguɛnte following
seguire to follow, happen
seguitare (**sɛguito**) to follow,
  continue
sɛguito *m.* consequence,
  retinue; **in** __ , following
  upon
selciato *m.* pavement
selvạggio, -a savage
sembrare to seem, appear
semichiuso, -a partly closed,
  ajar
sɛmplice simple
semplicità *f.* simplicity
sɛmpre always, ever, still,
  even; __ **più** more and more
sennɔ **=** **sennonché** otherwise
sensazione *f.* feeling, impression
sɛnso *m.* sense, meaning,
  direction
sentɛnza *f.* sentence (in a
  trial)
sentenziare to sentence, declare, pass judgment
sentimento *m.* feeling
sentire (**sɛnto**) to feel, hear,
  listen; **sentirsi** to feel
sɛnza without; **sɛnz'altro**
  without any hesitation, of
  course
separato, -a separate
sepoltura *f.* tomb
sera *f.* evening, night; **di** __ ,
  at night, during the evening;
  la __ **dopo** the next evening
Serafino *man's name*
serbare (**sɛrbo**) to save
sɛrie *f.* series
sɛrio, -a serious, grave

serrare (serro) to lock
servire (servo) to serve, wait on, be of use, need; **Che serve?** What is the use? servirsene to make use of; servirsi to make use of
servitore *m.* servant
servizio *m.* service; servizi di casa housework
servo *m.* servant
sete *f.* thirst; aver __ , to be thirsty; metter __ , to make thirsty
settimana *f.* week
settimanale weekly
· severamente severely
sfavorevole unfavorable
sfebbrato, -a without fever, rid of the fever
sfiorare to touch upon; __ la mente to go through the mind, come to mind
sfondare to break through
sforzo *m.* effort; **fare degli sforzi** to make an effort
sfracellare to smash to pieces
sfuggire to escape
sgabello *m.* stool
sgomentare to be bewildered
sgomento *m.* dismay; *adv.* in dismay
sguardo *m.* look, glance; **dare uno __ ,** to glance at; **lanciare uno __ ,** to cast a glance, give a look
sguattera *f.* scullion, scullery maid
sì yes, truly, indeed; **dir di __ ,** to say yes; **ma __ ,** certainly, of course
siccome since, as
sicuramente surely, certainly
sicuro, -a certain, sure, secure; **di __ ,** surely, certainly; sicuro *adv.* certainly, of course
siepe *f.* hedge

sigaretta *f.* cigarette
sigillo di garanzia *f.* manufacturer's guarantee seal, warranty
significare (significo) to mean, intimate
significato   *m.* significance, meaning
signor(e) *m.* gentleman, Sir, Mr.
signora *f.* madam, lady, wife, Mrs.
silenzio *m.* silence; **in __ ,** silent
silenzioso, -a silent
simile similar; **di simili** anything like them
simpatia *f.* liking
simpatico, -a charming, agreeable, pleasant
sinceramente frankly
sincerarsi to be sure
sincero, -a sincere
sindaco *m.* mayor
singhiozzo *m.* sob; **scoppiare in singhiozzi** to burst out into sobs
singolare unusual
sinistra *f.* left hand; **a __ ,** to the left, on the left
sinistro, -a left
sistemare to settle, arrange, put in order
situazione *f.* situation
slancio *m.* impulse, approach
smantellare to dismantle, demolish
smarrimento   *m.* bewilderment
smettere to stop
smontare to get off
smorfia *f.* grimace
smuoversi to be affected, aroused, moved; to move, affect
smurare to unseal, take down the wall

snello, -a slender
sobbalzo *f.* bump
Socrate Socrates
soddisfare to satisfy
soddisfatto, -a satisfied
soddisfazione *f.* satisfaction
sofferenza *f.* suffering
soffio *m.* breath, whisper;
  __ di voce soft whisper
soffocante suffocating, oppressive
soffocare to stifle
soffrire (*p.p.* sofferto) to suffer
soggetto *m.* character
soggezione *f.* awe
soglia *f.* threshold
sognare to dream, be dreaming
sogno *m.* dream
solco *m.* furrow
soldato *m.* soldier
soldo *m.* cent; *pl.* money
sol(e) *m.* sun
solennemente solemnly
solere to be accustomed to; si
  suol dire one is accustomed
  to saying
solito, -a usual; al __ , as
  usual; di __ , usually, ordinarily
solitudine *f.* solitude
sollevare to lift, raise
sollievo *m.* relief
solo, -a alone; da __ , by itself, by oneself, alone; solo
  adv. only, alone
soltanto only
somigliare (somiglio) to resemble, look like
sommare to add up; tutto sommato everything considered
sommesso, -a low, subdued
sonno *m.* sleep
sopportabile bearable

sopportare to bear, support,
  suffer, uphold, endure
sopra above, on, upon, on top;
  al di __ , over and above;
  è di __ , he is upstairs
soprabito *m.* overcoat
sopraccapo *m.* worry
soprassedere to supervise,
  preside over
sopratutto especially, above
  all
sopravvenire to come unexpectedly
sopravvivere to survive
sorprendere to surprise
sorpresa *f.* surprise; fare una
  __ , to surprise, catch by
  surprise
sorridere to smile
sorriso *m.* smile
sorta *f.* kind, type
sorte *f.* luck, fate
sospeso, -a suspended; col
  cuore __ , in suspense
sospettare (sospetto) to suspect
sospetto *m.* suspect, suspicion; sospetto, -a suspicious, suspected
sospiro *m.* sigh
sostenere to support
sottile slender
sotto under, beneath; di __ ,
  from below
sottoporre to submit
sotto voce *or* sottovoce softly,
  whispering, in a whisper, in a
  low voice
sottoufficiale *m.* noncommissioned officer
sovente often
sovrano, -a royal
spaccato, -a split
spagnoletta *f.* window latch
spalancare to open wide
spalla *f.* back, shoulder; alle

sue spalle at her expense;
girare le spalle to turn one's
back
spargere to scatter
sparire to disappear
spasimo spasm, acute pain
spassionatamente dispassion-
ately
spasso *m.* amusement, fun
spaventare (spavento) to
frighten, terrify
spavento *m.* fright, terror
spaventoso, -a frightful, awful
spazientirsi to lose one's patience, become impatient
spazio *m.* space
specchiarsi (mi specchio) to
look at oneself in the mirror
specchio *m.* mirror
specialmente especially, particularly
specie *f.* kind, type, sort
spendere to spend
spennare to pluck (feathers)
speranza *f.* hope
sperare (spero) to hope
spesa *f.* expense
spesso often
spettacolo *m.* performance,
spectacle, show
spettinato, -a unkempt
spezzato, -a broken
spiacevole unpleasant
spicciare to hurry
spicciativo, -a expedient,
faster
spiegare (spiego) to explain,
make clear; spiegarsi to be
explained
spiegazione *f.* explanation
spifferare (spiffero) to speak
frankly, blurt out
spillare to pour out
spina *f.* thorn; essere sulle
spine to be on pins and
needles

spingere (*p.p.* spinto) to push,
help
spirito *m.* wit
spiritoso, -a witty, full of
pranks; fare lo __ , to play
practical jokes
splendente radiant
splendore *m.* splendor, splen-
did thing
spogliare (spoglio) to undress
sponda *f.* shore
sporcare (sporco) to soil
sporco, -a soiled
sporta *f.* large basket, hamper
sposa *f.* bride
sposalizio *m.* wedding
sposare (sposo) to marry, get
married
sposo *m.* bridegroom, husband
spostare to remove
sprecare (spreco) to waste; __
il bene to waste one's
wealth
spugna *f.* sponge
sputare to spit; Ninetta
sputata the spitting image
of Ninetta
squagliare to melt
stabilirsi to settle
stagione *f.* season
staio *m.* measure; *pl.* staia *f.*
measures of land
stalla *f.* stable; __ razionale
scientifica scientific stables
stamattina this morning
stanchezza *f.* weariness, fa-
tigue
stanco, -a tired; __ morto
dead tired
stanotte tonight, last night
stanza *f.* room; __ di
trattenimento reception
room
stare to stand, be, stay, live;
__ bene to be all right; __

chiusa stayed locked up (in her room); __ a consiglio to be advised; __ a guardare to keep looking at; __ a sentire to listen; __ per to be about to

stasera this evening

Stati Uniti m. pl. United States

statua f. statue

statura f. stature, size

stavolta this time

stecchito, -a dead, stiff; morto stecchito stone dead

stella f. star

stendersi to stretch out

stesso, -a same, self, very; sé __, oneself

stimare to esteem

stivale m. boot

stomaco m. stomach; mal di __, stomachache

storia f. story, situation, history

straccivendolo m. rag dealer

strada f. street; a metà __, halfway home or to a place; fare poca __, to make little headway

strano, -a strange, odd

straordinario, -a extraordinary

strappare to snatch

strascico m. train, back panel of a dress

stratagemma m. stratagem

strecciare to braid the hair

stretto, -a narrow, tight; a denti stretti gnashing one's teeth (with rage)

stridulo, -a shrill

stringere to bind, fasten, press, shake, clench, squeeze, tighten; __ i nodi to marry (lit. to tie the knot); stringersi nelle spalle to shrug one's shoulders

strizzare to squeeze; __ l'occhio to wink

struzzo m. ostrich

stropicciare to rub

studiare to study

studio m. study; studiolo small study

stupendo, -a stupendous

stupidire to hoodwink

stupido m. stupid person, fool

stupido, -a stupid

stupire to be astonished, be amazed; stupirsi to be surprised

stupito, -a amazed

stupore m. amazement

su on, upon, up, upstairs; __ due piedi immediately; __ per giù more or less; pensarci __, to think about it

subire to receive, be on the receiving end, undergo, suffer

subito at once, immediately, quickly

succedere (p.p. successo) to happen

suggerire to suggest, prompt

suonare (suono) to ring, play (an instrument), ring out

superare to overcome, exceed; __ un esame to pass an examination

supplicare (supplico) to entreat, beseech, beg, pray

supplimentare supplementary, additional

supplire to make up for

supporre to suppose

sussidio m. subsidy

sussulto m. shock

sussurrare to whisper

svegliare to awaken; svegliarsi to wake up

svelto, -a lithe, quick, fast

sventura f. misfortune

svitare to unscrew
svolgere to develop, explain

tacchino m. turkey
tacere (taccio) to be silent, be quiet
taciturno, -a taciturn
tagliare to cut; farsi __ i capelli to get a haircut
tale such, such a; __ quale exactly
tallero m. thaler (coin of Germanic origin worth about a dollar)
tana f. den, hole, lair
tangibile tangible
tanto, -a so, so much, as much: pl. so many, as many; __ per just to; tanto m. quantity, amount; di __ in __ , from time to time; tanto adv. such, so much; ogni __ , every so often
tappare to cover, stop up, put one hand over, to cap (bottles), cork; __ un occhio to hit in the eye
tappo m. stopper, cap, cork
tardare to delay, be late
tardi late
tardo, -a late
targa f. shingle
tartufo m. hypocrite (like Tartuffe in Molière's play)
tasca f. pocket
tavola f. table
tavolino m. small table
tavolo m. desk, writing table, table
tazzina f. small cup
tela f. cloth, canvas, curtain; __ cerata oilcloth
telaio m. loom
telefono m. telephone
telegramma m. telegram
tema m. theme, composition

temere to fear, be afraid
temperamento m. temperament, temper
tempesta f. storm
tempia f. temple (of the head)
tempo m. time, period; weather; in __ , very soon, in time; in quei tempi in those days
temporale m. storm
tenaglia f. pliers
teneramente tenderly, affectionately
tenere to hold, keep, have; __ conto to note, remember; tenersi: non si teneva più he couldn't stop
tenero, -a tender
tentativo m. attempt
terminare to finish
termine m. term, end
terra f. earth, ground; floor; clay, dirt
terrazza f. terrace
terremoto m. earthquake
terribile frightful, awful
tesoro m. treasure
testa f. head; dalla __ ai piedi from head to foot
testamento m. will
testimonianza f. testimony
testimoniare to testify; __ il vero to tell the truth
testimonio m. witness
tetto m. roof
timido, -a timid
timone m. rudder
tipo m. type, make, individual, character
tirare to draw (out), pull (out), throw; __ giù pull down; __ fuori to rough out, pull out; tirarsi in capo to get oneself into (a bad situation); tirarsi indietro to draw back

titolo *m.* title
toccare to touch, feel, be up to; **tocca a te** it's your turn; **tocca fare** one must do
togliere (*p.p.* **tolto**) to take away, remove
tonto *m.* fool
toppa *f.* door-lock
torcere to twist, wring (out); **dare del filo da __ ,** to cause trouble
tormentare to torment
tornare to return, come back; **__ a** to do (something) again; **__ a mente** to come to mind; **__ indietro** to turn back; **tornarsene** to go back, return
tornio *m.* lathe
torto *m.* wrong, wrongdoing; **aver __ ,** to be wrong
tossire to cough
tra among, between, within
traccia *f.* trace, sign, effect, trail
tradire to betray; **__ gli ordini** to fail to carry out orders; **tradirsi** to give oneself away
traffico *m.* traffic
tramite through
tranquillo, -a calm; **sta' __ ,** keep calm
trarre to draw, lead, conduct
trascinare to drag
trascorrere to pass, spend (time)
trascurare to neglect
trasformare to transform
trattare to treat, deal; **trattarsi di** to concern, be a matter of, be about
trattenere to hold, hold back, restrain; **trattenersi** to control oneself
trattenimento *m.* entertain-

ment; **stanza di __ ,** reception room
tratto *m.* stroke, period (of time); **(tutt') a** *or* **ad un __ ,** suddenly
trave *f.* beam
traveggole *f. pl.* distorted vision
traversare (traverso) to cross
treccia *f.* braid
tremante trembling
tremare to tremble, shake
tremendo -a tremendous
treno *m.* train
trespolo *m.* tripod
triciclo *m.* tricycle
trillare to ring
trionfo *m.* triumph
triste sad
tristezza *f.* sadness
troppo, -a too much; *pl.* too many; **troppo** *adv.* too; **purtroppo** unfortunately
trovare (trovo) to find, meet, visit; **trovarsi** to be, be found; **trovarsi nei guai** to be in trouble, be in a jam
truciolo *m.* shaving; *pl.* excelsior
tuono *m.* thunder
turacciolo *m.* cork, stopper
turbamento *m.* disturbance, agitation
turbare to disturb, trouble, upset; **turbarsi** to get upset
turno *m.* turn; **darsi il __ ,** to take turns
tutore *m.* guardian
tuttavia yet, however, still, nevertheless
tutti, -e everyone, all; **__ e due** both
tutto, -a all, quite, whole; **tutto** *m.* everything; **del __ ,** entirely, completely; **in __ ,** at

all; __di__ completely with
tuttɔra yet, still

ubriaco, -a drunk
uccellaccio *m.*‚ big bird
uccịdere to kill
udienza *f.* audience
udire to hear, listen
uguale equal, similar
ultimato, -a finished
ụltimo, -a last, latter; **da__** *or*
all'__, finally
umano, -a human
umettare to moisten
ụmile humble
umiliante humiliating
umiliato, -a humiliated
ụnghia *f.* fingernail; **con le**
ụnghie e i mɔrsi tooth and
nail
ụnico, -a unique, sole, only
uniformarsi to conform
uɔmo *m.* (*pl.* **uɔmini**) man
urlare to shout, yell
urlo *m.* (*pl.* **urla** *f.*) yell,
howl
urtare to provoke
usare to use, employ, be in the
habit of; **usarsi** to be customary
ụscio *m.* door
uscire to go out, come out;
__di__ to leave
ụtile useful

vacca *f.* cow
vago, -a vague
va là *interj.* really, come now
valere to be worth, apply; **non**
vale le pena it is not worth-
while
vạlido, -a valid
valigetta *f.* small suitcase,
bag
vanɛdda *f.* (*Sicilian*) alley

vanga *f.* spade
vangare to dig
vantarsi to boast
varco *m.* passage
vạrio, -a various
vaso *m.* vase, pot
vɛcchio, -a old
vedere to see, look; **vede a**
cɔsa l'ha ridotto look at what
you have done to him; **non**
vedere l'ɔra to be anxious
vẹdovo *m.* widower
vela *f.* sail
velare to veil; **velarsi** to be
covered
velo *m.* veil
venditore *m.* seller
venire to come, arrive;
__chiamato__ to be called;
venịtemi diɛtro follow me;
venire la pɛlle d'ɔca to get
goose pimples, get goose
flesh; **venire a trovare** to
visit; __la vɔglia (di)__ to feel
like, get a desire
vɛnto *m.* wind
venuta *f.* arrival
veramente really
verbale *m.* minutes (of a trial)
verde green
verdetto *m.* verdict
vergogna *f.* shame, disgrace
vergognarsi to be ashamed
verità *f.* truth
vernice *f.* varnish, lacquer,
paint
vero *m.* truth
vero, -a true, real; **prɔprio**
vero really true
versante *m.* slope, end
versare to pour
vɛrso *m.* way; *adv.* toward, in
the direction of, about
vɛste *f.* dress
vestire *m.* attire; *verb* to dress

vestito *m.* dress
vi there
via *f.* way, road; **e __ discorrendo** and so forth; *adv.* away, off; **via!** come now! go out!; **__ __**, more and more, little by little, gradually; **per__**, on the road; **per__ di** because of
viaggiare to travel
viaggio *m.* journey, trip, voyage; **fare un __** , to take a trip; **mettersi in__**, to start out
viale *m.* avenue, parkway
vibrante trembling
vicino *m.* neighbor
vicino, -a near, next, neighboring; **vicino (a)** near, nearby
vietare to forbid
vigere to be in force
vigile *m.* guard, officer
vigna *f.* vineyard
villaggio *m.* village
villano *m.* crude person, lower class person, peasant
villano, -a rude, uncouth
villanaccio *m.* country bumpkin
villino *m.* elegant small villa
vinaio *m.* wine merchant
vino *m.* wine
violento, -a violent; *noun m.* violent person
violenza *f.* violence
virtù *f.* virtue
visitatrice *f.* visitor
viso *m.* face
vista *f.* sight, view, vision
vita *f.* life, living
vitello *m.* calf; **fare un __** , to give birth to a calf
vivere (*p. a.* **vissi**) to live, experience
vivo, -a living, alive, live
voce *f.* voice; **a__or ad alta__**, aloud

voglia *f.* wish, will, desire; **aver__di** to feel like, have a desire to; **venire__di** to feel like
voialtri you folks
volare to fly
volentieri willingly, gladly
volere (**voglio**) to wish, desire, want, request; **__bene** to wish well, love, be fond of; **__dire** to mean; **volerci** (of time) to be needed, take, be required
volgere to turn, turn around; **volgersi** to turn
volontà *f.* will, desire, wish
volta *f.* time, turn; **alla__**, at a time; **a mia__**, I in turn; **a volte** sometimes; **una volta ogni tanto** every now and then; **rare volte** rarely
voltare (**volto**) to turn; **voltarsi** to turn around
volto, -a turned
volto *m.* face
vossignoria *m.* Sir (*lit.* your lordship)
vuoto, -a empty; **a mani vuote** empty-handed

zappa *f.* hoe
zappare to hoe, dig; **zappetta** *f.* little hoe
zeppo, -a full, stuffed, crowded; **pieno__**, filled to capacity, crammed
zia *f.* aunt
zio *m.* uncle
zitella *f.* old maid, spinster
zitto, -a silent, quiet; **star__**, to be quiet, say nothing
zoccolo *m.* clog
zoppo, -a lame
zucca *f.* gourd; **__ da pescatore** fisherman's gourd, fisherman's bag
zuffa *f.* tussle, dispute